새로운 사회복지실천

당사자연구

유쾌한 고생연구소 지음

신정

머리말

코로나 블루(Corona blue)의 분위기가 우리나라 정신질환자와 정신장애 당사자들의 삶에 대한 일반 시민의 태도와 비슷하다는 생각이 든다. 뉴스에서 사건이나 사고 소식을 전할 때마다 정신질환자의 소행이라거나 정신과 병원 치료 전력을 내세우며 정신장애 당사자들을 위험한 존재로 너무 쉽게 명명하고 있는 듯하다.

청주정신건강센터가 지역사회 정신재활시설로 문을 연 지 12년째가 되어가고 있다. 그동안 10여 명의 동료 사회복지사가 센터에서 첫출발을 시작해 떠나가기도 했고, 많은 당사자들이 센터 생활을 통해 지역사회로, 집으로, 병원으로 삶의 터전을 옮기기도 했다. 이들이 고맙고, 이들을 응원한다.

2007년 일본 '베델의 집' 첫 방문을 시작으로 2011년부터 교류하며 당사자연구를 알게 되었다. 부족하고 미숙하지만 2014년부터 센터 프로그램으로 당사자연구를 시작했다. 의미 있는 성과를 내기 시작한 것은 아마도 3년 정도의 경험과 시행착오를 겪은 2017년부터가 아닌가 생각한다. 2017년 **바보의나눔** 2년 지원사업인 "사람 책(Human Library)" 사업으로 한 발짝 내딛는 계기가 되었고, 2019년 사회복지공동모금회의 **나눔과꿈** 3년 사업이 당사자연구의 성장을 가져다줄 것으로 기대하고 있다.

이 책을 쓰게 된 계기는 우리나라에 당사자연구를 확산시키고자 하는 소망에서였다. 여기에 이 좋은 방법을 더 많은 당사자들과 함께 하고 싶다는 마음을 담게 되었다. 20여 년 전 **좋은지역사회 만들기**라는 사회복지실천 현장에서 만난 전북대학교 최옥채 교수와 오랜만에 함께 자리를 잡아 사회복지실천을 고민하며 당사자연구가 의미 있는 사회복지실천 방법임을 공감하였다. 그 자리에서 글쓰기를 통해 사회복지사들이 전문가로서 당사자의 경험과 고민을 정리하여 책을 내기로 결정했다.

2019년 1월부터 매월 1회 센터에서 사회복지사들의 실천경험을 나누며 성찰하는 시간을 가졌다. 이 시간 동안 한 단락 한 단락씩 글로 표현하며 책을 만들어갔다. 계획은 올 5월쯤 출판하는 것이었는데, 코로나19 상황의 악화로 미루기를 반복하다가 9월이 되어서야 원고를 완성할 수 있었다.

글을 작성한 사회복지사와 당사자 모두 최소 3년 이상 센터에서 생활하며 당사자연구를 공유하였고, 본명을 밝히길 불편해하는 당사자들은 가명을 사용했다. 당사자연구에서 당사자에게 선생님이라는 호칭을 사용하는 문제는 처음 베델의 집을 다녀온 후부터 사회복지사와 당사자 간 호칭을 일원화하자는 논의만 있었지 합의하지는 못했다. 당사자들이 사회복지사를 존중하는 의미에서 선생님이라고 하는 것은 괜찮으나, 당사자 자신들에게 적절한 호칭을 붙이는 것에 동의를 구하지 못했다. 몇 년을 더 갑론을박하다가 3년 전 베델의 집과 교류회를 하던 중 무카이야치 교수에게 공개적으로 한국과 일본의 사회복지사와 당사자 간 호칭 문제를 질문했다. 무카이야치 교수는 청주정신건강센터 당사자들에게 정신병과 증상의 경험전문가라고 칭해주었다. 실제로 핀란드의 오픈다이얼로그에서는 정신질환 당사자들이 경험전문가로 활동하며 당사자로서 경험전문가 선생님으로 불리기도 한다.

아직도 정신건강 문제를 안고 살아가는 많은 사람들이 자신의 고통과 고생을 다른 사람들에게 표현하지 못하고 마음앓이를 하며 생활하고 있다. 당사자연구에서는 말로 만나는 것을 중요시한다. 말의 병인 정신질환은 사람들과 의사소통에 어려움을 가져온다고 보며, 말로 만나는 행위를 통해 당사자가 자신 또는 동료와 연결된다고 믿는 까닭이다. 회복은 이야기로부터 시작되고, 기존 정신의료 체계에서 당사자가 상실하고 강탈당한 말을 되찾아야 한다고 주장한다.

우리는 당사자연구를 시작하면서 당사자들과 일방적인 말하기와 일방적인 듣기라는 독백(monologue)을 대화(dialogue)라고 착각하는 잘못을 했다. 그래서 베델의 집처럼 당사자연구에서 볼 수 있는 재미와 극적인 요소도 없이 기존의 사회복지실천과 상담 수준을 벗어나지 못하는 정체기를 겪었다. 그러다가 드디어 당사자들의 고생과 고통이 자기만의 대처방식임을 알게 된 순간 대화가 시작되었던 것 같다. 그 과정과 경험을 글로 표현했고, 책으로 만들게 되었다.

베델의 집에서 시작한 당사자연구를 청주정신건강센터가 우리나라에 확산시키기까지 많은 분들의 도움이 있었다. 정신장애 당사자라는 한 그루 한 그루 나무의 중요성을 알게 해 준 홋카이도의료복지대학 임상복지학과 무카이야치 이쿠요시 교수, 한국의 정신건강사회복지라는 숲을 보는 눈을 깨우쳐 준 가톨릭대학교 사회복지학과 이용표 교수, 사회복지실천을 강조하며 글쓰기 작업을 1년 넘게 지도해 준 전북대학교 사회복지학과 최옥채 교수, 이 세 분은 사회복지실천 현장에서 학습과 실천의 중요성을 일깨워 주었다.

아울러 당사자연구를 공부할 수 있도록 행사는 물론 책과 논문자료의 통번역에 도움을 준 청주여성의전화 하숙자 대표, 가톨릭대학교 박사과정 이진의 선생, 혜원장애인종합복지관 윤혜정 선생에게 고마움을 전한다. 이분들의 통번역 도움이 없었다면 당사자연구를 정착시키는 데 더 오랜 시간이 걸렸을 것이다.

마지막으로 아버지의 나라 서울대학교에 유학을 왔으나 재일유학생 간첩단 사건에 연루되어 조국으로부터 외면당해 청운의 꿈을 펼쳐보지 못한 가나가와현 가마쿠라의 이연현 선생께 감사드린다. 특히 베델의 집 축제에서 통역으로 만나고, 이후 실수로 보낸 메일에 후원금으로 답을 주시며 지난 10년 동안 베델의 집과 교류는 물론 당사자연구에 다리 역할을 하며 통역과 경제적 도움을 주어 두 손 모아 인사드린다.

흰 눈이 쌓인 길을 걷는 앞 사람의 발자국이 얼마나 중요한 줄 알기에 그동안 당사자들에게 도움이 되지 않는 도움을 주고도 뿌듯해 한 것을 반성하며, 당사자연구라는 새로운 사회복지실천을 도전하는 독자들에게 작은 도움이라도 되었으면 좋겠다. 이 책을 만들며 수고한 센터의 당사자들과 직원들, 넉넉한 인정을 베푼 신정출판사에 고마움을 전한다.

2020년 9월

저자를 대표하여 청주정신건강센터 관장 김대환 씀

추천의 글

당사자연구의 시초

훗카이도의료복지대학/베델의 집
무카이야치 이쿠요시

당사자연구는 일본 북쪽에 위치한 훗카이도 히다카 관내 우라카와쵸에 있는 우라카와 베델의 집(설립 1984년, 현 사회복지법인)의 정신건강복지활동에서 시작되었습니다.

계기는 사소한 일이었습니다. 가정폭력에 그치지 않고, 입원 중에도 공중전화를 부수는 파괴행위를 계속하는 조현병을 앓고 있는 한 청년을 당시 병원의 사회복지사로 일하고 있던 제가 상담실로 불렀을 때의 일입니다. 그도 분명 야단맞으리라 생각했을 것입니다. 상담실 의자에 앉은 청년은 판결을 기다리는 죄인처럼 고개를 푹 숙이고 있었지만, 실은 저 자신도 그에게 어떤 말을 걸어야 할지 잘 몰랐습니다. 그 침묵을 깨고 자연스럽게 제 입에서 나온 말은 "나도 어떻게 해야 할지 모르겠어, 우리 함께 연구해 보자."라는 말이었습니다. 그러자 그는 고개를 들고 말했습니다. "저도 연구해 보고 싶어요. 잘 부탁드립니다."라고 말이지요.

당사자연구는 이렇게 시작되었습니다. 그러나 이것은 결코 우연히 생겨난 것은 아닙니다. 저 자신의 경험과 우라카와 베델의 집이 걸어온 역사와 융합으로 생겨난 것입니다.

시작은 제 학창 시절의 경험으로 거슬러 올라갑니다. 첫 번째는 1973년에 몇 만 명 중 한 명이 걸리는, 발병률이 낮아 사회에서도 잊혀져 '의료와 복지의 골짜기'에 놓여 있던 난치병 환자 운동에 참여한 것입니다. 이 운동이 일본의 의료와 복지 향상을 위해 이루어 낸 역할은 매우 큰 것이었습니다. 저는 이 운동을 통해서 당사자의 힘과 가능성을 알게 되었습니다.

두 번째는 삿포로에서 뇌성마비를 가진 사람들의 자립생활운동(IL 운동)과 만난 것입니다. 1970년대 미국에서 시작된 자립생활운동은 장애를 가진 사람들이 전문가나 타인의 보호와 관리 안에서 사는 것이 아니라, 장애를 가진 사람들이 경험을 살려 지역사회 안에서 서로 의지하며 살아가는 도전으로 제 눈에 비쳤습니다.

또 와병생활을 하는 노인들이 사는 양로원에서 야간 간병인으로 아르바이트를 했을 때 탐독했던 실존주의 사상이나 철학책은 지금도 제 중요한 사회복지실천 기반입니다. 그리고 무엇보다도 저 자신을 변화시킨 것은 우라카와에서 만난 알코올 의존증이나 조현병 등의 정신장애를 가진 사람들이며, 선주민(先住民)인 아이누 사람들이 걸어온 고난의 역사였습니다.

도쿄대학 첨단과학기술연구센터의 구마가야 신이치로 교수는 당사자연구가 탄생하기까지의 역사를 되돌아보며, 당사자연구는 '당사자 운동뿐만이 아니라 방치되고 버려진 다양한 소수자들'의 존재, 특히 '중복적인 차별을 겪고 있는 사람들, 예를 들어 젠더 문제와 학대 문제와 약물 의존증을 함께 갖고 있는 사람, 혹은 소수민족과 정신장애를 가진 사람'들이 현실을 꿋꿋하게 살아온 현장에서 생겨

난 실천이며, '당사자가 자신들이 말하는 언어를 탐구하는 노력'이라고 소개하고 있습니다.

저도 이 견해에 공감합니다. 이 당사자연구의 가능성을 가장 정확하게 표현한 것은 '당사자연구를 알았을 때, 이것으로 나도 살 수 있겠다고 생각했다.'(다르크 여성 알코올 의존증 시설·가미오카 하루에)라는 말입니다.

이처럼 당사자연구는 지금까지 말뿐만 아니라 자기 자신을 표현하는 데 억눌려왔던 사람들에게 새로운 무대를 마련하고, 사람과 사회를 유기적으로 혁신해 가는 당사자로서 새로운 역할을 가져왔습니다. 그 결과 일본정신의학회는 당사자연구를 시작한 우라카와 베델의 집에 제1회 정신의료장려상(1998)을 수여했고, 일본조현병학회나 일본정신장애인재활학회는 당사자연구를 정신의료 현장에서 활용하는 것을 장려하고 있습니다.

이것은 일본의 정신건강복지에 조용한 혁명을 일으키는 것을 확인케 합니다. 이 혁명은 전문가, 조현병을 경험한 본인, 가족, 시민의 입장을 뛰어넘는 새로운 협동입니다. 그런 의미에서 정신건강복지의 공통 과제를 안고 있는 한국과 일본에서 당사자연구의 교류가 깊어지는 것은, '정신의료의 민주화'를 목표로 하는 데도 큰 의미가 있다고 생각합니다.

우리도 꼭 한국에서 당사자연구의 노력과 성과를 배워 정신건강복지 영역뿐만 아니라, 다양한 영역에서 '소리 없는 사람들의 목소리'가 소중하게 여겨지고 활용되는 사회를 지향하고자 합니다.

지난 십여 년간 청주정신건강센터와 베델의 집이 교류하면서 서로에게 도움을 주고받으며 함께 성장할 수 있었고, 그 결실이 한 권의 책으로 출판된다고 하니 축하를 드립니다.

한국과 일본의 사회복지, 정신건강 전문가와 당사자 그리고 청주정신건강센터와 베델의 집 교류가 더욱 더 활발해지기를 기원합니다.

무카이야치 이쿠요시(向谷地生良)

1955년 아오모리현 출생, 1978년 북성학원대학 사회복지학과 졸업 후 우라카와적십자병원 의료사회복지사로 일하며, 조현병, 알코올 중독 당사자들과 버려진 교회에서 생활하며, 1984년 그들과 함께 지역활동 거점인 베델의 집을 설립했다.
정신장애를 가진 사람들과 지역만들기에 힘쓰며, 당사자연구를 통해 정신의료, 정신건강복지 분야에 혁명을 일으키며 정신의료의 민주화 운동을 하고 있다.
현재 홋카이도의료복지대학 교수와 베델의 집 이사를 겸임하고 있다.
주요 저서로는 『베델의 집에서 부는 바람』, 『안심하고 절망할 수 있는 인생』, 『비원조론』, 『기법이전』, 『정신장애와 교회』 외 다수가 있다.

차례

새로운 사회복지실천 당사자연구

시작하며

당사자연구 이해:

당사자와 지원자 함께 가기

김대환

당사자연구는 정신장애를 가진 당사자들이 조현병, 조울병, 우울증 따위를 앓으며 생활하는 가운데 나타나는 삶의 어려움, 문제, 생활과제를 가지고 모여 그것을 연구 테마로 재구성하고, 그 배경에 있는 사실, 경험, 의미를 파악하는 활동이다. 나아가 동료나 지원자와 함께 개개인의 독특한 발상을 활용하여 각자에게 맞는 자신을 돕는 방법을 모색하고, 병을 이해하는 일련의 연구 활동이다.

요컨대 당사자연구는 당사자가 겪고 있는 환청이나 망상을 포함한 힘든 삶의 세계로 함께 다가가 삶의 고생을 공유하고, 자기에게 맞는 삶과 생활방식을 연구의 관점으로 모색해 나가는 것이다. 괴로운 증상이나 곤란한 상태에 처할 때 자신의 고통을 통째로 넘겨 버리듯 병원에 입원하여 의사나 사회복지사에게 전적으로 자신의 고생을 위임하는 것이 아니라, 자신의 고통에 주인공이 되며 살아가는 주체성을 되찾는 활동이다.

당사자연구의 발원지, 일본 베델의 집

당사자연구는 일본 베델의 집에서 자생적으로 발생되어 베델의 집이라는 기관의 맥락을 이해해야만 그 실제를 이해할 수 있으며 당사자들의 삶과 당사자연구가 드러난다. 따라서 당사자연구의 발원지인 베델의 집을 먼저 소개한다.

베델의 집

베델의 집은 일본 홋카이도(北海道) 남부 우라카와(浦河)에 자리 잡은 정신장애인 공동체이다. 우라카와는 삿포로(札幌)에서 자동차로 3시간은 더 들어가야 하는 인구 13,000명의 연안도시이다. 도시 북쪽은 히타카산맥, 남쪽은 태평양과 접해 있다. 아이누어로 '우라라베스(안개 깊은 강)'라는 말에서 지명이 유래했다고 한다. 기간산업은 종마(種馬) 생산과 어업이며, 실제로 목초지를 돌아다니는 종마를 심심찮게 볼 수 있다.

시내 중심가에는 문화회관, 은행, 편의점, 신사(神社), 횟집, 미용실, 베이커리, 파친코가 이차선 도로를 사이에 두고 일렬로 들어서 있는데, 도보로 30분이면 횡단으로 가로지를 수 있다. 중심가에서 한 블록만 벗어나면 5층을 넘지 않는 집들이 모인 한적한 주택가가 나온다. 어느 지점에서도 도보 10분이면 방파제 너머로 탁 트인 태평양 바다를 마주할 수 있다.

이 마을 곳곳에 베델의 집 사람들이 살고 있다. 여느 곳과 다름없는 카페와 다시마 작업장에서 베델의 집 사람들이 일한다. 한적한 주택가 사이사이에 산발적으로 분포된 단독주택, 연립주택에 베델의 집 사람들이 몸을 의탁하고 지낸다.

베델은 구약성경에 등장하는 지명으로, 아브라함이 하나님과 계약을 맺어 장막을 치고 제단을 쌓았으며, 야곱이 꿈에서 하늘에 이르는 사다리를 타고 오르는 천사들을 본 장소이다. 지금으로부터 40여 년 전인 1978년, 중심가 뒤편 허물어진 교회에서 우라카와적십자병원의 사회복지사 무카이야치 이쿠요시(向谷地生良)는 정신장애인들과 동고동락하며 베델의 집을 시작하였다.

[그림 1] 베델의 집(그룹홈)

베델의 집 사람들이 품은 질문

당시 무카이야치와 베델의 집 사람들은 정신의료 체계에서 실천 방식에 의구심을 가졌던 것으로 보인다. 그 의구심은 '정신장애는 어떻게 다루어지는가?', '당사자는 어떤 존재가 되는가?', '당사자는 어떤 인간 존재이기를 요구받는가?'라는 세 가지 질문으로 함축된다.

첫 번째, 정신장애는 어떻게 다루어지는가?

사회복지사 무카이야치는 실천 경험을 통해 정신장애가 말과 관계의 병이며, 정신장애로부터의 회복은 말을 통한 인간관계로 이루어져야 함을 체득하였다고 한다. 하지만 정신의료 체계에서 당사자는 오히려 말을 빼앗기고, 말의 상실이 고착화되어 인간관계에서 계속 어려움을 겪는 것으로 보았다. 이에 정신장애에 접근하는 방법을 묻게 되었다. 당시 정신장애인은 치료 맥락, 즉 상담 장면에서만 증상을 말하는 것이 허용되었고, 그 외 장소에서는 자신의 경험을 함구해야 한다는 암묵적 규칙이 부과되어 있었다. 병에 대한 경험을 말하는 것이 증상을 악화시킨다는 믿음에 근거한 행태였다.

반면 무카이야치와 베델의 집 사람들은 정신장애 접근방법을 '말'에서 찾았다. 말의 병을 앓는 당사자는 정신의료 체계에서 말을 잃고 빼앗겨서는 안 된다고 여겼다. 당사자는 병으로 인해 말을 잃어버려 사람들과 의사소통이 어렵기 때문에 '말'을 통해 당사자 자신은 물론 사람들과 사귀어 나가야 한다고 보았던 것이다.

두 번째, 당사자는 어떤 존재가 되는가?

무카이야치는 정신장애인이기 이전에 한 사람으로서, 인간은 자신의 삶에 책임을 지고 삶을 스스로 영위해 나가야 한다고 믿었다. 하지만 정신의료 체계에서 당사자는 과보호, 과잉규제를 받아서 사람으로서 당연히 겪는 고통을 빼앗기고 인간적인 행위의 풍요로움과 가능성을 잃어버리고 있다고 판단하였다. 이에 정신의료 체계 내 당사자의 존재를 묻는 질문을 던지게 된 것으로 보인다.

정신의료 체계로 편입되면 정신장애인은 아픈 사람으로 취급당하여 치료, 돌봄서비스를 받아야만 하는 존재가 되었다. 인간적으로 자기가 결정해야 하는 영역까지 이러한 접근방식이 침범하여 당사자는 점차 자신의 삶과 괴리되는 실정이었다.

반면 무카이야치와 베델의 집 사람들은 당사자를 한 사람으로서 자신의 삶에 책임을 지는 주체적인 존재로 여겼다. 병에 기인한 어려움뿐 아니라 일상생활 전반에서 어려움을 사람들과 함께 대처해 나가지만, 삶에 책임을 지고 결정하는 사람은 당사자 자신으로 보았던 것이다.

세 번째, 당사자는 어떤 인간으로 존재하길 요구받는가?

무카이야치는 '지금 이대로도 괜찮아.'라며, 당사자가 현 존재를 인정받아야 한다고 보았다. 하지만 정신의료 체계에서 당사자는 '지금 이대로는 안 된다.'는 압박을 받으며 현 존재를 부정당하고 있음을 목도하였다. 이에 정신의료 체계의 목표에 질문을 던지게 된 것이다.

정신의료 체계에서 병과 증상은 사회복귀와 자립에 방해가 된다고 보아 소거되어야 하는 것으로 취급되었다. 또한 당사자는 치료, 돌봄서비스를 받는 대가로 사회에 복귀하고, 자립해야 했다. 당사자는 자신의 병 경험을 부정당하고 사회복귀와 자립이라는 '십자가'를 짊어지고 분투해야 했다.

반면 무카이야치와 베델의 집 사람들은 병을 지닌 당사자의 현 존재를 인정하였다. 정신의료 체계가 당사자 삶의 목표를 획일적으로 사회복귀와 자립으로 재단하는 데 반기를 들고, 체계의 목표가 당사자에게 또 다른 폭력이 될 수 있음을 지적했던 것이다.

베델의 집에서 되찾고자 한 것들

세 가지 질문에 대한 답은 베델의 집 상황이 실천적 지향점으로 진화한 것으로 보인다. 무카이야치와 베델의 집 사람들은 낡은 교회에서 '말', '고통', '약함' 세 가지를 되찾고자 한 것 같다.

하나, 말을 되찾다.

베델의 집에서는 말로 만나는 것을 중요시한다. 말의 병인 정신질환은 사람들과 의사소통에 어려움을 가져오므로 말로 만나는 행위를 통해 당사자가 자신이나 동료와 연결된다고 믿는 까닭이다. 회복은 이야기로부터 시작되며, 기존 정신의료 체계에서 당사자가 상실하고 강탈당한 말을 되찾아야 한다고 주장한다.

베델의 집의 일상 구조를 들여다보면 말을 되찾기 위한 여러 장치들이 여기저기에 깔려 있음을 쉽게 감지할 수 있다. '세끼 밥보다 회의'라고 말할 정도로 빈번히 열리는 회의, '무조건 말하기'라는 원칙으로 운영되는 당사자들의 비공개 자조모임 SA(Schizophrenia Anonymous), 당사자의 경험을 간단한 어구로 집약하여 동료들과 공유하는 독특한 캐치 프레이즈가 대표적이다.

더욱이 이 장치들은 치료 맥락이 아니라 왁자지껄한 잡담과 당사자와 지원자 간 일원화된 커뮤니케이션 차원에서 작동한다. 그래서 베델의 집은 자신의 경험을 공개적으로 이야기하는 공간이 되었다. '화수분 같은 이야기'로 베델의 집은 풍요로운 세계를 구축하였다.

둘, 고통을 되찾다.

베델의 집에서는 살며 받는 고통을 소중히 여긴다. 인간은 누구나 자신의 고통을 짊어지며, 자신의 삶에 책임을 지는 존재로 이해한다. 주체적인 인간으로 서기 위해 당사자가 기존 정신의료 체계로부터 잃어버린 '고생의 묘미'를 되찾아야 한다고 역설한다.

베델의 집에서는 고통을 현실화하고자 예전부터 장사를 해왔다. 1983년 다시마 포장 하청을 받은 것을 시작으로, 현재는 여러 가지 장사를 폭넓게 벌이고 있다. 다시마 작업장에서 다시마 티백을 만들어 팔고, 우라카와 시내 카페에서 커피를 팔고, 베델의 집에서의 일상생활을 동영상으로 만들어서 팔고, 일본 전역을 돌아다니며 강연함으로써 당사자의 병에 관한 경험까지도 팔고 있다. 작업장 규칙은 같이 의논해서 정하며, 일하다가 자는 것을 인정하고, 근무시간은 자신의 컨디션을 고려하여 스스로 결정한다.

또한 당사자연구라는 자생적인 실천기법을 통해 고통을 되찾는 방법을 익히기도 한다. 고생과 고통을 외재화하고 대처하는 방법을 찾아 익히고, 고통에 마주하는 자세를 동료들과 즐겁게 연구해 나가고 있다.

고생과 고통을 되찾는 과정에서 관리나 규칙은 최대한 배제되며, 당사자가 책임지는 책임의 의식화가 이루어진다. 책임은 개인에게만 귀속되는 것이 아니라 약함을 함께 수용하는 방식인 것이 특징적이다. 결국 베델의 집은 당사자가 자신의 고통을 오롯이 짊어지는 공간이 되었고, 당사자는 '고생의 주인공'이 되었다.

셋, 약함을 되찾다.

베델의 집에서는 인간이 지닌 약함을 존중한다. 병이라는 약함은 열심히 살아온 증거이며, 숨겨야 하는 것이 아닌 긍지라고 생각한다. 약함의 가능성과 저력을 인정하고 기존 정신의료 체계 속에서 당사자가 은폐해온 약함을 되찾아야 한다고 주장한다.

약함을 되찾기 위해 베델의 집에서는 우선 자기 자신과 화해에 주목해왔다. 약함을 숨기거나 극복하는 데 초점을 두어 정신장애인을 사회로 복귀시키는 데 힘쓰는 것이 아니었다. 대신 약함을 드러냈을 때 '지금 이대로도 괜찮아.'라고 존중해 주어, 당사자가 자신의 약함을 받아들임으로써 자신과 화해가 이루어질 수 있게 하였다. 또한 동료나 지원자의 도움을 받아 병이나 약함과 사귀는 방법을 익혀나가고, 이 약함으로 관계가 깊어지는 유대를 경험한다. 예를 들어, 당사자연구에서 당사자는 자신의 고통을 드러내어 약함과 대면하고, 동료들과 공동으로 연구한다.

약함의 가능성과 저력을 믿고, 약함을 공개하고 존중하며 이로써 유대관계를 갖는다. 그러면 약함에 대응한 베델의 집 입장은 말을 되찾고 고통을 되찾는 과정에서 동일하게 작용한다는 것이다. 그래서 베델의 집은 약함을 드러내도 안심할 수 있는 자신과 화해를 경험하며, 사람들과 유대하는 공간이 되었다.

베델의 집과 당사자연구

당사자연구는 장사를 연구하는 태도가 도입되면서 기반이 마련되었다. 1990년경 우라카와에서 인쇄소를 운영하던 기요즈미 요시하루(清住義晴)가 자신이 운영하는 회사에서 '1인 1연구' 방법을 사용하여 직원들이 일한다고 전해주었다고 한다. 고생을 되찾는 방법으로 장사하던 베델의 집 사람들이 이 방법을 전수받아 제품판매 방법, 신제품 개발들에 적용하였고, 연구하는 태도가 베델의 집에 확산된 것이다.

10여 년이 흐른 2001년 한 일화에서 당사자연구는 시작되었다. 당시 우라카와적십자병원에 가와사키 히로시(川崎洋)라는 베델의 집 사람이 입원 중이었다. 그는 반복적으로 '폭발'하는 어려움을 겪고 있었다. 폭발하면 집에 불을 자르기도 하고, 부모를 때리고, 식사 중에 그릇을 던지기도 했다. 하루는 그가 부모에게 초밥과 게임소프트웨어를 사달라고 요구했는데 부모가 거절하자 폭발하여 병원 공중전화를 부숴버렸다. 무카이야치는 폭발한 그와 한참 이야기를 나누다가 즉흥적으로 '연구밖에 할 게 없다.'는 심정으로 "폭발에 대해 연구하지 않겠어요?"라고 물었고, 가와사키는 눈을 반짝이며 "하고 싶습니다!"라고 답했다고 한다.

가와사키가 폭발에 대한 당사자연구를 발표하자 굉장한 질적 전환이 발생하였다. 폭발과 같은 문제는 어찌할 수 없는 결과로 머무르는 것이 아니라 삶의 다른 가능성을 함유한 '물음'으로 바뀌었고, 가와사키는 '고민하는 태도'와 '고민하는 상황이라는 위치'를 얻게 되었다. 일각에서는 가와사키가 폭발을 반성하지 않고 연구하는 것에 윤리적 잣대를 들이대어 비판하기도 하였다. 하지만 무카이야치는 가와사키의 폭발이 지나치게 자신을 직면, 반성하여 나타나는 현상이라고 변호하였다. 폭발 또한 삶의 어려움에 대처하는 하나의 방식으로 존중받아야 한다고 옹호하였다.

다시 18여 년이 흐른 2020년 현재, 당사자연구는 베델의 집의 일상적 구조에 스며들어 확장되었다. 베델의 집 사람들 대다수가 일상생활에서 자신만의 당사자연구를 진행하고 있다. 당사자연구 모임이 정기적으로 열리고, 사회기술훈련에서 사람들은 연구 방법을 연습하고 있다. 그간 작업들을 정리하여 당사자연구 관련 책을 발간하기도 하였다. 매년 당사자연구 전국교류집회를 개최하여 한데 모여 연구 결과를 대대적으로 발표해 왔으며, 올해로 벌써 18회째를 맞이하였다.

당사자연구의 기반

당사자연구는 오랜 시간을 거쳐 정립된 실천 방안이라고 할 수 있는데, 여기에는 눈에 보이지 않는 철학과 원칙이 있다. 이것은 당사자연구를 이해하는 데 중요한 지식이 될 것이라서 당사자연구의 배경과 힘을 함께 정리한다.

철학

당사자연구의 기반을 이루는 철학을 소개한다. 이 철학은 당사자연구에서 일상처럼 중시하는 것으로 반드시 당사자연구에 적용되어야 한다. 그렇지 않으면 온전한 당사자연구를 진행했다고 할 수 없을 것이다.

자기 스스로, 함께

당사자연구는 조현병, 조울병, 우울증 따위를 앓는 당사자 활동이나 일상생활 속에서 태어나 자라온 임파워먼트 접근이며, 당사자의 생활 경험의 축적에서 태어난 자조(자신을 돕고 격려하고 활용), 자치(자기 치료, 자기 통치)의 도구이다.

당사자연구는 당사자가 안고 있는 고유의 생활 괴로움(환상이나 망상)을 비롯해 파악이나 대처가 어려운 다양한 압박감, 불쾌한 사건이나 감각(냄새, 맛, 주위에서 방출하는 소리, 목소리 따위), 다른 육체적 질병이나 증상, 약물과 교제하는 방법, 다른 가족·동료·직장에서 인간관계에 따른 고생, 일상생활과 관계 깊은 제도나 서비스의 활용 수준까지 거기에서 생기는 딜레마와 갈등을 자신의 '중요한 고생'이라고 파악하는 것에 특징이 있다.

이뿐만 아니라 그 속에서 생활의 용이성을 위한 '연구 주제'를 제목으로 정하고, 그 사건이나 경험의 배경에 있는 긍정적인 의미와 가능성, 패턴 따위를 파악하고 동료나 관계자의 경험을 도입하면서, 자신다운 독특한 발상으로 그 사람에 맞는 '자조-자신의 도움 방법'과 이해를 창조해 나가는 과정을 중시하는 것이다.

자신이 고생의 주인공

당사자연구는 조현병 따위를 지녀 동네에 사는 당사자의 생활 경험에서 만들어진 자조(자신을 돕고 격려하고 활용) 프로그램이다. 그래서 소중히 하는 것은 당사자 자신이 생활해 나가는 가운데 만나는 다양한 '고생의 주인공'이다.

정신장애를 앓는 사람들의 어려움은 정신질환으로 인한 직접적인 고통과 괴로움이 아니라 당사자 자신과 당사자를 둘러싼 인간관계도 포함한 내적 외부 환경에 의해 초래되는 부분이 더 크다. 그 전형이 과도한 보호와 관리, 과도한 투약이며, 당사자 자신의 필요보다 주위의 위험 감소를 존중하는 관계가 중심이 되어, 결과적으로 장기 입원을 초래하는 요인이 되어왔다고 본다.

그런 가운데 우라카와의 회복자 도토리클럽 활동은 1970년대 자립생활운동의 전통을 계승하여 다른 사람에게 관리, 보호되는 생활보다 오히려 인간으로서 정당한 위험을 추구하는 일을 존중해 왔나. 이러한 인생관은 거슬러 올라가면 빅터 프랭클의 실존 분석에서 말하는

'고통의 의미(고통에서 성숙하고 고뇌에서 성장하는 것이고 고통은 우리를 더욱 풍부하게 하고 강력하게 해 준다.)'와도 상통한다.

경험은 보물

당사자연구는 아무리 어려운 상황에 처해도 그 자리에 자신과 동료의 경험 속에 어려움을 해소하는 '지혜가 잠자고 있다.'고 생각한다. 이것은 홋카이도 우라카와의 정신건강복지 활동이 당사자나 읍민 유지에 의한 지역 활동 거점인 베델의 집을 낳은 회복자클럽 활동을 기반으로 길러져 온 것과 무관하지 않다. 지금부터 30년 전, 사회의 자원이 부족하여 지역 지원 체제도 갖추어지지 않았을 때 가장 중요한 자원은 당사자의 '체험'이었다. 그 체험을 가지고 이야기를 주고받는 가운데 체험은 '경험'으로 승화되었다.

당사자가 안고 있는 다양한 삶의 괴로움(파악이나 대처가 어려운 압박이나 불쾌한 사건, 증상이나 약물과 교제하는 방법, 가족·동료·직장에서 인간관계, 일의 어려움)과 고유의 경험 따위를 연구의 소재로 삼는다.

당사자연구의 자료는 당사자의 친밀한 생활 경험 속에 그야말로 무궁무진하다고 생각하여 왔다. 고생이나 생활의 괴로움도 '연구'라는 방법을 통해 흥미와 관심이 되고, 이상하게도 마음에 담기 쉬운 것이 된다고 한다. 더불어 당사자연구에서 중요한 것은 '스스로 함께'라는 슬로건처럼 동료나 관계자와 연대가 열쇠이다.

당사자 자신이 동료와 함께 참가자나 가족들과 제휴하면서, 상식에 얽매이지 않고 '연구'라는 관점에서 와글와글 이야기하고, 때로는 그림이나 사진, 사회기술훈련을 사용하여 사건이나 고생이 일어나는 패턴과 작동방식에서 생기는 고생과 어려움 뒤에 있는 의미와 가능성을 찾는 것을 중시한다.

긍정적인(자율성) 시행착오를 거듭하는 가운데, 즉흥적인(우연성) 상태에서 나타난 독특한 이해와 아이디어야말로 '자기 자신을 돕는 방법'의 중요한 발견으로 이어진다고 생각한다. 그리고 그곳에서 발견된 독특한 이해와 자신을 돕는 수단을 현실의 삶에 적용해 동료와 나누는 것을 소중히 한다.

단순한 '문제 해결' 방법이 아니라 '문제'라고 생각한 사건에 '마주하는 태도', '파악하는 방법', '시작 위치'를 변경하거나 판별을 기본으로 문제가 해결되지 않은 상태에서 '해소'될 가능성도 시야에 넣는다. 그것은 '자신의 살아온 경험과 지금을 말한다.'는 '말'을 음미하고 육성하면서 실제 생활 장면에 구체적인 '행동'과 '연결'을 창조해나가는 '대화 프로그램'이라고 할 수 있다.

누구나 자기 삶의 당사자

당사자연구는 지원자 자신에게도 필요한 효과적인 프로그램이다. 당사자연구는 결코 질환이나 장애를 가진 사람들을 위한 프로그램이 아니다. 우리는 삶에서 자신이 직간접적으로 영향을 받을 가능성이 있거나 이미 영향을 받고 있는 현실에 책임과 역할을 자각하고, 영향력을 발휘하려고 했다는 시점에서 누구나 당사자가 된다. 그런 의미에서 누구나 당사자가 될 수 있는 가능성을 지닌다. 거기에 당사자연구가 중요시하는 공동성의 요소가 있다. 따라서 당사자연구는 지원자로서 처한 현실을 이겨내기 위한 자조 접근으로 시작된다고 할 수 있다.

원칙

당사자연구에서는 주요 원칙으로 당사자연구 실천 경험을 바탕으로 정리한 '하나마키 원칙'[1]을 만들어 적용하고 있다. 그 내용을 설명하겠다.

비(非)평가적 · 비(非)원조적 태도

이 원칙은 '비원조의 원조라는 중독 영역의 돕지 않는 돕는 방법'에 기반한 것이다. 이것은 '무엇을 하는가?'가 아니라, '무엇을 안 하는가?'의 발상에서 시작된 접근 방법이다. 즉 당사자의 이야기가 망상적인가 아닌가, 무엇이 문제인가 같은 평가를 전하거나, 부정하거나 하지 않아야 한다. 아울러 억지로 치료적 · 지원적 태도를 적게 하고, 방치한다는 정도의 구체적인 두 가지 임상적 태도를 추구한다.

당사자연구는 무엇이 문제인가, 무엇이 원인인가 따위를 찾아내는 발상이 아니다. '무엇이 일어나고 있는가?'를 생각하고, '고생에게 도움을 받는 부분'을 모색하는 연구의 실천이다.

예를 들어 A씨에게 '공격을 해오는 마귀할멈에게 도움을 받는 부분이 있습니까?'라고 물은 적이 있다. 그것을 A씨는 "외로울 때는 스스로가 부르고 있는지도 모른다."고 말했고, 퇴원이 정해졌을 때 '입원 중 제일 신세를 진 사람은?'이라는 질문에 '마귀할멈'이라고 대답했다.

---

1) 일본 이와테현에 있는 국립 하나마키병원의 의료사법병동에서 실시하는 당사자연구의 원칙을 말한다. 국립 하나마키병원은 우리나라로 치면 공주치료감호소 같은 곳이다.

이것은 '질문은 항상 해결을 향한 과정에서 만들어진다.'라는 '자신을 돕는 방법'을 잊지 않는 것을 일컫는다. 이것은 철학 용어인 '에포케(epoch: 비판을 일절 삼가는 태도)'와도 통하는 것이다.

이 비원조의 세계에서는 다양한 상식이나 입장이 반전된다. 문제투성이인 사람 덕분에 새로운 발상이 생기거나, 실패를 계속하는 사람 덕분에 상황에 맞게 서로 돕는 일이 생겨나는 현상이 발생한다. 그것은 때로 문제 해결 이상으로 '문제가 문제로서 나타난다.'라는 과정을 받아들이는 태도도 포함한다.

사람과 사건(문제) 분리

사람과 사건(문제)을 구분해 생각하는 것이다. 이렇게 되면 어떤 문제나 곤란한 일이 일어나도 그 사람이 문제가 아니라 '문제가 문제이다.'라고 받아들일 수 있다. 문제라고 생각했던 것을 다른 각도에서 냉정하게 생각할 수 있는 계기가 되기도 한다. 따라서 '문제행동을 반복하는 A씨'에서 '문제행동을 멈추고 싶다고 생각해도 멈출 수 없는 고생을 갖고 있는 A씨'라는 해석으로 바뀐다.

정신건강 영역의 에피소드는 때때로 타해(他害)나 자해행위, 생활이나 인간관계 트러블 형태로 문제가 나타난다. 거기에는 증오나 나쁜 감정이 동반되는 경우가 많다. 그 감정의 늪에 빠지지 않고, 서로가 성장하는 관계를 유지하면서 사람과 문제를 분리하는 원칙이 가장 중요하게 적용된다. '함께 연구하자!'는 발상은 당사자와 지원자를 나쁜 감정의 딜레마에서 해방시키는 수단으로 생겨났다고 해도 과언이 아니다.

한편, 사람과 사건(문제)을 나눈다는 관점에서 본인의 요구에 따라 굳이 사람과 사건(문제)을 나누지 않는 입장이 필요한 경우도 있다. 예를 들면 '너는 세계 제일의 극악한 사람이고, 전과 1억 범이다.'라는 환청이 들리는 사람에게 '그런 일은 없다.'라고 부정하는 것이 아니라, 그것을 인정하는 것부터 시작하여야 한다.

적극적인 관심, 적극적인 영합

모호한 이야기나 본인의 독특한 말투에서 그 사람이 사는 세계를 이해하기 위해 적극적인 관심을 보이고, 질문이나 대화를 거듭하면서 듣고 의미를 해석하고 밝혀 나간다. 기존 치료나 상담의 기본이 되는 의학모델은 고장 난 곳을 찾아 수리한다는 발상과 비슷하다. 사회복지사는 이런 의학모델보다 생활모델을 중시하는 관계, 즉 병을 보는 것이 아니라 생활에 착안한다는 발상을 기반으로 지원해왔다. 하지만 이 생활모델도 생활 속의 문제를 특정하여 해결을 모색하고, 그것을 실행한다는 의미에서는 의학모델의 생활관과 같다는 견해도 성립한다.

당사자연구에서 생활 속의 문제는 그 사람의 생활이나 인생, 사회, 세계에 내재화(內在化)된 '살기 힘듦'의 존재를 알려주는 중요한 표시이다. 아울러 그것을 해소하려는 '몸부림'과도 닮은 움직임을 포함하고 있다고 생각할 수 있다. 이처럼 당사자연구는 문제의식이 아닌 순수하게 그 사람이 어려움에 처했음에도 살아온 인생의 상황에 대한 관심, 공감이나 감동, 탐구심, 수수께끼 풀기, 발견을 축으로 발전시킨다. 그래서 그 사람이 보고 느끼는 풍경이나 체험하고 있는 세계에 관심을 갖고 차분히 연구하는 대화를 거듭하려고 힘쓰는 점이 특징이다. 그것이 '적극적인 관심'이다.

더불어 '적극적인 영합(迎合)'은 베델의 집을 예로 들어 설명하면, 전파 때문에 괴로워하는 동료가 있다면 그 전파 발신지를 특정하기 위해서 함께 현장을 방문하거나 본인이 호소하는 대로 전파를 측정해 볼 수 있다. 그래서 당사자의 생각에 따르는 연구나 대화를 거듭하는 자세나 태도를 말한다. 그것을 위해서는 '이해하기 어려운 세계에 사는 사람과 대화의 힘'이 필요하다.

대화의 삼각형

어떤 장소에서도 경험이나 일어난 일(테마, 문제, 과제)을 자신들 앞에 두고(그림이나 사진을 보는 것처럼) 탐색적·연구적 대화를 거듭한다. 당사자연구의 이야기 방법은 대화의 이등변삼각형 관계를 만드는 것이다. 그래서 지원자와 당사자가 근접한 위치에 앉아 함께 당사자의 진정한 고통을 바라보며 이야기하는 것이다.

당사자연구에서 '대화의 삼각형'의 중요성은 '삼항(三項) 관계적 커뮤니케이션'의 개념과 관련지어 이해하는 것이 쉽다. 삼항 관계란 '자기', '타인', 대면하는 두 사람 사이의 공간 이외에 있는 '사물'의 3자 간 관계를 가리킨다. 일반적으로 생후 9개월 정도 유아의 발달 과정의 특징을 일컬으며, 2자 간 관계에서 유아의 인식세계가 형성되다가 9개월 이후에 자기와 타인과 사물이라는 3자를 포함한 인식세계에 도달한다는 점을 강조한다. 그래서 인간의 참으로 인간다운 커뮤니케이션을 특징짓는 중요한 성질이 된다.

한편 삼항 관계는 이중 삼중으로 '오작동'되기 쉽고, 편중되기 쉬운 경향이 있는 우리들의 인식을 극복하기 위해서 인간에게 갖추어진 중요한 특징이라고 볼 수 있다. 대화란 반드시 음성언어에만 머물러 있는 것이 아니라 다양한 활동이나 예술이라는 여러 가지 자기 표현을 포함한다. 한 사람 한 사람의 인간이 갖는 인식의 한계를 보완하기 위해 인류는 대화라는 생활 방법을 몸에 익혔다고 이해할 수 있다.

경험의 가시화

내용의 객관화와 데이터화에 힘쓰고 컴퓨터 따위를 보면서 본인과 함께 도식화하거나 화이트보드에 그림, 그래프, 흐름도를 그리거나 때로는 액션을 바꿔가며 속 깊은 대화를 한다. 앞의 '대화의 이등변삼각형'이 '앉는 방법'에 가까운 이미지라면, '경험의 가시화'는 한층 더 역동적이고 외재화(外在化)된 다양한 표현양식을 가능하게 한다. 당사자연구 현장에서는 이것을 그 상황에 따라 맞추어 전개할 수 있다.

만남의 창조와 성과 공유

당사자연구를 통하여 만남이 생겨나고 결과가 공유되어 지역 네트워크와 연결되도록 계획한다. 이것이 당사자연구가 '연구 실천'이라는 것을 나타낸다. 당사자연구가 '인간적 만남'을 계기로 '정보 수집'에서 '테마 공유'를 거쳐 실험과 고찰을 반복하면서 '발견', '깨달음'의 공유를 통해 구체적인 살기 쉬움과 연결되는 감각을 되찾아가는 과정을 확실하게 만드는 것이다. 이런 의미에서 당사자연구는 공개성을 갖고 있으며 발표를 통해 지역 네트워크와 연결되는 계기가 된다. 하지만 이 공개 범위는 일률적이 아닌 당사자가 원하는 범위에 맞추어야 한다.

배경

당사자연구가 개발된 배경으로 사회기술훈련에서 취급하는 '연습 과제'의 현실감 있는 느낌을 담으려는 시행착오를 들 수 있다. 감정의 폭발과 사고전파를 통해 혼내 줄 수 있다든가, 옆방에서 괴롭힘을 당하고 있다고 호소하는데 너무 쉽게 사회기술훈련의 연습 과제로 연결되기도 하는 이런 상황은 단순하지 않다. 사회기술훈련을 도입하고 있는 현장에서 제기된 과제로 다음과 같은 것을 들 수 있다.

첫째, 단순한 희망 지향의 접근은 과거의 경험에서 도피하거나 회피하려는 성향을 가진 당사자가 이용하기 어렵다.

둘째, 현장에 적용하는 방법으로 '상담하는 사람'과 '원조하는 사람' 두 사람의 구조를 바꾸는 수단이 필요하다.

셋째, 당사자의 '자기 극복 · 회복'의 이미지가 없어야 한다.

넷째, 당사자들 간 동료 의식이 낮다.

다섯째, 사람과 문제의 구체화가 있고 문제를 일으키는 당사자는 '문제 있는 사람'이라며 배제되는 경향이 있다. 특히 개성이 강한 장애를 가진 사람을 지원하는 데 어려움을 느낀다.

여섯째, 당사자가 진정한 감정을 말하지 않는다. 한편으로 환각, 망상 이야기는 듣지 않겠다는 자세로 나오는 사회복지사가 있다.

일곱째, 약물을 복용하는 중에도 지속적으로 생기는 환청이나 망상에 당사자들끼리 효과적인 지원책을 찾지 않는다.

여덟째, 당사자 자신이 생활상 괴로움을 이해할 수 없는 상황이 있다.

이상의 일들은 사회복지사가 사회기술훈련을 오랜 기간 경험해오며 직면한 것이다. 그러나 이러한 과제를 극복하기 위한 시행착오를 통해 사회기술훈련이 당사자의 생활 속에 중요한 도구로 자리잡게 되는 가운데 다음과 같은 점을 보여주었다.

하나, '문제'의 발생 방법에는 패턴이 있다.

둘, 폭발이나 부적절한 행위나 말 뒤에는 힘든 상황에서 벗어나려는 당사자 나름대로의 '몸부림'과 '투쟁'이 있다.

셋, 그 '몸부림'과 '투쟁'의 밑바닥에는 자기표현과 '연결'하려는 갈망이 있다.

넷, 표출된 요구와 당사자 자신의 요구 사이에는 괴리가 있다. 당사자 자신도 그것을 인식하지 못하는 경우가 많다.

다섯, 당사자는 오감으로 느끼는 현실과 주변 사람들이 공유하는 현실과 갭이나 '오작동'에 시달리고 있는 것으로 나타나고 있다.

여섯, 당사자 대부분은 미래에 맞이할 희망과 보람을 잃고, 그것을 찾아 요구하고 있다.

힘

당사자연구가 지니는 힘(강점)이 있는데, 이를 다음 몇 가지로 요약하였다. 물론 이와 같은 힘은 당사자연구를 진행하는 당사자와 지원자의 역량에 따라 좌우될 것이다.

첫째, 당사자연구는 자기 이야기이다. 자신의 감정과 경험이 연루된 이야기, 자신 주변에서부터 출발하는 이야기이다. 따라서 정답도 없고, 객관적으로 입증 자료를 갖추어야만 할 수 있는 이야기도 아니다. 그래서 당사자연구는 누구나 쉽게 참여할 수 있고 자신이 표현하는 만족감을 느낄 수 있는 말하기 방식이다.

둘째, 당사자연구는 평등한 말하기이다. 형식이나 순서가 정해져 있지 않으며 누구나 언제든지 끼어들기와 방향 전환이 가능하다. 방금 한 이야기로 되돌아가는 유턴도 가능하다. 따라서 당사자연구는 언제 무슨 이야기로 튈지 모르는 변화무쌍하고 살아 있는 말하기 방식이다.

셋째, 당사자연구는 삶과 직결된 이야기이다. 실생활 속의 이야기, 현실적인 이야기이다. 누구를 흉볼 때도 그 대상이 자신의 삶과 구체적으로 연결된 존재이다. 이러한 당사자연구를 통해 사람들은 서로의 삶을 표현하고 이해하게 된다.

넷째, 당사자연구는 평등하고 쉽게 사는 이야기를 나누는 표현과 소통의 욕구를 충족시켜 주는 좋은 방법이다.

당사자연구의 유형과 진행

그러면 당사자연구는 어떻게 진행될까? 당사자연구에는 몇 가지 유형이 있는데, 이것을 먼저 살펴보고, 당사자연구의 구체적인 진행 과정을 알아보겠다.

유형

당사자연구는 조현병, 조울병, 우울증 같은 정신장애를 가진 구성원이 자율적으로 자신이 안고 살아가는 괴로움의 의미와 메커니즘을 해명하고, 폭발 따위에 '새로운 자신을 돕는 방법'을 동료와 함께 모색해 나가는 활동으로 시작되었다. 이것을 계기로, 특히 최근 몇 년간 발달장애와 신체장애 따위를 안고 있는 당사자나 가족들이 자발적으로 자유로운 형태로 당사자연구를 시작했다. 이 당사자연구를 공개하며 반향을 일으키고 있는데, 지금까지 조사한 당사자연구의 유형을 분류하면 다음과 같다.

일상생활 고생 연구

일상생활 고생의 메커니즘, 패턴, 의미를 해석하는 기존의 대처와 변화에 더욱 새롭고 독특한 해결 방법을 고안하는 연구 유형이 있다. 예컨대 '폭발주기 연구'가 있다.

새로운 대처법을 찾는 연구

자신과 동료의 경험과 다양한 영역의 정보를 참고하며 연구한다. 이 연구에서는 생활 편의성이나 살아 있음을 실현하기 위한 새로운 아이디어와 구체적인 수단이나 방법을 생각한다.

'지금 이대로도 괜찮아'를 찾는 연구

자신의 고유한 경험을 되돌아보고 관찰하고 이를 정리한다. 그러면서 전문가의 견해와 일반 통설을 극복, 해석, 고찰하고, 유용한 경험으로 새로운 의미와 가능성을 모색하는 유형이다.

[그림 2] 당사자연구 장면

'나답게'를 찾는 연구

기타 연구로 자기 입장에서 그 사람 나름의 자유로운 수단과 발상으로 자신의 경험과 삶의 테마를 추구하는 유형이다.

진행의 주요 사항

당사자연구의 일반적인 진행 방식으로 앞의 유형에서 소개한 일상생활 고생 연구와 새로운 대처법을 찾는 연구 중심으로 살펴보겠다. 당사자연구는 '스스로 함께'라는 이념 아래 생활 문제를 공감하는 가운데 함께 생각하고, 함께 지혜를 내고, 서로 과정과 절차를 따라가는 것이 중요하다. 그리고 발견된 아이디어를 실제 생활 속에서 시도(실험)하고, 그 결과를 확인하고, 유효한 수단으로 동일한 과제를 안고 있는 동료와 함께 나누는 일련의 노력이 특징이다. 이런 당사자연구의 특징은 진행 중에 염두에 두어야 할 사항이라고 하겠다.

무엇이 어떻게 되어 있는가

반복적으로 일어나고 있는 사건의 패턴, 깨어 있는 '문제'의 의미를 판별하고 음미한다. '문제'의 좋은 점과 긍정적인 효과와 의미를 생각한다. 이미 해소된 '어려움'과 '성과'도 그것이 왜 해소된 것인지, 어떤 '자신의 돕는 방법'이 발휘되었는지를 거론하기도 한다. 이 장면에서 역할놀이나 그림 따위를 사용한다.

그것에 어떻게 대처해 왔는가

일어나고 있는 '문제'를 어떻게 받아들이고 대처해 왔는지, 폭발이나 강제적인 행위도 '자기를 돕는 방법'의 하나로 받아들인다.

결과 만족도

어떤 일에 취해온 대응(예를 들어 '폭발' 따위)의 만족도와 효과를 확인한다. 만족도가 낮은 경우에는 변화를 위한 다른 수단을 함께 찾는다.

나를 돕는 방법의 실천

기존의 '자신을 돕는 방법'에서 변화하는 '새로운 자신을 돕는 방법'을 검토하고 구체적으로 어떤 수단을 어떤 타이밍에 이용하면 좋을지를 실천한다. 필요한 경우 연습을 한다.

다음 대응 방안

얻은 결과에서 효과를 판별하고, 다음 대응 방법을 생각한다.

진행의 실제

당사자연구는 대체로 당사자와 지원자가 함께 대화를 통해 진행된다. 물론 집단으로 진행되기도 한다. 여기에서는 베델의 집에서 실시하고 있는 사례를 바탕으로 당사자연구의 실제 진행 과정을 단계별로 살펴보겠다.

기본 설정

베델의 집 당사자연구에는 주 1회 집단으로 실시하는 '당사자연구 미팅'이 있다. 당사자연구라는 접근은 '일상생활에서 때와 장소를 가리지 않고 현실문제에 연구하는 태도로 마주하며 대처하려는 생활방식'이다. 그러므로 집단으로 실시하는 미팅 외에도 혼자서 하는 '1인 당사자연구'와 맨투맨으로 실시하는 당사자연구가 있다.

당사자연구 미팅은 당일 참가하고 싶은 회원이 자유롭게 찾아오는 방식이기 때문에 참가인원은 10~20명 정도로 일정치 않다. 연구테마는 주로 연구하는 회원 중심으로 정하고 있다. 베델의 집의 경우, 지역에서 생활하는 당사자가 많기 때문에 인간관계나 업무 방법에 관한 연구 테마가 많다. 진행은 당사자 리더와 비장애인 직원이 협력해서 맡고 있다. 연구 성과를 발표하는 매체는 잡지, 서적, WEB, TV, 라디오, 학술논문, 강연활동, 학술학회, 당사자연구교류회들로 다양하다.

자리 배치

베델의 집 당사자연구에서는 화이트보드가 필수다. 좌석은 가능한 한 둥근 원이 되도록 배치한다. 참가인원에 따라 원의 크기는 달라지며, 2중 원이 되는 경우도 있다. 화이트보드와 참여자 사이에는 역할극 따위를 할 수 있도록 적당한 공간을 만들어 놓는다. 아울러 이념(자기 스스로, 함께, 내가 고생의 주인공, 경험은 보물 따위의 표어)을 적은 포스터가 방 전방의 벽 위에 붙어 있으며, 화이트보드 옆 포스터꽂이 안에도 합판으로 가공된 이념 포스터 약 12매가 꽂혀 있다. 미팅에서는 마이크가 사용되고 비디오촬영도 한다. 베델의 집에는 견학자가 자주 방문하기 때문에 참관하는 경우 견학석이 마련된다. 방 안쪽에는 직원석이 있고, 일상 업무를 하는 직원이 앉는다.

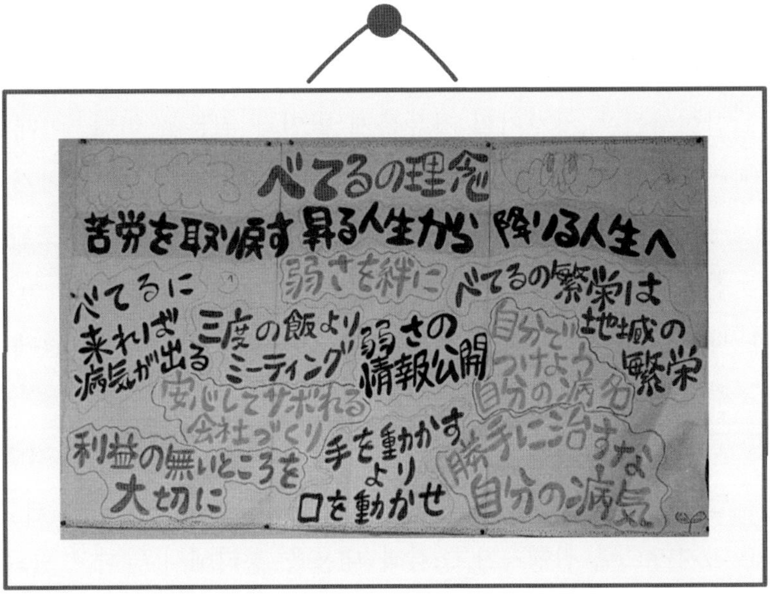

[그림 3] 당사자연구 이념 포스터

진행 순서

베델의 집 당사자연구 미팅에서 일반적 진행 순서는 다음과 같다.

① 모든 참가자가 자기소개 겸 오늘의 기분, 컨디션, 최근에 재밌었던 일 같은 근황을 이야기한다.

② 처음 참가하는 사람들을 위해 주로 단골 참여자가 이념 포스터를 활용하면서 당사자연구의 취지를 소개하고, 이념을 확인하며, 규칙을 설명하는 역할 따위를 수행한다.

③ 당일 미팅에서 당사자연구를 하는 회원(A씨)이 자신의 흥미, 관심사 따위의 특징과 본인이 겪고 있는 고생을 이야기한다. 진행자는 A씨에게 질문하면서 화이트보드에 기록한다. 화이트

보드 기록은 진행자에 국한하지 않고 잘하는 사람이 맡도록 하며, 때로는 A씨에게 직접 쓰게 하는 경우도 있다. A씨 외의 참여자들은 왁자지껄 자유롭게 발언과 질문을 한다. 이때 여러 사람이 발언할수록 돌발적으로 전개되는 경우가 많아져 연구가 발전하거나 재미있는 이야기가 쏟아져 연구가 고조된다. 진행자도 적극 나서서 이야기를 듣는 경우가 많다.

④ 대화를 주고받은 다음 A씨가 연구를 통해 발견한 점, 알게 된 점을 이야기한다.

⑤ A씨 이외의 참여자가 이번 당사자연구를 마친 소감과 의견을 말한다.

⑥ 마지막으로 진행자가 소감과 내용을 정리해서 말하고 종료한다. 이때 진행자는 A씨의 지금까지 경험과 연구 동기의 가치를 언급하는 경우가 많다. 그리고 A씨의 이야기가 아직 조우하지 않은 타자의 회복에 공헌할 가능성도 재확인한다. 소요 시간은 1시간을 넘기지 않는 범위에서 실시하고 있다.

다양한 진행 방법

베델의 집에서는 구체적이고 다양한 연구 스타일이 고안되며, 이미 많은 서적을 통해 소개되고 있다. 예를 들어 발표자와 비슷한 경험을 한 동료가 있는지 설문을 실시하기도 하고, 삽화를 사용한 도식화와 역할극의 활용을 통해 '고생 지도'를 그리거나, 발표자가 겪는 고생을 재현하기도 한다. 아울러 화이트보드 기입방식도 변화를 확인하는 수단으로써 사이클과 패턴을 도식화하거나, 그래프를 사용해서 수치화하기도 한다. 기입방식은 매우 다양하고 풍부하다.

새로운 형식, 오픈 방식의 당사자연구

최근 새롭게 시작한 형식으로 베델의 집 외에서 워크숍 따위를 할 때 사용하는 '오픈 방식의 당사자연구'가 있다. 서로 잘 모르는 사이인 대학생과 기업경영자들이 모였을 때 이용된다. 화이트보드나 모조지에 한 집단으로 5~6명의 내용을 적는 방법이다. 순서는 다음과 같다.

① 참가자 전원이 자기병명과 고생 네임을 화이트보드에 적는다.
② 적은 자기병명에 관한 내용을 소개하는데, 한 사람씩 짧게 한다.
③ 집단으로 자유롭게 질문과 대화를 나누면서 병명끼리 연관시켜간다.
④ 끝났을 때는 참가자 전원이 한마디씩 소감을 말한다.

한편 '일에 관련된 자기병명'과 같이 테마를 정하는 경우도 있다. 예컨대 '결과에 끊임없이 불안을 갖는 증후군'이나 '잔업병'식으로 자기병명을 이야기한다. 이 자기병명은 지금까지 증상의 상태에 따라 얼마든지 변경 가능한 것이었는데, 최근에는 더 나아가 '오늘의 자기병명'이나 '오늘의 고생네임' 같은 표현도 쓰고 있다. 이처럼 가능하면 시간을 짧게 잡아 각자의 테마를 쉽게 바꿀 수 있게 이끌어간다.

당사자연구의 가능성

당사자연구의 가장 큰 포인트는 조현병 따위를 앓는 당사자 자신이 스스로 안고 있는 다양한 생활의 괴로움에 주위의 과도한 보호나 관리에서 벗어나 자율적 연구 방법으로 대처하기 위한 적극적인 동기를 찾는 것이다. 바로 그때 연결 네트워크가 생활에 보람을 낳는다. 당사자연구가 전개되는 과정에서 '내 안에, 동료의 경험 속에 지혜가 있다! 동료, 나, 전문가, 가족과 연계하면서. 자! 오늘부터, 스스로 함께 연구하자!'를 슬로건으로 진행되는 것은 그 때문이다. 당사자연구가 순조롭게 진행되기 위해서 다음 사항이 요구된다.

① 인간관계에 참여하여 자존감을 회복할 것
② 적절한 커밍아웃으로 다른 사람에게 도움을 요청할 수 있게 하여 외로움과 고독감을 해소할 것
③ 당사자 자신이 다른 사람의 회복(치유)에 기여하는 힘을 가지고 있다는 것을 경험할 것
④ 그러기 위해서는 일상적으로 질병, 약물요법, 처리 기술, 사회 자원에 관한 정보를 얻을 수 있는 장소가 준비되어 있어야 한다.

이렇게 당사자 자신과 주위의 이해를 촉진하고, 그것을 정돈하기 위한 노력이 필요하다. 그렇게 태어난 토양에서 전문가와 가족, 당사자의 진정한 협력 토대가 만들어져 정신건강사회복지의 세계로 '당사자 주권'의 싹이 길러지는 소중한 계기가 된다. 요컨대 당사자연구는 당사자가 경험한 것의 신뢰와 전문가 역할에 새로운 대안을 강조한다.

한국의 당사자연구 현황과 과제

당사자연구가 일본에서 만들어져 전개된 이후 한국에 소개된 지 15여년이 지났다. 그 과정을 소개하며 앞으로 한국에서 당사자연구가 나아갈 방향과 함께 수행해야 할 과제를 정리하였다.

베델의 집과 교류

나는 2006년 우리나라에 번역된 『지금 이대로 괜찮아』에 소개된 베델의 집 공동체를 읽고, 2007년 5월 한국사회복귀시설협회에 해외연수 프로그램을 제안하였다. 이 제안이 받아들여져 사회복지사 14명, 당사자 6명, 사회복지학 전공 학생 4명으로 구성된 총 24명이 3박4일 일정으로 한국에서는 첫 방문을 시작하였다.

2007년 9월에는 일본 베델의 집 사회복지사 4명, 당사자 3명이 국제장애인연맹(DPI)의 세계대회 참석차 우리나라에 와서 천안 독립기념관과 서울 한울지역정신건강센터를 방문함으로써 베델의 집과 교류를 시작하였다.

2007년을 시점으로 2020년 1월까지 14년 동안, 매년 1~2회 정신건강 현장의 사회복지사, 당사자, 가족, 대학교의 사회복지학과 교수, 변호사, 의사 606명이 총 39회에 걸쳐 베델의 집 연수를 다녀왔다.

한편 베델의 집 측에서는 2011년부터 우라카와 베델의 집 사사키 미노루 이사장, 당시 우라카와적십자병원 정신과 과장이었으나 지금은 우라카와 히가시진료소 가와무라 도시아키 원장, 홋카이도의료복지대학 사회복지학과 무카이야치 이쿠요시 교수, 베델의 집의 당사자 직원 총 100명이 12회에 걸쳐 우리나라를 방문함으로써 교류의 싹을 틔우고 있다. 교류회에서는 베델의 집 공동체의 성장에 관한 강의와 당사자연구 시연회를 통하여 베델의 집과 당사자들의 변화 과정을 알 수 있었다.

더불어 2013년 도쿄대학 첨단과학연구센터 구마가야 신이치로 교수가 주관하는 당사자연구 국제 세미나에 김대환과 김낙우 2명이 참석한 것을 계기로, 정신장애인 당사자연구뿐만이 아니라 발달장애인 당사자연구, 비행청소년 당사자연구, 노숙인 당사자연구로 확대된 연수와 교류로 발전하고 있다.

2018년 5월 도쿄대학 첨단과학연구센터 구마가야 신이치로 교수를 청주로 초청하여 일본에서 당사자연구의 성장과 확산, 나아가 한국에서 적용 가능성에 관한 강의와 교류회를 열었다. 이뿐만 아니라 2년에 걸쳐 도쿄대학 당사자연구 센터에서 실시하는 연수에 참여하기도 했다.

당사자연구의 도입

2010년 10월 충주어울림센터 김대환과 박용선, 삼정사회복귀시설 한송이 3명이 소집단으로 베델의 집을 연수하였다. 이때 베델의 집의 무카이야치 선생이 우리 연수단을 안내하면서 당사자연구를 설명해 주었다.

이미 3번째 베델의 집을 방문하는 것이라 그동안 베델의 집의 조직체계와 활동, 당사자들의 생활에는 기본적인 정보와 지식이 있었다. 따라서 구체적으로 우리들이 정신재활시설 현장에서 당사자들과 생활하며 문제와 증상으로 겪는 어려움을 해결하는 베델의 집의 방법을 알아보려고 했다. 우리가 알려고 했던 것이 바로 당사자연구라는 답을 얻었고, 자세한 내용을 알 수 있었다. 그때 우리는『베델의 집 사람들』의 '비원조론'에 관한 이론적인 내용은 알고 있어 당사자연구를 간접 경험하는 데 도움이 되었다. 이때 무카이야치 사회복지사를 비롯한 베델의 집 당사자들을 한국에 초청하고 싶다고 제의하여 2011년부터 매년 우리나라를 방문하여 당사자연구의 이념과 철학, 구체적인 방법을 강의하고, 현장에서 즉석 시연회를 실시하였다. 이런 작업이 당사자연구를 한국에 적용하고 실천, 확장하기 위한 노력이라고 할 수 있겠다.

베델의 집 연수를 마친 후 충주어울림센터, 청주정신건강센터, 삼정사회복귀시설에서 2011년부터 내부 프로그램으로 당사자연구를 시도했고, 그 해 6월 3박4일 일정으로 서울 한울정신건강복지재단의 최성남, 최지은, 정미아, 여기에 김대환을 포함해 4명이 베델의 집 연수를 다녀오면서 한울지역정신건강센터와 중랑한울지역정신건강센터도 당사자연구를 시작하였다.

2011년 9월 3박4일 일정으로 일본 측이 한국을 방문하여 청주에서 당사자연구를 직접 시연하고 슈퍼비전을 실시하였다. 아울러 서울 대방동 여성프라자에서 베델의 집의 당사자연구를 시연하는 프로그램을 한 차례 더 가졌다.

2013년 1월 한울정신건강복지재단 소속 사회복지사와 당사자 21명이 베델의 집 연수를 하면서 당사자연구에 관한 설명과 시연을 참관하고, 현장에서 즉흥적으로 실시하는 당사자연구를 하였다. 3월에 일본 도쿄대학 대학원 공생철학연구소 주최 장애의 철학 국제회의(주제: 당사자연구의 국제화 동향)에 한국 대표로 청주정신건강센터 김대환과 한울지역정신건강센터 당사자 김낙우가 참가하여 한국 당사자연구의 현황과 실제를 발표하였다.

2013년 충주어울림센터, 청주정신건강센터, 삼정사회복귀시설은 당사자연구의 어려움과 담당 직원의 이직으로 당사자연구를 중단하고, 대신 충주어울림센터와 청주정신건강센터는 동료상담이라는 프로그램을 당사자연구라는 형식으로 진행하였다.

2014년 청주정신건강센터가 당사자연구 프로그램을 재개하였고, 2015년 1월 28~31일 한울정신건강복지재단 소속 사회복지사와 당사자 31명이 베델의 집에서 도쿄대학 당사자연구 모임과 합동 연수를 하였다.

2015년 청주정신건강센터는 주 1회 당사자연구 프로그램을 진행하던 중 한국사회복귀설협회 지원 사업으로 '환청 · 망상 대회 및 당사자연구 프로그램 활동'을 활발하게 전개할 수 있었다.

2016년 6월 세계사회복지사대회 참석차 홋카이도의료복지대학 무카이야치 이쿠요시 교수와 오쿠다 카오리 교수, 삿포로 상업고등학교 교사, 베델의 집 사회복지사 1명이 방한하여 숭실대학교 사회복지대학원과 안산시 들꽃청소년세상과 공동으로 청소년 당사자연구 세미나를 이틀간 진행하였다. 바로 이어서 7월 한일교류 10주년을 기념하여 김대환, 이용표, 김낙우, 이진의가 베델축제에 초청받아 '베델축제 연수단'을 구성하여 16명이 참가하였다. 이때 김대환이 한국 당사자연구의 현황을, 김낙우가 한국 당사자연구를 발표하고 베델축제와 당사자연구의 실제 현장과 다양한 사례를 접하고 돌아왔다.

2016년부터 매년 일본 당사자연구 전국교류회에 김대환이 초청을 받아 참석하여 일본에서의 당사자연구가 확산되고 성장하는 것을 확인할 수 있었다. 특히 올림픽 참가 운동선수, 기업 종사자들이 다양한 영역으로 전파되고 있다는 것을 확인하였다. 이뿐만 아니라 이야기치료나 핀란드의 오픈 다이얼로그와 유사성에 대해서도 이야기를 들었고, 이후에 오픈 다이얼로그의 경험전문가들과 교류를 하게 되었다.

당사자연구의 확산

청주정신건강센터와 한울지역정신건강센터 두 기관만이 당사자연구의 명맥을 겨우 유지하며 우왕좌왕, 좌충우돌 하던 중 2019년에 사회복지공동모금회와 삼성복지재단의 **나눔과꿈** 공모사업에 선정되었다. 사업 명칭은 '정신장애 당사자의 환청, 망상의 현상학적 해석 프로그램'으로 서울, 부산, 광주, 충북 등 8개 정신재활시설 종사자 24명과 당사자 100명을 교육 훈련하는 것이다. 이 사업이 선정되어 연간 5,000만 원씩 3년 동안 지원받아 현재 2년차 사업을 진행하고 있다.

2020년 지금은 **나눔과꿈** 사업을 진행하며 4개 권역을 중심으로 당사자연구를 열심히 하고 있다. '사람 책 활동'의 일환으로 시연회를 요청하는 지역과 시설 중심으로 당사자들이 경험전문가로서 활동하고 있다. 더불어 4회째 환청·망상대회도 개최하여 그동안 숨죽이며 쉬쉬하던 증상과 병도 당당하게 있는 그대로 표현하고, 이야기할 수 있는 분위기와 자신감을 고취시키는 데 촉진자 역할을 했다고 생각한다.

한국 당사자연구의 과제

당사자연구는 일본에서뿐만 아니라 한국에서도 좋은 사회복지실천 방법으로 자리를 잡아가고 있다. 이런 상황에서 당사자와 지원자가 처한 입장을 소개함으로써 한국의 당사자연구가 풀어야 할 과제로 삼아 통찰하는 데 도움이 되었으면 한다. 이렇게 하는 것이 당사자연구에 한층 가깝게 다가설 수 있다고 보기 때문이다.

당사자의 입장

당사자는 자신의 문제를 잘 오픈하지 않는다. 말을 잃은 사람들을 '언어적 약자'라고 한다. 특별히 어려움은 없으나 자신 고유의 경험과 감정이나 생각을 표현하는 데 뭔가 불충분함과 소외감을 느낀다. 당사자는 하고 싶은 말, 할 수 있는 말을 하지 못하는 사람들이라고 할 수 있다.

인간은 누구나 말을 하고 싶어 한다. 말을 한다는 것은 인간에게 자기실존의 방법이자 존재의 표현이다. 무릇 움직이는 동물들은 모두 제 소리를 내고, 살아 있는 식물들도 춘하추동 자신들의 모습을 달리 표현하여 존재를 드러내듯이 말하기는 인간에게 가장 일반적인 자기표현의 방법이다.

그런데 세상에는 말을 참고 사는 사람들이 정말 많다. 말을 하더라도 자기 생각대로 하지 못하는 사람, 늘 남의 눈과 세상의 눈을 의식하여 같은 말만 되풀이하는 사람들도 적지 않다. 극단적인 고통은 인간을 개인화시키며 의사소통 기능을 파괴한다. 원래 타인들과 의사소통하는 데 별 문제가 없었으나, 한 인간이 감당하기 힘든 과도한 고통을 지속적으로 받을 때 발생하는 또 다른 형태의 '의사소통 기능의 파괴'가 있을 수 있다. '의사소통 기능의 파괴'는 이들의 '사회적 관계'가 해체되기 시작하고, 그들이 육체적으로 정신적으로 더욱 고립된 사람들이 되어간다는 뜻이다.

상처와 고통으로 신음하는 사람들은 뒤죽박죽 횡설수설 말을 하는 언어적 약자가 되며, 매순간 더욱 정신적·육체적으로 사회와 고립된 존재가 되어간다. 아마도 우리들 가까이에서 매일 만나는 정신장애 당사자가 여기에 해당된다고도 할 수 있다.

자기 자신으로부터 소외된다는 것은 무엇일까? 한마디로 나 자신이 아닌 다른 사람이 되게 하는 것이며, 결국 다른 사람에게 복종하도록 만드는 것이다. 쉽게 말해 자신에게 중요한 삶의 주제들, 자신의 정체성과 밀접히 관련된 이야깃거리들과 관련하여 다른 사람의 목소리를 자신의 목소리로 알고 살아가는 것, 그것이 소외이다.

획일화되거나 경직된 사고를 강요하는 사회에서는 독특하거나 개성적인 사고와 자유로운 행동에 어려움이 많다. 대부분 평균과 정상성의 기준에 맞추어 살아가기를 요구한다. 그래서 자신의 주체성이나 주도성을 갖고 살아가기보다는 사회의 기준, 타인의 목소리에 맞추어 살 수밖에 없어 자신이 자기를 소외시키기 때문에 외로워하며 은둔할 수밖에 없다.

정신건강 문제로 장기간 입원과 퇴원을 반복하거나 증상으로 고통받는 사람들 중 과거 특정 사건이나 시점의 기억에 매몰되어 반복적인 말과 이야기를 하는 사람이 있다. 말하고 또 말하고, 듣고 또 듣고, 일방적인 말하기와 일방적인 듣기가 반복될수록 점점 말이나 이야기의 늪에 빠져드는 것 같다.

말의 병목현상은 할 말이 너무 많이 쌓였을 때 가슴속에서 이 말과 저 말이 두서없이 먼저 나가고 싶어 끼어들기를 하고, 좌충우돌하며, 그것이 횡설수설로 나타나는 것은 아닐까? '말 폭탄' 또한 병목현상과 마찬가지로 하고 싶은 말, 자신을 표현하는 말들을 너무나 억누르고 지내다가 증상이 나타나면 자신의 주변 사람이나 관련된 사람들에게 '말 폭탄'을 터뜨려 자신의 존재를 알리는 속 시원한 방법인지도 모르겠다.

지원자의 입장

당사자연구는 당사자의 경험을 기존 개념으로 해석하지 않는다.

"어떤 문제를 가지고 있습니까?"

"곤란한 일이 무엇입니까?"

"지금 무슨 고민을 하고 있습니까?"

이렇게 당사자의 경험을 부정적인 해석으로 시작하지 않는다. 좋음과 나쁨은 어느 쪽으로 기울어도 괜찮다는 입장에서 시작할 수 있게 가치기준을 반전시킨 질문을 던진다.

"어떤 고생에 자신 있으세요?"

"전문 고생 분야는 뭡니까?"

당사자연구 중반부터 후반에 걸쳐 베델의 집의 전문용어 중 하나인 '자기 돕기'라는 말이 사용될 때가 많다. 여러 가지 힘든 상황에 직면했을 때를 대비해서, 자기에게 맞는 '자기를 돕는 법'에 관한 구체적인 방법(기법)을 알아둔다는 점에서 사용되는 경우도 있고, 자타가 모두 문제행동이라고 여기는 행위에 사용되는 경우도 있다.

"그랬군요. 그런 식으로 자신을 도왔군요."

이런 의미로 받아들이는 맥락에서 사용되기도 한다. 후자의 경우 역시 가치 기준을 반전시키는 기능을 발휘하고 있다.

"어떤 것에 효과가 있나요?"

"환청 씨가 도와준 경우가 있나요?"

일반적으로 부정적으로 간주되는 일에 위와 같이 묻기도 한다. 반대로 '망상이 없어진다.'는 것같이 회복되고 있는 것으로 보이는 단계의 이야기에서도 사용된다.

"망상 덕에 현실을 직시하지 않아도 되었던 거죠? 그럼 그게 없었다면 힘들지 않았을까요?"

새로운 고생의 도래에 관해 질문하는 경우도 있다.

이처럼 세상 선악의 가치판단에서 해방된 관점으로 당사자의 이야기와 자기를 돕는 방법을 밝혀나가도록 의식하고 있다. 다만 처음부터 이런 질문을 할 경우 관계성에 따라 달라진다.

"괴롭다고 호소하는데 무슨 소리를 하는 겁니까!"

라고 하면 갈등이 생길 수 있으므로

"조금 이상하게 들리실지도 모르지만…."

라고 하면서 사전에 양해를 구하거나, 어느 정도 전체적 윤곽을 이해하고 당사자연구 마지막 부분에 질문하기도 한다.

지원자의 역할

당사자연구가 지원자 자신에게도 필요함을 상기하며 지원자의 역할을 살펴보았다.

당사자의 동반자와 의지처가 되기 위해

예전에는 장애인 자립생활을 계획하고 이야기할 때 의존하는 것이 좋지 않다고 생각했지만, 최근에는 의존하는 것이 더 좋다는 생각으로 바뀌고 있다. 예전에는 서로 의지하면 각자가 힘들다고 생각했다. 지금은 좁은 범위로만 의지하는 것이 아니라 여러 사람에게 의지하면서 의지하는 범위를 넓혀가는 것이 중요하다고 생각한다. 그래서 '의지할 수 있는 사람을 늘림으로써 스스로 자립할 수 있다.'고 보고 있다. 이 말은 도쿄대학 첨단과학연구센터의 구마가야 교수의 말이다. 구마가야 교수는 중증의 뇌병변장애를 지니고 있고, 소아과 의사로 일하며 당사자연구를 연구하여 전파하는 데 중심역할을 하고 있다.

이때 지원자의 태도는 '내가 그 문제를 해결해 줄게.'가 아니라, '어떻게 하면 같이 해결할 수 있을까?'라는 태도를 취해야 한다. 함께 시행착오를 해나갈 수 있는 사람이 필요하다. 지금까지는 당사자가 주치의나 사회복지사에게 상담을 하고 주치의나 사회복지사가 해결책을 주는 방식으로 상담이 이루어졌다. 앞으로는 동반형 지원이 되어야 할 것이다.

당사자가 상담을 하면 상담에 대한 해결책을 주고 헤쳐나가는 방식이었는데, 동반형 지원은 함께 같이 걸어가는 형식으로 상담방식이 바뀌었다. 삶의 인생길을 함께 걸어가면서 당사자가 다양한 사람들을 끌어들이고, 동료들을 늘리는 이미지이다. 그래서 당사자연구에서는 생활 동반형 지원을 늘려나가자는 움직임이 있다. 그러기 위해서는 먼저 지원자 자신을 위한 당사자연구가 필요하다.

지원자의 무능력 해소를 위해

베델의 집에서 당사자연구가 태동하게 된 계기는 사회복지사가 할 일은 많은데 힘이 없어서 당사자에게 해줄 것이 없을 때, 당사자들에게 의견을 물어보기 시작하면서 자연발생적으로 '연구해 보자!' 고 제안함으로써 당사자연구가 시작되었다고 한다.

사회복지사가 보기에 당사자의 문제가 많아 보이고 해결해야 할 과제도 산적해 있지만 무엇 하나 쉽게 해결할 수 있는 것이 없어서 스스로 무기력함에 빠질 때, 그 무기력의 문제가 사회복지사의 문제인지, 아니면 당사자의 문제인지 확인하는 객관적 시선과 자세가 필요하다. 이를 위해서 도와주는 사람의 당사자연구가 필요한 것이 아닐까. 당사자의 문제 속에서 허우적거리는 모습에서 빠져 나와 객관적인 자세로 문제를 바라보는 훈련이 필요하다.

문제 해결사에서 생활의 동반자로 변화하기 위해

사회복지사가 할 일이 많다는 것은 전문가 시각에서 당사자의 일거수일투족 모두가 문제투성이로 보일 때라고 생각한다. 그러나 당사자는 사회복지사가 문제라고 보는 것을 문제라고 생각하지 않으며 전혀 불편해 하지 않거나 변화할 생각이 없다.

당사자가 문제라고 생각하지 않으면 해결하기 어렵다. 문제 해결의 첫 출발은 당사자가 문제라고 생각하고 고치거나 변화할 마음이 있어야 한다. 아니면 문제라고 생각했던 사회복지사의 관점을 변화시켜야 할 것이다.

모든 문제는 해결할 수 있다. 그러나 해결할 수 없는 문제는 문제가 아니라 문제를 발생시키는 상황일 수 있다. 문제와 상황을 구분하지 못해 굴레에서 벗어나지 못하면 문제는 해결할 수 없고, 상황은 점점 눈에서 멀어진다. 어떤 일이 발생하는 상황은 그 누구도 변화시킬 수 없다. 그 상황에 잘 대처하거나 적응하는 것이 가장 현명한 방법일 것이다. 그래서 문제와 상황을 잘 구분하는 연습이 필요하다. 따라서 문제 해결사 역할에서 벗어나 일상생활의 어려움을 잘 대처하고 적응할 수 있도록 도와주는 생활의 동반자 역할이 필요한 것이다.

당사자의 병과 증상 이해와 공감을 위해

갈등은 우리 마음을 복잡하게 만들고, 공황장애나 신경증 같은 병을 일으킨다. 이런 모순을 견디기 위해 자아(ego)는 무의식적 환상을 만들어 내기도 한다. 예를 들어 겉으로 겸손한 약자의 삶을 사는 사람이 있다고 하자. 그는 자신감이 없고, 늘 양보하고, 희생하는 사람이다. 그러나 이런 수동적인 삶이 굴욕적이고 견딜 수 없다. 그래서 자아는 무의식 속에 환상을 만들어 낸다. 자기는 엄청난 힘을 가지고 있고 주변 사람들을 모두 지배할 수 있다고 믿는 전능 환상(omnipotent fantasy)이다. 무의식적 환상으로 자신을 위로한다. 그러나 이는 불안한 삶이다. 무의식에서는 전능 환상을 가지지만 현실에서는 굴욕감과 수치심의 삶을 살아야 한다. 늘 남의 눈치를 살펴야 하는 불편한 삶, 자신의 능력에 대한 자긍심을 가지지 못하고 반복되는 굴욕감을 참아야 하는 삶이다. 갈등과 모순의 삶이다.

자신이 믿는 것을 어찌 틀렸다고 생각할 수 있을 것인가? 다른 이도 마찬가지일 것이다. 자신이 옳다고 믿는 것을 옳은 것이라고 믿기에 그것을 모든 판단의 기준으로 삼는다. 그들이 가진 기준이 내 기준과 같다면 아무 문제가 발생하지 않겠지만, 그렇지 않은 경우 옳다 그르다, 좋다, 나쁘다를 둘러싸고 다툼이 벌어지기 마련이다. 그 다툼에도 나는 '나'가 옳다고 믿는 것을 척도로 판단한다.

따라서 나는 '나'와 다른 기준으로 말하고 행동하는 타인을 이해할 수 없다. 이해할 수 없는 짓을 하니 욕을 하고 비난하게 된다. '정말 이해할 수 없는 사람이야!' 이렇게 되면 어떤 다툼이나 싸움도 원만하게 해결될 가능성은 없다. '나'가 옳다고 믿는 것들이, 말 그대로 '내 생각'들이 서로 팽팽하게 충돌하고 다투게 될 것이다.

좀 더 적극적인 의미에서 차이의 긍정이란 나와 다른 어떤 것과의 만남을 긍정하는 것이다. 나와 다른 차이를, 나를 바꿀 수 있는 기회로 받아들이고 긍정하는 것이다. 그렇게 하려면 지금의 '나'를 믿고, 지금의 내 동일성을 유지하려는 태도를 접어야 한다. 그러지 못하면 차이란 나를 지키기 위해서 언제나 밀쳐내고 거부해야 할 어떤 것이 된다. 나를 내려놓을 때, 옳고 그름을 분별하는 척도로써 차이의 철학은 비로소 가능해질 것이다.

참고자료

송태욱 역 (2006). **지금 이대로도 괜찮아**. 사이토 미치오 지음. 서울: 삼인.

송태욱 역 (2008). **베델의 집 사람들**. 무카이야치 이쿠요시 지음. 경기: 궁리.

정우향 (2013). **소통의 외로움**. 서울: 한국문화사

이진의 역 (2016). **렛츠! 당사자연구**. 무카이야치 이쿠요시 지음. 서울: EM 커뮤니티.

청주정신건강센터 (2017). **당사자연구 자료집**(직원교육 자료집).

綾屋紗月(아야야 사츠키) (2019). **當事者研究マニュアル**. 東京: 東京大學 尖端科學 技術研究センター(당사자연구 워크숍 자료집).

石原孝二(이시하라 코지) 編著 (2013). **當事者研究の研究**. 東京: 醫學書院. (청주정신건강센터 직원교육 자료, 미번역).

1
일상 이상의 일상

고연우 이영현 송은주

이 장에서는 센터에서 활동하는 세 사회복지사들의 일상을 소개하려고 한다. 평범한 것 같으면서도 그저 웃어넘길 수 없는 교훈을 주는 일상이라고 생각한다. 이 일상은 앞으로 진행할 당사자연구자로 가는 당사자연구의 길목이라고도 하겠다.

센터에서의 하루[1)]

고연우

'아침에 눈을 뜨면 지난 밤 시간이 궁금해 오늘은 어떤 일이 날 부를까?' 평소 즐겨보던 애니메이션 '명탐정 코난'의 오프닝 노래 가사가 떠오른다. 기억에 남을 만한 센터에서의 일들을 되짚어보고, 센터에 첫 발을 딛고 지금까지 지내오면서 내가 겪은 일을 글로 남길까 한다. 하루하루 바쁘고 힘들게 돌아가는 일정이지만 접하는 사건들마다 내게 주는 교훈이 적지 않다. 여러 날에 걸쳐 경험한 것을 하루 일정으로 엮어 나누려고 한다.

센터로 가는 길

새벽 눈이 소복하게 쌓인 추운 겨울 아침이다. 오늘도 어김없이 울리는 알람 소리에 눈을 힘겹게 뜨며 한숨을 내뱉는다.

'아, 일어나는 시간은 항상 힘들구나. 늦기 전에 출근 준비하자.'

무거운 몸을 일으켜 세수를 하고 집밖으로 나왔더니 찬 공기가 나를 먼저 반겼다. 찬 공기를 맞으니 정신이 번쩍 들며 오늘 센터에서 할 일들이 떠올랐다.

'헬스프로그램 참여 신청서를 작성하고, 결재를 받고, 담당 회원

1) 이 글은 고연우 사회복지사가 작성한 것인데 도중에 퇴사하여 동료 이영수, 김애지, 박누리, 이영현, 박슬기가 덧붙여 완성한 것이다.

과 첫 상담도 진행해야겠다.'

이런 생각을 하니 버스정류장으로 가는 발걸음이 조금 무거워졌다.

정류장에는 버스를 기다리는 시연 씨의 뒷모습이 보였다. 인사를 하고 싶었지만 센터에서 아직 대화를 나눈 적 없는 어색한 사이라 인사가 망설여졌다. 용기를 내어 시연 씨 옆으로 다가갔지만 아무 표정 없이 도로만 응시하고 있는 모습이 차갑게 느껴졌다. 가벼운 목인사만 한 채 애꿎은 버스안내판을 두드리며 832번 버스를 기다렸다.

몇 주 지난 뒤에 알게 된 사실인데 시연 씨는 평소 무표정으로 있는 시간이 많다는 것을 듣게 되었다. 아직 입사한 지 얼마 되지 않아 회원들의 모습이 낯설고 어색하지만 센터의 사회복지사로서 적응하는 중이기에 이젠 버스정류장에서 시연 씨를 만나면 더욱 반갑게 인사를 건넨다. 시종일관 무표정인 시연 씨도 짧게 웃으며 인사를 받아주는데, 이런 때는 왠지 모를 보람과 뿌듯함을 느낀다.

'어떻게 하면 시연 씨가 더 밝게 웃을 수 있을까?'

새로운 인사방법을 고민해 보기도 한다.

내가 탄 버스 뒷좌석에 사례담당회원인 경민 씨와 상인 씨가 앉아 짧게 안부를 나눈 후 내 지정석인 기사아저씨 바로 뒷자리에 앉아 좋아하는 음악을 들으며 잠에 들었다. 다행히 환승정류장에 도착할 때쯤 일어나 무사히 내릴 수 있었다. 환승정류장에서 가끔 센터 선생님을 만나 함께 환승버스를 타며 내가 아직 모르는 센터 관련 정보나 업무를 고민하고 함께 나누기도 하는데, 오늘은 내가 타고 온 버스가 늦게 도착해 그런지 센터 선생님이 보이지 않았다. 센터까지 가는 30-1번 버스도 이미 떠났는지 오지 않아 센터 근처로

가는 105번 버스를 타고, 육거리에서 내려 두 정거장을 뛰어 센터에 도착했다. 오늘도 참 멀고도 먼 출근길이었다.

자리에 앉아

나보다 일찍 온 회원들의 반가운 인사를 받으며 센터 문을 열고 들어와 내 자리에 앉는다.

'오늘은 누가 나에게 어떤 상담을 요청할까?'

'추운 날씨에 헬스프로그램을 어떻게 진행해야 하지?'

걱정 반 떨림 반으로 오늘 해야 할 업무들을 다이어리에 적어본다.

오늘은 떨리지만 처음으로 담당회원과 상담도 하고, 센터 이곳저곳을 둘러볼 예정이다. 함께 한 시간은 짧지만 동생처럼, 동료처럼 나를 챙겨주는 회원을 보면 참 감사함을 느끼며 많은 추억과 경험을 나누고 싶어진다.

센터 업무를 시작하기 전에 알지 못하던 당사자들의 이야기를 듣는 것이 내 일상이 되어버렸다. 그들의 일상이 내 일상이 되어 그 속으로 들어가는 것이리라. 익숙하지 않은 상황에서 내가 확실히 파악할 게 많아 정신없이 오전을 보낸다. 내가 진행해야 하고, 기억해야 할 것들을 되짚어본다.

잠시 후에 큰 웃음소리와 함께 성은 씨가 힘들다며 내 앞에 나타났다. 피사의 사탑이 되어버린 파티션 위로 기대 서 있는 성은 씨와 반갑게 인사를 나누었다.

"선생님 안녕하세요. 좋은 아침이에요. 오늘은 지각을 할까봐 얼마나 걱정을 했는지, 해피콜을 타고 왔어요."

매일 아침마다 와서 인사를 해주어 고마워 웃으며 인사를 받았다. 오늘은 늦을 것 같아 해피콜을 불러서 타고 갈 것이라는 문자를 보내 받았는데, 마치 오랜만에 보는 것처럼 인사를 하였다. 나는 속으로 '뭐지? 아까 문자로 연락했는데….' 하며 긴장하였다. 게다가 그 인사가 참 길고, 같은 말을 반복하였다. 어제 했던 말과 그저께 한 말을 또 하니 이제 이야기를 외워서 내 이야기처럼 할 수도 있을 것 같은 기분이 들었다. 입을 떼는 순간 무슨 말을 하려는지 알 것 같아 내가 먼저 대답을 해버렸다. 그러자 성은 씨는 웃으면서 신기해하였다.

"어떻게 제가 하려는 말을 알고 계시는 거예요?"

업무를 인계받을 때 전임자가 회원들이 하는 이야기를 많이 들어주고, 이들과 편한 관계를 맺어 친해지면 좋을 것이라고 하여 그렇게 노력하고 있다. 열심히 듣다보면 새로운 이야기가 나오지 않을까 기대하지만 헛수고였다. 성은 씨는 어제 외부활동을 다녀오며 넘어질 뻔하여 놀랐다는 이야기를 네 번이나 반복하였다.

성은 씨가 프로그램실로 가고, 매일 같은 인사와 질문을 반복하는 서희 씨를 마주하였다. 서희 씨는 성은 씨만큼이나 큰 소리로 반갑게 인사를 하며 하루를 시작한다. 사무실에 들어서며 한 번 크게 인사한 뒤, 모든 직원의 이름을 부르며 또 한 번 인사를 건넨다. 그리고 직원이나 동료 회원의 옷 브랜드나 머리끈, 팔찌 따위의 액세서리를 예쁘다고 칭찬하며 자기 옷이나 액세서리는 어떤지 묻는다. 칭찬이나 예쁘다는 말을 듣고 싶어 먼저 보여주는 관심이라는 걸 알 수 있다. 이런 서희 씨의 모습에 익숙한 직원들은 장난스럽게 서희 씨가 원하는 말을 피하며 '잘 모르겠다.'고 대답하기도 하고, 서희 씨가 원하는 대로 무채색의 헐렁한 옷차림임에도 예쁘다고 대답하기도 한다.

정신없이 분주한 아침이라는 걸 느끼며 다시 자리에 앉아 모니터를 보며 막 일을 시작하려는데, 마무리가 제대로 되지 않은 덥수룩한 턱수염에 검은 모자를 쓴 상민 씨가 불쑥 나타나 말을 걸었다.

"안녕하세요? 이제 몇 주가 지났죠? 거의 한 달 다 되어가는 것 같은데 어떻게 센터 적응은 잘하고 있어요?"

상민 씨의 질문과 함께 서로 웃으며 인사를 했다.

"일단 해 보고는 있는데 아직은 잘 모르겠네요. 회원들 이름도 얼추 외우고 있는데, 더 시간이 지나고 익숙해지면 잘하겠죠."

"그래요, 좀 더 지나면 친해지고 그러겠죠. 다음에 더 친해지면 밥도 같이 먹고 그래요."

지나가는 말이었는지, 새로 온 직원에게 갖는 호기심인지 모르겠지만 상민 씨가 내게 하는 말은 센터에 적응하는 데 많은 도움이 되었다. 첫 직장이라 익숙하지 않은 정신장애 회원을 대하는 것이 어색하여 쉽지 않다. 이렇게 어려워하는 와중에 편하게 먼저 말을 건네주고, 함께 대화를 하고 있을 때면 동네의 아는 아저씨 같은 느낌을 받는다. 그래서 회원들이 무슨 병을 앓고 있다는 느낌이 들지 않을 정도이다. 이런 잠깐의 대화가 적응하는 데 도움이 되고, 회원들이 나를 많이 도와주는 것 같아 고맙다. 이렇게 고맙고 기분 좋은 상태는 잠시이고, 내가 해야 할 일에 들어가면 일머리를 몰라 그런지 난감해진다.

센터는 50명 정원의 정신재활시설이다. 일주일 동안 센터에 등록한 정신장애인을 대상으로 재활프로그램, 사례관리서비스, 직업재활사업을 진행한다. 직원은 모두 사회복지사이며 일주일에 2~3가지 프로그램을 진행하고, 외부 지원사업과 내부업무를 분담하여 수행한다. 특히 다른 시설보다 회원이 주체가 되어 자유롭고 개방적으로 운영된다는 점이 특징이며, 일본 베델의 집에서 시작된 당사자연구를 실천하고 확산시키는 데 많은 노력을 기울이고 있다. 이는 '정신장애인의 주체적인 삶을 함께합니다.'라는 센터의 슬로건에 맞춰 일상생활, 증상관리, 지역사회적응, 독립생활 전반에 회원 스스로의 주도적인 삶을 지원하려는 철학이 자리하고 있기 때문이다.

나는 주로 헬스프로그램과 지역사회적응 프로그램, 가족사업, 시설관리와 문서관리 따위의 업무를 수행한다. 아울러 8명 회원의 사례관리를 담당하고 정기적인 상담과 가정방문, 자조모임 지원 업무를 수행한다. 오늘도 의자에 편안히 앉아 있는 시간은 그리 길지 않을 것이다. 그렇기에 출근 후 잠시 자리에 앉아 차분히 하루 일정을 되짚어보고, 업무와 역할을 준비하는 이 시간이 중요하고 소중하게 느껴질 때도 있다.

반짝이는 하루

입사와 함께 주어진 첫 번째 미션은 '회원들과 친해지기'이다. 회원의 이름을 외우는 것부터가 그 미션의 시작이었다. 관장님은 회원들과 관계를 형성하는 것이 가장 중요하다며 다른 건 신경 쓰지 말고 한 달간은 회원들에게 최대한 집중하라며 배려해 주셨다. 덕분에 마음을 편하게 가질 수 있었지만, 하루 평균 35~40명 정도 회원이 다녀가는데 한 분씩 인사만 해도 정신이 없을 것 같고, 일주일이내 회원의 이름을 외울 수 있을지 걱정되었다. 하지만 걱정과 달리 회원들과 친해지는 데 그리 오랜 시간이 걸리지는 않았다. 내가 낯을 가리는 성격은 아니라서 자신감을 가지고 출근한 첫날, 회원들은 센터에 들어오는 그 순간부터 열심히 누군가를 찾았다.

"새로 온 직원이 누구야?"

"남자직원이라던데! 아직 이십대래!"

"드디어 젊은 직원이 왔구만! 잘생겼어?"

"잘생겼대!"

사무실까지 들렸다. '잘생겼다.'는 말에 순간 손을 들어야 하나 망설였지만, 자신 있게 인사를 했다.

"안녕하세요! 제가 그 새로운 잘생긴 직원입니다!"

그 당시 나는 센터의 연예인이었다. 회원들은 새로 온 직원에게 무한 관심을 표현해 주셨다. 오시는 분마다 나를 찾으며 반갑게 인사를 건네고, 먼저 본인을 소개하며 내 이름을 친근하게 불러주었다. 28년간 살면서 이렇게 내 이름이 많이 불렸던 적이 있었던가? 싶었던 때이다. 회원들은 내가 아직 이름을 다 외우지 못했다는 것을 알고 말을 걸 때마다 본인의 이름을 먼저 얘기해 주었다. 약간 과묵한 회원들이 올 때면 내 이름을 알려주고 소개하였다. 회원의 뒷모습을 보며 머릿속에서 여러 이름이 뒤섞여 부르지 못하고 우물쭈물할 때는 옆에서 조용히 '영진 씨야.' 하고 귀띔을 해주기도 했다. 벽 없이 다가와 준 회원들 덕분에 매일 편하게 대화를 나누고 어울리니 이름은 자연스럽게 외워졌고 어느새 웃음소리, 아니 발걸음 소리만 들어도 어떤 분이신지 알 수 있게 되었다.

이후 처음 맡은 업무는 동아리 활동의 하나인 '열린배움터 – 헬스'였다. 회원들과 가볍게 땀을 흘리며 신체활동을 통해 좀 더 가까워질 수 있는 프로그램이었다. 평소 운동을 좋아했기 때문에 내게 적합한 업무라는 생각이 들었고, 개인적으로 즐겁게 할 수 있을 것 같았다. 하지만 프로그램은 단순하지 않았다. 외부지원사업으로 충청북도 장애인체육회에 운영계획서를 제출하고 선정이 되어야 회원들을 위한 프로그램으로 진행할 수 있었다. 사업을 제안하기 전에 프로그램에 참여할 회원을 모집해야 했다. 아직 회원들의 개별 성향까지는 잘 몰랐기 때문에 작년에 참여했던 명단을 보면서 동료 사회복지사의 추천을 받았다. 처음 프로그램을 소개하고 신청 명단을 받을 때 몇몇 분들 외에는 크게 관심을 보이지 않으셨다. 조바심이 났다. 운동을 좋아한다던 회원에게 참여를 권유했지만 '싫어요. 안 할래요.'라며 대부분 거절했다. 이래서야 회원들을 제대로 모집하고, 진행할 수 있을지 걱정이 되었다. 발을 동동 구르는 내 모습을 보며 감사하게도 다른 사회복지사들이 각자 담당하고 있는 회원에게 참여를 독려해 준 덕분에 모집 인원을 채울 수 있었다. 장소 섭외와 계획서 제출, 선정 결과를 기다려야 했지만 불안했던 마음은 한결 편안해졌다. 프로그램이 진행되어도 참여할 회원이 없으면 무용지물이기 때문에 1년간 함께할 회원모집이 가장 중요하였다. 이게 해결되었으니 나머지는 어떻게든 잘 될 거라는 믿음이 생겼고 자신 있게 계획서를 제출하였다.

프로그램이 선정되기까지 남은 기간 동안 마냥 놀고 있을 수만은 없어 김수녕 양궁장 아래에 무료로 이용할 수 있는 청주유도회관 1층의 헬스장에서 회원들과 함께 모의 프로그램을 실시하였다.

회원들은 직접 진행하고 마무리하는 과정까지 적극적으로 임해주었고, 각자 챙겨야 할 헬스용 신발, 물, 음료, 종이컵 같은 것을 준비해주어 한층 수월하게 프로그램을 진행할 수 있었다. 신청한 사업이 선정되면 '잘 할 수 있겠다.'는 자신감이 더 커졌다. 그러나 프로그램이 선정되어 진행하는 과정은 결코 순탄하지 않았다.

헬스프로그램을 진행하며 특히 어려웠던 것은 끈기가 없는 회원을 이끌고 가는 것이었다. 러닝머신을 시작한지 5분도 채 안 되어 힘들다며 쉬어도 되는지를 반복해 묻는 회원이 있었다. 사실 나도 여러 사람과 함께 운동장을 자유롭게 뛰어다니는 축구 같은 운동만 했지, 머신을 사용하여 체계적으로 운동을 해본 적이 없어 막막하였다. 내가 봐도 가만히 뛰기만 하는 것은 재미가 없어 보였고, 회원들의 몸은 러닝머신 위를 걷기에도 힘들어 보였다. 어슬렁어슬렁 다른 사람들이 운동하는 것을 구경하거나, 운동기구에 가만히 앉아서 휴식을 취하거나 핸드폰을 만지거나 하는 분들이 대다수였다. 이분들과 1년을 어떻게 이끌어 갈지 고민이 되었다. 하지만 그중에는 30분 이상 열심히 땀을 흘리며 러닝머신 위를 뛰고, 잘 하지는 못 하지만 관심을 보이며 여러 운동기구들을 둘러보며 시도하는 분들이 계셨기 때문에 흥미를 잃지는 않았다. 내가 먼저 잘 알아야겠다는 생각에 같이 열심히 운동을 배워 직접 회원들에게 알려드렸고, 개별 회원의 성향에 맞게 운동을 실시하였다. 서희 씨 같은 경우는 집중력이 약해 힘들면 바로 포기하는 성격이라 다른 사람들이 10개씩 할 때 3개씩 하도록 개수를 낮춰주고, 기구의 순서를 정해 돌아가면서 운동을 할 수 있게 흥미를 유도하였다. 매일 핸드폰만 만지며 칭찬받기를 좋아하는 재혁 씨에게는 옆에서 작은 것 하나에도 감탄을 해주었다.

"벌써 근육이 올라온 것 같은데요?"

"와~ 전 이렇게 무거운 거 못 드는데, 대단하시네요!"

헬스프로그램은 회원들의 행동, 체형, 운동량의 증가 따위의 변화를 육안으로 확인할 수 있는 프로그램이었다. 실제로 1년간 중도 포기하는 사람 없이 회원들이 잘 따라와 준 덕분에 많은 회원들이 변화를 보였다. 초보 사회복지사인 내게 이런 긍정적인 변화는 굉장히 좋은 경험이었고, 보람찼다. '잘 할 수 있을 거야.' 막연했던 자신감은 이제 그 실체를 찾게 되었다. 이 자신감을 바탕으로 이듬해 맡게 된 '열린 배움터 - 볼링' 역시 회원들의 도움으로 잘 이끌어 갈 수 있었다.

우리 센터는 매년 말 만족도 조사를 통해 회원들의 욕구를 파악하여 다음 해에 할 프로그램을 계획한다. 처음 회원들이 볼링을 이야기했을 때는 다양한 연령대의 회원들이 어울려 같이 공을 칠 수 있을까? 신체적 기능 약화, 여가활동의 경험 부족으로 활동에 잘 참여할 수 있을까? 걱정을 했다. 하지만 가끔 회원들끼리 볼링을 하러 가는 모습을 보며 서로 도와주면 잘 할 수 있을 것도 같았다. 실제 프로그램을 진행하면서 생각보다 수준급 회원들의 실력에 깜짝 놀랐다. 평소 취미 삼아 볼링을 하며 나름 잘 친다고 자부했는데, 나보다도 더 잘 치는 분들이 있었다. 충청북도장애인체육회 지원으로 볼링 강사를 섭외한 것 또한 신의 한 수였다. '아무렇게나 쳐도 점수만 높으면 돼!'라는 생각을 가지고 있던 회원들은 강사의 지도를 받으며 변화된 자세에 따라 점수가 더 올라가자 더욱 흥미를 느꼈다. 나중에는 개인 볼링공과 장비까지 구비한 회원도 있었다. 자신감에 찬 회원들은 내기를 요청했고, 나도 경쟁심이 생겨 이기기 위해 열정을 다했다. 이 시간은 솔직히 일이라기보다는 센터의 무수한 서류 더미에서 벗어나 회원들과 같이 웃고 즐길 수 있는 시간이었다. 일주일 중 하루는 이런 날도 있어야 하지 않나?

일을 하면서 회원의 도움을 받았던 적이 많은데, 헬스나 볼링 같은 신체활동 외에도 소방과 재난에 대한 안전 교육을 준비하게 되었다. 몸을 써서 하는 동아리 활동이 아닌, 회원들이 쉽게 이해할 수 있도록 교육자료를 준비하고, 진행해야 해서 또 다른 긴장감을 느꼈다. 매년 진행하는 교육이어서 대부분 회원들은 교육 내용을 알고 있었다. 그래서 새로운 것을 찾아 알려줘야 하는데, 크게 달라진 내용이 없어 맥이 빠졌다. 작년에 한 내용을 올해도 그대로 한다면 회원들이 식상해할 것이라고 생각하기 때문이다. 준비한대로 교육을 진행했는데 생각보다 회원들이 집중해 주었고, 질문에 적절히 답을 하고, 회원 각자가 겪은 일을 이야기하며 잘 마칠 수 있었다. 진행하는 나를 편하게 해준 회원들이 고마웠다. 역시 프로그램은 담당하는 내 힘만으로 하는 것이 아니라 참여하는 회원들의 협력으로 된다는 것을 경험하였다. 나중에 친해진 회원들과 이야기했는데, 한 회원이 이렇게 격려해 주었다.

"선생님이 처음으로 진행하는 모습을 보고, 잘했으면 좋겠어서 더 열심히 참여했어요."

회원이 교육에 더 집중해 들어주어 프로그램을 진행하는 나를 편안하게 해주었던 것을 듣고 오히려 내가 도움을 받은 것을 확인할 수 있었다.

회원들과 관계를 생각하니, 들어온 지 한 달쯤 되어 일어난 일이 기억난다. 전 담당자로부터 사례관리를 해야 할 회원을 인계받아 인사를 드리자마자 지수 씨는 센터를 그만두겠다고 했다.

"센터 그만 다니고 싶어요. 센터 회원 탈퇴를 하려는데 어떻게 해야 할까요?"

이야기를 들은 후 전 담당자와 함께 두어 차례 상담을 해서 안정되었기 때문에 이제는 마음이 변했겠다 싶었는데, 여전히 센터를 그만두겠다고 하는 것이다. 가슴이 덜컥하며 머리가 띵했다. 센터에 매일 찾아오는 회원이 아니었기 때문에 몇 번 뵙지도 못했고, 아직 신뢰관계가 온전히 형성되지 않은 회원이기에 어떻게 해야 할지 안절부절못하였다. 다행히 지수 씨의 이런 태도는 처음이 아니었고 전 담당자로부터 사전에 들은 말이 있어 마음을 진정시키고 말했다.

"센터에 한 번 와서 이야기 나누는 것이 좋지 않을까요?"

다음 날 차분히 만나서 이야기를 나눌 수 있었다. 그렇게 찾아와 이야기를 나누니 교회를 다닌다는 공통점을 찾았다. 그래서 힘든 점과 사는 이야기를 나누는 데 한결 수월해졌다. 지수 씨는 몸이 아프고 지쳐서 아무것도 하고 싶지 않은 상태가 계속되어 쉬고 싶다고 했다. 지수 씨의 처지를 공감해 주며 이야기를 천천히 들어주자 조금씩 지수 씨의 마음이 열렸고, 많은 이야기를 공유할 수 있었다. 참여하지 않던 자조모임에 나오면서 회원들과 이야기를 나누는 시간이 늘었다. 그러면서 지수 씨가 조금씩 회복이 되어가는 모습을 볼 수 있었다. 일을 쉬는 날에는 센터에 와서 프로그램에 참여했고,

먼저 전화로 연락해 안부를 물었다. 다른 회원과 관계에서도 적극적으로 변했다. 내가 봐도 지수 씨의 사정은 많이 좋아졌다. 지금은 원하는 게 있으면 솔직하게 이야기하고 수시로 연락하며 원만한 관계를 유지하고 있다. 며칠 전에는 마음에 드는 사람을 만나 교제를 하고 있다고 귀띔을 해주기도 했다. 회원들과 관계가 가장 어려운 업무이기도 하지만 동시에 가장 의미 있게 기억에 남기도 한다. 내 하루는 오늘도 이렇게 두서없이 흘러간다. 밤하늘의 수많은 별 중 반짝이는 어떤 별처럼 자리를 잡아가는 것 같다.

퇴근 무렵

센터에서 오전 시간을 보내고, 오후에 동네로 나가 활동하고 돌아오면 하루 시간은 종잡을 수 없이 흘러간다. 회원들이 동네의 다양한 시설을 이용하며 주민들 사이에서 여가활동을 하는 '나들이 마스터'라는 프로그램이 있다. 회원들이 거주하고 있는 동네에 적응하는 것을 돕는 프로그램이다. 이렇게 외부 활동을 하고 돌아오면 4시나 5시가 되어 하루를 마무리해야 한다. 시끌벅적했던 센터가 조용해지고 처리하지 못했던 서류를 살피고, 센터에 오지 않았던 회원들에게 연락을 한다. 회원들과 직접 전화로 소통하고, 하루 업무를 일지로 정리하고, 내일 맞이할 일정을 위해 옆의 동료들과 상의하고, 외부 기관에도 연락을 취한다.

생각보다 하루하루가 빠르다는 느낌을 받는 경우가 많다. 특히 프로그램을 위해 외부로 나가야 하는 날에는 시간이 금방 지나고, 퇴근 시간이 더욱 빨리 다가오는 것 같다. 그래서 시간은 화살처럼 빨리 지나간다고 하는 모양이다. 이 시간에 하는 지원과 조정업무가 쉽지 않지만 한편으로는 퇴근하여 자유로운 몸이 된다는 희망이 깔려 있어 즐겁다. 이런 즐거움이 센터에서 맞이하는 평범한 일이나 궂은일을 이겨내게 하는 것 같다.

회원들이 아침마다 모임을 통해 각자 기분과 몸 상태를 이야기할 때 나도 내 상태를 점검하며 하루를 보낸다. 기분이 처지거나 나쁠지라도 회원들과 프로그램을 통해 그런 기분을 곧 잊고 평정을 찾는다. 때때로 집에서 있었던 에피소드를 이야기하며 나도 허심탄회하게 이야기하고 털어놓으면 내 마음도 후련해진다. 내가 고민을 이야기할 때면 어떤 회원은 이렇게 반응한다.

"직원들도 그런 고민이 있어요? 직원들은 고민이 없는 줄 알았어요."

내 고민을 통해 회원들과 마음의 끈이 이어지고 나를 위로해 주는 회원 덕분에 하루의 피로가 싹 가시기도 한다. 언젠가 감기 기운과 함께 편도선이 부어 열이 나고 몸 상태가 좋지 않았는데, 회원들과 볼링을 하며 '언제 몸이 안 좋았는가?' 할 정도로 즐길 수 있었다. 내 상태를 알아본 회원들이 손뼉을 치며 응원해 주어 볼을 잘 칠 수 있었다. 이런 경험들을 통해 평소 이해하기 어려운 회원을 제대로 알게 되고, 그래서 사람을 한순간의 모습으로 판단해서는 안 되겠다는 교훈을 얻기도 한다.

센터 바깥에서 프로그램을 진행할 때면 주변 사람들로부터 이런 질문을 자주 받는다.

"정신장애인 같지 않은데 누가 그런 분들이에요?"

아직도 동네에서는 잘못된 인식으로 정신장애인을 오해하는 경우가 적지 않다. 이런 현실을 접한 나부터 우리 회원들을 온전히 알아야겠고, 주민들이 정신장애인을 바로 이해할 수 있는 방안을 마련해야겠다고 생각한다. 회원을 상담하며 느끼는 것은 내 위주로 회원의 행동을 판단하고, 너무 잘 알고 있다는 핑계로 회원의 마음까지 헤아리지 못하는 것이다. 회원과 이야기를 하면 언제나 내가 주도하는 것이었다. 처음에는 이런 나를 알지 못했는데, 이런저런 일을 겪으며 터득하게 되었다. 회원들과 대화를 할 때 처음에는 내 고정관념 안에서 회원들을 판단하거나 회원들이 말하는 문제를 해결해 주기 위해 고군분투했다. 이런 행동은 회원들을 이해하기보다는 더 마음의 벽을 쌓아가는 일이었고, 관계는 좁혀지지 않았다. 회원들이 이야기하는 것을 있는 그대로 들어줄 때 차차 서로 마음이 열리고, 내가 소홀히 했던 것을 돌아보며 회원과 더욱 가까워지는 것을 느낀다. 내가 회원이 변화하지 않는다고 고집을 피우는 만큼 회원도 나를 봤을 때 자기를 이해해주지 않는다고 느낄 것이다.

집으로 돌아오며

업무를 마무리하고 집으로 가는 버스를 탄다. 정신없는 속에서도 밝게 웃는 회원들의 모습을 떠올리면 뿌듯한 마음에 내일이 기대되기도 하지만 사실 마냥 기대가 되는 것만은 아니다. 회원들과 함께했던 시간을 돌아보며 스스로를 자책하기도 하고, 내일은 또 어떤 일이 있을까? 긴장과 기대를 하게 된다.

오늘도 내가 한 실수들이 머릿속을 스쳐 지나간다.

'성은 씨가 말할 때 중단하면 안 되었는데….'

'경민 씨가 허리 통증으로 며칠째 센터를 못 나오고 있어 전화를

해야 했는데….'

내가 해야 할 일을 하지 않았거나 실수를 한 날에는 혼자 자책하며 발걸음이 무거워진다. 밤하늘의 달빛이 나만 비추지 않는 것 같고, 텅 빈 퇴근길 버스가 내 마음처럼 느껴질 때가 있다. 버스 안에서 어둑해진 창밖을 바라본다.

'내일은 내가 맡은 회원의 사례관리기록지를 써야 하고, 나들이 마스터 업무협조를 해야 하고….'

집으로 돌아가는 동안 계획된 일을 떠올리며 잊지 않으려고 혼잣말로 중얼거린다. 동료 사회복지사들이 알려주는 업무 내용이나 팀장님이 지시한 업무계획을 달력에도 적고, 모니터 메모장에도 빼곡히 적어 붙여놓지만 놓치는 경우가 많다.

아직은 경험과 역량이 부족해 늘 옆의 동료와 비교하며 의기소침할 때가 많고 위축되기도 한다. 아직 센터에 들어온 지 얼마 안 되어 모르는 것이 많고, 서툰 것이 당연함에도 동료 사회복지사들에게 어려움을 이야기하고, 도움을 요청하는 것이 말처럼 쉽지 않다. 정신없이 업무를 하니 서로 사정을 돌아보지 못한 채 시간을 보낸 것 같아 아쉽기도 하다.

무엇보다도 내 일은 회원들과 함께 하는 것이라 관계를 중요하게 여겨야 하지만, 책상 높이 쌓여 있는 업무를 처리하다 보면 가장 중요한 회원들을 잊는 경우가 종종 있다. 내가 일을 하는 이유이기도 한 회원들에게 더욱 신경 써야겠다. 버스에서 내려 집으로 걸어가며 내가 회원들에게 당부하듯, 스스로 내게 당부를 한다.

'좀 더 꼼꼼해지고 차분하게 임하자. 도움을 받아야 하는 부분에서는 창피하게 생각하지 말고 요청하자.'

하루의 마무리

집에 돌아와 씻고 어머니가 차려준 저녁을 먹는다. 어머니는 옆에 앉아 내가 센터에서 한 일이 궁금하신지, 아니면 내가 하는 일이 못 미더운지 내 하루를 캐물으신다. 이렇게 어머니가 나를 대하시는 것이 센터에서 내가 회원을 대하는 것 같기도 하다. 일이 잘 풀리거나 기분이 좋은 어느 날은 나를 향한 관심이 달가워 '오늘은 이러 이러했어요.'라고 같이 대화를 나눌 때도 있지만, 피곤하고 지친 날에는 같은 질문에도 '알아서 잘 하고 있어요.'라며 괜히 퉁명스럽게 대답할 때도 있다. 나와 마찬가지로 회원들도 내 관심이 달가울 때가 있고, 피곤할 때가 있겠다는 생각이 들며 나는 회원들을 어떻게 대하고 있을까 생각해본다.

나는 회원들이 궁금한 걸까, 못 미더운 걸까. 사실 둘 다 해당하는데, 두 가지 모두 관심에서 비롯되는 것 같다. 관심이 있어야 궁금한 마음도, 못 미더워 참견하고 싶은 마음도 생길 것이다. 중요한 것은 같은 말을 해도 어떤 관점에서 받아들이느냐에 따라 대화가 단절될 수도 있고 연결될 수도 있다는 점이겠다. 그래서 서로 입장을 이해할 수 있게 소통하는 것이 필요한 것 같다. 내 관심이 회원들에게 참견으로 들리지 않기를 생각하며 하루를 마무리한다.

머릿속으로 한바탕 되돌아보고 내 방에 들어와서야 센터의 하루가 끝났다는 느낌이 든다. 일주일을 생각하면 긴 것 같으나 하루는 빠르다 못해 짧은 것 같다. 그래서 센터에서 한 일을 생각하면 아쉬운 게 많다. 하지만 어떤 하루이든 간에 완선히 성공적이지도 완전히 실패하지도 않은 어중간한 하루라 하더라도 나에겐 소중한 하루다. 그렇기에 오늘 부족했던 것은 내일 만회하자고 마음먹는다. 또 오늘 잘한 점이 있다면 스스로를 칭찬해 준다.

침대에 앉아 센터에서의 하루를 내려놓고, 나만의 시간을 갖는다. 잠들기 전까지 남은 시간 음악을 듣고, TV를 보고, 게임도 한다. 이제 잠에 들며 내 하루를 마무리한다. 내일도 내게 다시 돌아올 수 없는 하루를 충실하게 보낼 수 있으면 좋겠다.

근무 외의 일상

이영현

회원들과 일상은 센터에서뿐만 아니라 퇴근했거나 근무하지 않는 주말에도 이루어지고 있다. 매일 쉴 새 없이 울리는 전화 벨소리에 핸드폰 배터리를 지켜달라고 호소해야 할 때가 있다.

수요일, 오후 6시 15분

"퇴근합시다! 오늘도 고생했으니 얼른 얼른 퇴근합시다."

사무실을 나서며 팀장님께서 이야기 하신다. 다른 직원들도 책상을 정리하며 퇴근 준비를 끝내고 다 같이 사무실을 나선다.

"잠시만요! 저도 같이 가요, 같이."

허겁지겁 따라가며 엘리베이터에서 화장을 고쳤다.

"집에 가는데 왜 다시 화장을 하는 거야? 어디로 새는 거야?"

"네, 저 오늘 친구랑 약속 있어요. 맛있는 거 먹기로 했어용."

"뭐야. 왜 혼자만 맛있는 거 먹어! 나도 데려가."

농담을 주고받으며 가벼운 마음으로 나서는 퇴근길. 친구와 퇴근 후 중간지점에서 만나기로 하여 발걸음을 재촉한다. 그때 가방 속에서 느껴지는 진동. '아직 시간 많이 남았는데?' 발걸음을 더 재촉하며 받은 전화의 발신자는 친구가 아닌 센터 미나 씨.

"안녕하세요. 미나 씨?"

"선생님 뭐하세요?"

"전 퇴근하는 중이에요. 오늘 친구 만나기로 했거든요. 미나 씨도 퇴근하셨어요?"

"아, 그렇구나. 네, 저도 퇴근했어요."

"오늘도 고생하셨네요. 식사는요?"

"아까 아빠 식당에서 먹고 왔어요."

"맛있게 드셨어요? 오늘 회사에서 별일은 없었고요?"

"네. 잘하고 왔어요."

"근데 무슨 일로 전화 주셨어요?"

"그냥 저 퇴근했다고 전화한 거예요. 그럼 안녕히 계세요."

뚜 뚜 뚜 뚜 하며 자신의 퇴근만을 알리고 끊긴 전화. 미나 씨는 자신의 기상, 출근, 쉬는 시간, 점심시간, 퇴근을 구글 일정 알람처럼 알려주신다. 매일 같은 일정이지만 그 일정을 전화로 알려주신다. 어째, 남자친구보다 전화연락을 더 많이 하는 것 같다.

'그래도 별일 없어 다행이지….'

전화를 끊는 사이 친구가 다가와 인사를 한다.

"뭐야. 누구랑 통화하는 거야? 배고파 죽겠어, 빨리 가자."

"회원님, 퇴근하셨다고 전화주셨어. 식당에 사람 없었으면 좋겠다. 줄서기 싫은데…."

조잘 조잘 떠들며 도착한 식당. 밥을 먹으려고 하자 또 전화벨이 울린다.

발신자는 센터 채영 씨. 부재중 2통에 이어 3번째 걸려오는 전화. 발신 중에 진동을 느끼지 못했나 보다. 급한 일인가?

"여보세요?"

"선생님 뭐하세요?"

"저 친구 만나서 지금 막 저녁 먹으려고 해요. 식사는 하셨어요?"

"아직이요. 근데 재훈 오빠는 왜 그래요? 인사도 안 받아주고 말도 걸지 말라고 그러잖아요!"

흥분한 목소리로 전화를 받자마자 잔뜩 화가 나서 재훈 씨에 대한 서운함을 토로하는 채영 씨. 오늘 재훈 씨와 다툼이 있었고 화해하고 싶은 채영 씨, 같은 마음이 아닌 재훈 씨. 낮부터 여러 번 상담을 했었다. 나뿐만 아니라 담당 사회복지사, 동료 상담가와도 수차례 상담을 했었다. 오늘 다툼이 처음도 아니다. 몇 년째 다투고, 화해하고, 다투고 화해하길 수없이 반복했던 일이다. 본인의 이야기를 들어주길 원하는, 속상한 마음을 알아달라는 얘기겠지만 조금은 흥미를 잃었다. 이 전화는 내가 유일한 것도 아닐 것이다. 이미 담당 사회복지사와 동료 회원들에게도 전화를 했겠지. 이야기를 듣다 보니 눈앞에 식어가는 스파게티가 보인다.

친구가 입모양으로 물어본다.

"회원님?"

고개를 끄덕였다.

"채영 씨?"

이번에도 고개를 끄덕였다. 같이 있을 때 몇 번 내 전화 속 발신자로 이름을 본 적이 있어 기억한다. 친구가 빨리 끊으라는 제스처를 취하며 앞접시에 음식을 덜어준다. 나도 그러고 싶지. 근데 그게 쉽지 않다.

"재훈 오빠한테 제 사과 받아주라고 얘기 좀 해주세요. 어떻게 좀 해줘요."

"많이 속상하시죠. 저도 두 분이 얼른 화해하시면 좋겠어요. 근데 재훈 씨에게 제가 화해를 강요할 수는 없어요. 재훈 씨는 시간이 좀 더 필요하시대요. 생각 정리하고 내일 다시 얘기하자고 하셨으니까 기다려주셔요. 그리고 죄송하지만 지금 친구와 같이 있어요. 내일 센터에서 셋이 같이 얘기해요."

"네. 죄송해요 선생님. 늦은 시각에 전화해서 밥도 드셔야 하는데, 근데 왜 저한테만 그러냐고요. 다른 사람들이랑 인사도 잘 하면서 왜 내 인사는 안 받아주고…."

늦은 시각 전화해서 미안한 걸 알지만, 친구와 있는 걸 알지만, 밥을 눈앞에 두고 먹지 못하고 있는 걸 알지만! 아직 할 말이 많이 남았다는 채영 씨. 스파게티는 윤기를 잃은 채 불어버렸고 1인분이 2인분이 되어버렸다. 내가 많이 먹는 걸 어떻게 아시고 양을 늘려주셨다.

화요일, 오후 7시

위이잉. 가방 속에서 느껴지는 진동. 아, 촉이 온다. 받아야 하나 말아야 하나 잠시 고민을 했다.

"네. 여보세요. 전 퇴근했죠. 데이트 하고 있어요."

"선생님, 내일 숲체험 몇 시에 가죠?"

"내일 1시 반에 출발하죠."

"아. 그랬구나. 몰라서요. 근데 우리 어디로 간다고 했죠?"

몇 년째 같은 시간에 진행하는 프로그램이며 센터 모든 프로그램과 정보를 꿰뚫고 계신 분이 모를 리가 없다. 빙빙 돌려 계속 질문을 하시고 환청, 어지럼증 같은 증상을 갑자기 호소하신다.

"심심해서 전화 주셨죠?"

"하하하하, 네. 맞아요. 미안해요, 늦은 시각에."

퇴근 후 전화를 하는 것이 미안해 나름대로 이유를 열심히 찾으며 매번 전화를 끊지 않기 위해 계속 이야기를 만들어 내신다. 그냥 솔직하게 심심해서 전화했다고 얘기하셔도 될 것을. 안타깝기도 했지만, 기다리는 친구도 생각하지 않을 수가 없고…. 매일 퇴근 후 반복되는 전화를 매번 기분 좋게 받지는 못했다.

"나연 회원님이시지? 천천히 받아."

친한 친구들이나 가족들은 모두 나연 씨의 이름을 안다.

어느 날, 여느 때와 마찬가지로 퇴근 후 친구와 시간을 보내고 있었다. 반복적으로 걸려오는 전화. 몇 분 전 했던 이야기를 또 하신다. 별다른 주제가 없이 심심함이 묻어 있는 전화. 더 이상은 내 시간을 방해받고 싶지 않았다. 친한 동료 회원들과 얘기를 나눠보시기를 권했다.

"지금 친구랑 같이 있어서 계속 전화하기가 곤란해요. 죄송한데 내일 센터에서 다시 얘기해요." 전화를 끊었다.

주희 씨도 "알겠어요. 미안해요. 내일 얘기해요." 웃으며 끊었다.

다음 날, 매일 아침 자신의 일정과 컨디션을 공유하는 아침모임 시간이다.

"아니 무슨 선생님이 상담도 안 해주고 회원이 상담을 해달라고 하면 해줘야지…."

어떤 직원이 상담을 해주지 않는다며 불만을 표현한 주희 씨다.

자신이 상담을 요청했는데 전화를 받지 않았다고 한다. 그 직원이 나일 것이라는 생각은 1퍼센트도 하지 않았다.

"누구야, 그 선생님이?"

옆에 있던 다른 회원님이 그 주인공이 누군지 궁금해한다.

"있어. 여자 선생님이야."

"여자 선생님이 한둘이야? 머리가 길어 짧아?"

"왜 자꾸 물어? 누군지는 말 안 할 거라니까. 단발머리야."

"오늘 무슨 옷 입고 왔어?"

"몰라. 원피스 입었어."

이상하다. 오늘 원피스 입은 사람이 나밖에 없는데, 난 그런 적 없는 것 같은데? 양해를 구하고 끊은 전화로 인해 그 전까지 했던 상담과 전화통화는 모두 없던 것이 되어버렸다. 주희 씨의 불만에서 '저녁 늦은 시각'이라는 단어와 '전화연락을 반복'했었던 것, 그 날 끊은 전화가 두 번의 상담 후 끊은 3번째 전화였다는 내용은 빠져 있었다. 사실 그 전화는 상담이라고 할 것도 없었던 것 같은데. 퇴근 후 무료하여 주신 전화, 뭐하고 있냐, 나는 뭘 하고 있다, 센터 프로그램에 관하여 이야기하고, 결혼은 언제 할 것이냐 같은 가벼운 이야기였다. 전화를 반복해서 받아 줄 여유가 있었다면 시시콜콜한 얘기를 했을 것이다. 그러나 그럴 상황이 아니었다. 그리고 사실 난 주희 씨의 사례 담당자도 아니다.

토요일, 오후 2시

주말은 대부분 영화관에서 시간을 보낸다. 자랑할 곳이 없으니 이쯤에서 내 자랑을 해야겠다. CGV VVIP 등급일 정도로 영화 보는 것을 좋아해 주말마다 영화를 보러 간다. 영화를 보고 있으면, 위이잉, 진동이 울린다. 발신자는 센터 회원님이다. 처음에는 '무슨 일 있으신가?' 급하게 나가서 전화를 받았다. 몇 번 그렇게 급한 일인가 싶어 영화를 보는 중에 나가서 전화를 받은 적이 있다. 하지만 주말마다 반복되는 은조 회원님의 전화는 이제 흡사 '양치기 소년'과 같은 상황이 되어 가고 있다.

'늑대가 나타났어요.'

몇 번 장난으로 사람들을 속인 양치기 소년은 정작 실제 곤경에 처했을 때 신뢰를 잃어 아무에게도 도움을 받지 못한다.

처음 은조 씨의 연락은 핸드폰 문자 메시지에서 시작되었다. 답장을 채 쓰기도 전에 장문의 메시지가 연달아 온다. 그 다음은 핸드폰 메신저, 카카오톡이었다. 메시지보다 더 빠르게 울린다. 문자, 카카오톡, 전화까지 이어진다. 답장을 하지 않아도 계속 울리는 핸드폰. 그 다음은 페이스북, 인스타그램 같은 SNS였다. 4~5년 전 사진에 '좋아요'를 누르고 댓글을 달아 잊고 있었던 과거의 나를 마주하게 하기도 하고, 계속 보내는 쪽지에 죄송하지만 차단 버튼을 누르고 말았다.

저녁 늦은 시각, 주말마다 울리는 은조 씨의 전화. '무슨 일이 있으신가?' 황급히 전화를 받았다. '급한 일이에요.', '큰일 났어요.' 같은 문구로 시작하는 은조 씨. 이후로도 몇 번 혹시나 하는 마음에 전화를 받았지만 이젠 크고 급한 일이 내가 생각하는 의미와는 조금 다르다는 것을 알았다.

'잠시 후 연락드리겠습니다.'

문자 메시지를 전송한다. 그러면 바로 답이 온다.
'뭐하세요? 심심해요.'
'저는 버스 투어 하고 있어요.'
'머리가 흔들려요. 누군가와 싸웠어요.'

무료한 주말 오후 심심함, 증상으로 인한 어려움, 동료와 다툼 3가지로 나뉜다. 몇 년째 반복되고 있는 이 전화는 긴박했던 적은 한번도 없다. 물론 은조 씨에게는 굉장히 중요하고 필요한 전화겠지만 증상을 호소하다가도, 동료와 다툼으로 속상해 하다가도, 결론은 항상 까르르 웃으며 주말 안부를 전하며 끝나는 경우가 대부분이다. 때로는 동료와 다투고, 서러워 전화를 하지만 담당자도 어쩔 수 없다고 한다. 그러면 울면서 전화를 끊는 경우가 전부다. 적어도 은조 씨가 센터에 등록한 후부터 지금까지 3년 동안은 그랬다. 내가 전화를 받지 않으면 다른 직원이나 회원들에게 또 전화가 갈 것이다. 이런 상황이라 때로는 나만 즐길 수 있는 주말 자유를 보장받고 싶다. 그럼에도 여전히 3통씩 부재중 전화가 오면 영화를 뒤로하고 나가서 받게 되지만 말이다.

은조 씨의 전화는 시간과 장소를 가리지 않는다. 친구들이나 가족들이 이야기한다.

"전화를 왜 받아? 퇴근했잖아. 또 주말이잖아?"

그렇긴 하다. 한두 번 받고 안 받을 수도 있다. 그럼 편한데, 굳이 힘듦을 자초하는 건 나기 때문에 할 말이 없다. 가끔 벨이 울리다 지쳐 끊어지기도 한다. 그렇게 끊어지고 나면 혹시나 하는 마음도 든다. 지금까지는 별다른 일이 없었지만 긴급한 전화가 올 수도 있고, 전화 받는 게 어려운 일은 아니니까. 잠깐의 통화로 인해 도움이 될 수 있으니까. 친구들과는 몇 시간을 통화하기도 하니까.

일요일, 오후 1시

소희 씨와 통화는 시간 가는 줄 모를 때가 있다.

"주말에 쉬는데 죄송해요. 물어볼 게 있어요. 지금 시내에 왔는데, 작은엄마 생일 선물로 뭘 사드리면 좋을지 모르겠어서요. 너무 부담되지 않는 선에서요…." 목소리에 미안함이 뚝뚝 떨어진다.

"글쎄요. 평소에 어떤 취향이신지를 몰라서. 저희 엄마와 비슷한 연배이신 것 같은데, 저희 엄마는 여름에 꼭 양산을 챙겨 쓰시던데, 혹시 양산 쓰시는 거 본적 있으세요?"

"오, 좋아요. 양산 괜찮겠다. 저번에 한 번 쓰고 오신 거 본 것 같아요. 어디에서 파는지 아세요?"

"며칠 전에 시내 백화점에 갔더니 할인행사를 많이 하더라고요. 생각하시는 가격선과 비슷했어요."

"감사해요. 백화점이면 혹시 마음에 들지 않으면 교환하셔도 되고 좋겠다!"

"좋아하셨으면 좋겠네요. 아 근데, 지금 소희 씨 좋아하는 브랜드 20% 세일기간이에요! 시내 간 김에 한번 들러보세요."

같은 브랜드의 옷을 사서 입고 온 적도 있고, 시내에서 몇 번 쇼핑을 함께 한 적이 있어 서로 취향을 알고 있다.

"옷 얘기 하니까 생각났어요. 이번에 옷을 새로 샀는데, 길이가 너무 짧아서 배꼽이 다 보여요. 팔을 들 수가 없어요. 선생님한테 잘 어울릴 것 같은데 사진을 보고 얘기해 주세요!"

"오, 완전 예쁜데요. 오예! 저 입을 수 있을 것 같아요! 팔은 안 들면 되죠!"

"잘됐다. 챙겨가야지. 근데 저 친구 결혼식에 입고갈 옷은 정했는데, 어울리는 가방이 없어요. 마음에 드는 가방이 있는데, 끈이 안 어울려서요. 체인 가방끈을 사고 싶은데 시내에서 팔까요?"

"가방끈만도 많이 팔기는 하는데, 평소에 체인 끈 스타일은 거의 안 매지 않으세요?"

"네. 사실 결혼식 때 한 번 맬 예정이라 사기는 아까운데, 결혼식 옷에는 지금 있는 가방끈이 안 어울리는 것 같아서요."

"그럼 저 체인 끈 많은데 빌려 드릴까요? 한 번 쓰는데 사는 건 너무 아까워서요."

"진짜요? 완전 좋죠! 사진 한 번만 보내주세요."

이런저런 이야기를 나누고 전화를 끊고 보니 2시간이 훌쩍 지나 있었다.

소희 씨와 전화는 즐겁다. 서로 좋은 정보를 공유하고, 시시콜콜한 농담을 주고받고, 고민도 들어준다. 또한 소희 씨는 입이 무겁기 때문에 일을 하다 힘든 점이 있으면 안심하고 하소연을 할 수 있고, 때로는 훌륭한 내 연애코치가 되어 주기도 한다.

신실한 기독교 신자인 지호 씨가 있다. 수요예배, 금요기도회, 주말예배를 빼먹는 것은 지호 씨에게 절대 있을 수 없는 일이다. 하지만 일요일에 마라톤 대회가 있을 땐 하나님도 이해해 주신다며 예배를 빼먹는 기도반장이시다. 지호 씨는 6년간 하나님께 멋진 남자

친구를 사귀게 해달라고 기도를 했다고 한다. 그렇게 지호 씨는 센터에서 원호 씨와 만나 결혼을 했다.

"내 기도빨이 얼마나 대단한데. 그래서 우리 원호를 만났잖아. 내가 기도하면 다 들어주시는겨."

자신감 넘치는 기도 반장님으로부터 주말에 전화가 온다.

"내가 오늘 교회에 왔는데, 선생님이 8살 연하 목사님이랑 결혼하게 해달라고 기도했어."

"목사님이랑 결혼하면 매일 새벽기도 가야 하는 거 아니에요? 피곤할 것 같은데."

"그래서 선생님은 남자친구가 없는겨. 기도를 해야지!"

"그리고 전 연하 싫어요. 연상의 이준기 닮은 사람으로 부탁드려요."

"목사님이 얼마나 좋은데. 우리 교회 전도사가 결혼만 안 했으면 소개시켜 줬을 텐데. 일찍 결혼을 해가지고 안타까워…."

주말 오후, 동네 마트 홍보대사 수호천사로부터 전화가 왔다. 인근 마트의 할인 정보는 모두 꿰뚫고 계신 분이시다.

"선생님 여기 하모니 마트에 지금 피자가 세 판에 9,900원이야. 엄청 세일해. 애기들 사주면 좋을 것 같아서 전화했어. 내일까지니까 오늘 꼭 가서 사세요. 그럼 안녕히 계세요."

"저 애기 없…." 뚜 뚜 뚜. 정보만 전달하고 전화를 끊는다.

SNS에서 조카 사진을 보고 '딸이야? 똑같이 생겼네.' 하시길래 장난삼아 '네. 엄마 닮아서 예쁘죠?' 장난을 쳤었다. 그 후에 장난이었다고, 미혼이라고 몇 번 말씀을 드렸지만 철석 같이 애기가 2명인 유부녀라고 생각하신다. 아무튼 세일 정보를 빠삭하게 알고 계신 센터 수호천사는 우리 아이들까지 생각해 주셔서 세일 기간이 끝날까 다급하게 전화를 주셨다.

때로는 귀찮은 전화도 있고, 수신거부하고 싶은 전화도 있지만 이렇게 유쾌한 전화도 있고, 시간 가는 줄 모르는 전화도 있다. 전화가 안 오면 괜스레 기다려질 때도 있다. 이런 걸 '밀당'이라고 하는 걸까? 오늘도 내 전화는 열일 중이다.

동네에서의 일상

송은주

센터는 동네 사람의 반응에 귀를 기울이지 않을 수 없고, 회원들의 무리한 행동으로 긴장할 때가 적지 않다. 우리 센터 회원이 동네에서 고군분투하고 있는 사례를 소개하려고 한다.

작년 여름 어느 날 오후 2시 반 무렵이었다. 그날도 어김없이 회원들이 센터에 나오고, 동아리 프로그램으로 원예활동과 외부에서 볼링과 당구활동이 진행되고 있었다. 동아리 프로그램은 당사자 개별 욕구를 반영하여 동시간대 3개 프로그램이 진행되는 것으로 자신의 욕구에 맞추어서 프로그램을 선택하여 참여할 수 있도록 하며 최대 12명까지 가능하다.

김철수 씨는 오전부터 환청이 심해서 중얼거림과 주변 동료와 사회복지사 선생님들에게 증상을 표출하며 나이와 관련된 이야기를 끊임없이 하고 있었다.

“나이가 어리다고, 무시하는 거예요? 몇 살이에요? 선생님, 근데 말을 그렇게 해요?”

다른 사람들의 눈빛, 말투, 행동이 자신을 무시하는 행동이라 생각하며 감정이 격앙되어 있었고, 자신만의 세계에서 이야기를 하여 상담이 원활하지 않은 불안정한 모습이었다. 시간 개념이 자신의 생각과 달리 진행되는 것이 혼란스러워 시간의 흐름과 자신이 경험한 사건들이 맞아 떨어지지 않아 나이가 2년 줄었다고 믿고 있었다. 나이가 어려진 자신을 무시하는 것 같다며 사람들과 사회가 자신을 속이고 있는 것 같아 무섭다고 했다. 말을 하며 두려움이 극도로 심해지면 공격적으로 변하며 폭발하는 모습을 보였다.

담당 선생님의 상담도 거부하고, 프로그램실 뒷자리에 앉아서 회원들을 지켜보며 원예프로그램에 참여하였다. 잠시 후 원예프로그램시간에 감정이 격한 김철수 씨의 목소리가 들렸고, 원예 강사님도 화가 많이 난 상태였다. 김철수 씨의 증상이 불안정하여 원예 강사님과 여성 회원 2명과 마찰이 생긴 것이다.

상황을 알아보니, 원예프로그램에 참여한 김철수 씨가 여성 회원에게 성적인 발언을 하며 시작되었다고 한다. 프로그램 도중 김철수 씨가 옆에 있던 김영희 씨에게 질문을 하였다. 평소 김영희 씨는 김철수 씨의 이야기를 잘 들어주고 반응을 해주는 좋은 동료였다.

그날도 어김없이 김철수 씨의 이야기를 듣던 중 갑작스런 질문에 김영희 씨는 화가 났다.

"너 생리 언제 했니? 털은 언제 났니?"

노골적으로 성희롱 발언을 하여 김영희 씨는 수치스러움을 느꼈다고 하였고, 불쾌함으로 인해 자리를 박차고 나가 담당 사회복지사에게 상담을 받았다. 김영희 씨는 미간이 잔뜩 찌푸린 상태로 흥분하여 말을 더듬더듬 이야기하였다.

"너무 저질스럽고, 불쾌해요. 저한테 어떻게 그런 말을 할 수 있어요? 너무 화가 나요."

김영희 씨는 한동안 흥분을 가라앉히지 못하였다. 김철수 씨의 행동은 여성회원들에게 충분히 오해를 살만 하였다. 김철수 씨는 시간, 나이에 관한 자신만의 세계에 집중하여 김영희 씨에게 언제 어른이 되었는지가 궁금하였다고 한다.

"나는 중학교 때 내 방이 생기면서 자위를 했고, 털이 나기 시작했어. 너는 언제 어른이 되었어?"

김철수 씨는 먼저 이런 얘기를 했고 잠시 반응이 없다가 추가로 성적인 질문을 하게 되었다고 한다. 김철수 씨는 계속해서 질문을 하였고, 이를 듣고 있던 원예 강사님이 김철수 씨를 제지하였다.

"왜 그런 질문을 누나한테 하는 거예요? 김철수 씨!"

"아니에요, 누나 아닌데요. 동갑인데요."

"그래도 친구끼리 그런 질문을 하면 부끄럽지요. 그런 질문은 여성들에게 대놓고 하는 거 아니에요. 하지 마세요. 수업에 참여하기 힘들면 나가세요."

"이년아, 네가 뭔데 나한테 그런 말을 해. 왜 나를 무시해. 나를 어린애 취급해."

김철수 씨는 소리를 지르며 극도로 흥분한 모습을 보였다. 프로그램이 중단되었고, 회원들은 잠시 휴식을 취할 수 있게 한 후에 원예프로그램 담당 사회복지사가 김철수 씨를 불러내어 타일렀다.

"원예 강사님께 말이 너무 심했던 것 같아요. 가서 사과를 해야 하지 않을까요?"

"먼저 동갑이라고 하고, 저를 어린애 취급하면서 무시했다고요. 저한테 왜 그러시는 거예요? 저도 정말 힘들다고요. 저한테만 다들 왜 그러시는 거예요. 저도 힘들어요."

김철수 씨가 격해진 감정을 큰소리로 표현한 것을 듣고 관장님이 나오셨다.

"김철수 씨 무슨 일 있어요? 왜 선생님께 소리를 지르시는 거예요?"

“아니에요. 저한테만 자꾸 뭐라고 하니깐…. 죄송합니다.”

김철수 씨는 말을 얼버무리며 계단으로 급하게 뛰어내려 가버렸다. 김철수 씨의 돌발 행동에 직원들은 당황하며, 1층으로 내려가 보았다. 센터 입구와 길 건너 상가 쪽을 살펴보았지만 보이지 않았다. 짧은 시간에 순간적으로 사라진 것이 놀라웠다.

‘건물 뒤편으로 뛰어가셨나? 도대체 어디로 가신 거지….’

하는 수 없이 센터로 돌아오는데, 우리 건물 1층에 있는 편의점 앞에서 김철수 씨가 뛰쳐나오며 편의점 여사장님의 등을 밀치는 장면을 보게 되었다. 편의점 현관문을 나오는 사장님의 등을 두 손으로 세게 밀치며 혼잣말로 중얼거리며 김철수 씨도 급히 나왔던 것이다. 순식간에 일어난 일이라 당황하였다. 김철수 씨를 잡고 말리며 단호하게 말하였다.

“이렇게 행동하시면 안 돼요. 폭력은 절대 안 되는 거예요, 김철수 씨!”

김철수 씨도 매우 흥분한 상태였고, 흥분된 목소리로 말하였다.

“저 사람이 나를 가두려고 했어요. 밖에서 문을 잠그려고 했다고요. 경찰에 신고한대요. 전화기를 들고 신고하더라고요. 저는 빠져나오려고 한 거예요. 죄송해요.”

떨리는 목소리로 억울한 마음을 표현하였다.

“저 사람이 밀치는 거 보셨죠. 제가 언제 가두려고 해요? 정말 너무 힘드네요.”

여사장님 역시 흥분된 상태로 이해할 수 없는 김철수 씨의 행동에 화가 많이 난 상태였다.

김철수 씨의 마음을 살피기보다는 정신장애인이 동네 사람을 때렸다는 사실을 생각하니 앞이 캄캄하였다. 이제 이 일을 어떻게 해결할 수 있을까? 김철수 씨의 돌발 행동과 동네 사람들과 부정적인 사건으로 얽히게 된 상황이 당황스럽기도 했지만, 일단은 수습을 해야겠다는 생각이 들었다. 여사장님은 안정이 되었는지 말을 했다.

"선생님도 보셨죠? 저도 이번에는 가만히 있지 않을 거예요. 경찰에 신고할 거예요. 매번 그쪽 장애인분들 때문에 힘들었다고요. 이번에는 진짜 가만히 있지 않을 거예요."

놀라서 떨리는 목소리지만 단호하였다.

"죄송합니다. 사장님…. 많이 놀라셨죠? 죄송합니다. 혹시 다른 데 다치신 곳은 없으신가요?"

내 말은 듣지 않고 화가 난 상태에서 여사장님은 전화기를 들고 말을 이어갔다.

"저 지금 경찰에 바로 신고할 거예요. 계속 신고하라고 하셨죠? 신고할 거예요."

"신고하시게요?"

편의점 여사장님은 경찰에 신고했고, 나는 김철수 씨를 모시고 편의점에서 경찰이 올 때까지 기다렸다. 김철수 씨는 억울함을 토로하며 눈물을 보였고 그때 상황과 감정을 두서없이 말하였다.

"집에 가려다 물을 사려고 편의점에 들렀어요. 평소에도 저희 센터 정신장애인들을 좋아하지 않으셨어요. 남사장님은 나가라고도 하고, 포인트 적립해 달라고 하면 무시하고 들어주지도 않으셨어요. 오늘도 물건을 사려고 들어온 건데 저를 무시하는 거예요. 그래서 흥분했는데, 사장님이 경찰에 신고하겠다고 전화기를 들어 더 화가 났어요. 그래서 제 오른손이 올라갔어요. 때리려고 했던 건 아닌데,

화가 나서 저도 모르게…. 그러던 중 여사장님이 급하게 문밖으로 나가면서 계속 신고하겠다고 했어요. 현관문을 잠그고 저를 감옥에 보낸다고 생각했어요. 저는 빠져나가려고 사장님을 밀었던 거예요. 안 그러면 저를 가둬놓고, 경찰들이 잡아간단 말이에요. 제가 잘못했어요. 선생님, 저 정말 감옥에 가는 건가요?"

김철수 씨는 울먹거리며 자신의 과격한 행동으로 인해 경찰이 출동한다는 것에 놀라 겁을 먹은 모습이었다. 밖에서 상황을 주시하던 홍지호 씨가 편의점에 들어와 김철수 씨의 등을 토닥이며 진정할 수 있게 아무 말 없이 옆에 있어 주었다.

김철수 씨가 울음을 멈추니 내가 다시 질문을 해야 했다. 상황을 이해하고 있어야 김철수 씨를 대변하는 데 도움이 될 거라 생각해서였다.

"김철수 씨는 그럼 사장님이 편의점에 가둔다고 생각해서 빠져나오려고 하다가 여사장님을 밀게 되었다는 건가요?"

"네… 너무 무서웠어요. 경찰에 신고한다고 말을 하면서 나가더라고요. 그래서 저를 편의점 안에 가둘 것이라고 생각했어요. 저는 경찰에 붙잡힐 것 같아 도망치려고 했던 것뿐이에요."

"많이 무서웠겠네요. 그래도 폭력은 안 돼요. 폭력은 절대 받아줄 수 없어요. 지금 여사장님이 경찰에 전화해서 경찰관이 올 거예요. 경찰관이 오면 설명을 듣고 하라는 대로 해야 할 것 같아요. 김철수 씨가 왜 그렇게 행동을 했는지 사실대로 이야기하면 될 것 같아요. 저희도 이런 상황은 처음이라 걱정이 되네요."

김철수 씨를 달래고 있던 중 여사장님이 나를 불렀다.

"선생님, 이번이 처음도 아니고 저희도 너무 힘드네요. 이번에는 밀치기까지 하니깐 더 이상은 안 되겠어요. 저분이 들어오셔서 물건도 사지 않고 두리번거리더라고요. 그래서 제가 '왜 그러세요?' 물었더니, '몇 살이냐?'고 하더라고요. 그래서 호랑이띠라고 했더니 누나라고 하면서 자기 나이 이야기를 갑자기 하는 거예요. 그러면서 자기를 왜 어린애 취급하냐고 흥분하는 모습을 보여서, 물건 안 살 거면 나가라고 했죠. 그랬더니 자기를 무시하느냐고 하면서 손이 올라가더라고요. 필요하면 CCTV도 보여 줄 수 있어요. 놀라서 경찰에 신고한다고 말하고 급하게 나오는데, 등을 미는 거예요. 선생님도 보셨죠? 저희가 이 건물 1층에 있으면서 장애인들을 이해하려고 했는데, 더 이상은 안 될 것 같아요. 이렇게 피해를 주는데 어떻게 같이 잘 지낼 수 있겠어요? 경찰에 신고하라고 예전에도 하셨는데, 신고하면 합의는 없을 거예요. 그런 줄 아시면 좋겠어요. 선생님, 저희도 너무 힘들어요. 어떻게 장애인들을 다 이해하면서 장사할 수 있겠어요? 이렇게 돌발적으로 행동을 하는데…."

"죄송하게 되었습니다. 김철수 씨가 오늘 불안정한 상태여서 돌발행동이 있었던 것 같아요. 정말 죄송합니다, 사장님."

머리를 숙여 계속해서 사과를 드렸지만 사장님은 많이 놀라 흥분되어 있었다.

여사장님은 격앙된 목소리로 상황을 설명하였고, 가끔 감정에 북받쳐 울기도 했다. 경찰에 신고한 지 7분 정도 지났고, 그 시각이 오후 3시 무렵이었다. 경찰차 3대에 경찰관 6명이 출동하였다. 신고를 받고 인근에 있는 지구대에서 출동한 것이었다. 편의점을 둘러싼 경찰차를 비롯해 동네 사람들과 센터 회원들이 구경하고 있었다. 편의점은 경찰관과 센터 사람들로 북적거렸고, 무거운 분위기가 되어 마치 큰 사고가 벌어진 것처럼 보였다.

경찰관은 먼저 신고를 한 사장님을 찾았고, 사장님이 간략하게 상황을 설명한 후 김철수 씨를 만났다. 김철수 씨는 겁을 먹은 모습으로 경찰관의 눈치를 보며 시선은 바닥으로 향한 채 짧게 대답했다. 상황을 지켜본 나는 담당자로서 간단하게 사정을 말했다. 김철수 씨의 신상정보를 묻고 몇 가지를 더 조사했다. 경찰관은 지구대에서 나왔으니 경찰서로 이동해 더 조사를 해야 한다고 했다.

[그림 1-1] 온 동네가 들썩인 경찰 출동

연락을 받은 김철수 씨의 어머니가 편의점에 도착해 사정을 들었다. 김철수 씨는 울먹거렸다. 관장님과 내가 함께 경찰서로 가서 도움을 주겠다고 하며 김철수 씨를 안심시켰다. 김철수 씨는 경찰차를 타고 먼저 이동했고, 뒤따라 관장님과 나는 지구대에 도착하여 김철수 씨에 관하여 간단하게 설명하고, 다시 김철수 씨의 어머니를 모시고 경찰서로 갔다. 이동하는 차에서 김철수 씨에게 너무 겁먹지 말고, 아까 편의점에서의 상황과 여사장님을 밀치게 된 이유를 설명하면 된다고 했다.

경찰서에 도착해 조사실에 들어가니 여기저기에서 타자소리가 들렸다. 조용하다 못해 엄숙한 분위기에 압도되어 김철수 씨 혼자 왔다면 겁이 나서 많이 힘들었겠다 싶었다. 우리가 함께 오길 잘했다는 생각이 들었다. 담당 경찰관을 만나 정신장애인으로 많이 불안하고 겁에 질려 있어 사회복지사로서 같이 왔다고 했다. 경찰관은 김철수 씨와 함께 조사를 받을 수 있게 배려해 주었다. 경찰관이 시각, 장소, 대화, 행동, 상황을 상세히 질문했고, 김철수 씨의 설명이 부족한 부분에서는 내가 직접 현장에서 보고, 경험한 바를 설명해 주었다. 조사에 응하는 김철수 씨의 뒷자리에 앉아서 등을 토닥여 주며, 안심하고 그렇게 행동을 하게 된 상황에 대해서 충분히 설명할 수 있게 하였다. 1시간 정도 조사를 마치고 경찰관이 말했다.

"고생하셨습니다. 다 된 것 같습니다. 일방적인 폭행이기는 한데 크게 다치지 않았고, 첫 사건이라 크게 처벌받지는 않을 것 같은데, 그래도 합의는 하는 것이 좋겠습니다. 그리고 정신장애인이라는 정상참작을 받으려면 주치의 소견서를 제출해야 합니다."

겁을 잔뜩 먹고 울먹이는 정신장애인, 그의 늙은 어머니, 사회복지사 2명이 쪼르르 앉아 있는 것이 경찰관에게는 가엾게 보인 것 같았다. 경찰관은 김철수 씨가 안심할 수 있게 그 이후 과정을 설명해 주고, 정상을 참작할 수 있는 방법과 관련 서류를 알려주었다. 김철수 씨는 "감사합니다. 죄송합니다." 하며 반복해서 경찰관에게 인사했다.

5시 40분경에 경찰서에서 나올 수 있었다.

"김철수 씨 고생하셨어요. 오늘은 일단 쉬고, 내일 다시 이야기를 나누어 봐요."

"죄송합니다, 선생님…."

김철수 씨가 돌아가고, 센터에 남은 직원들은 경찰차 3대 출동이라는 큰 사건에 불안해하는 다른 회원들을 안심시켰다. 편의점 사장님께 청심환을 사다드리며 죄송하다는 인사를 거듭 드렸다. 동네에서 정신장애인과 관련된 사건은 무조건 우리의 잘못이라는 생각이 들었다. 특히 이런 사건으로 부정적인 인식을 동네에 불러일으켜서 우리의 상황을 설명하고 이해를 받기보다는 무조건 사과하고 용서를 구하는 것이 우리가 일상을 유지하는 길이라 생각했다.

퇴근하여 집에 돌아가 내내 근심에 쌓였다. '김철수 씨에게 말하지 않았지만, 어떻게 합의를 하지? 같은 건물에서 이제 어떻게 지내지, 혹시라도 보건소에 민원을 넣어서 지도점검을 받고 정신장애인과 사회복지시설을 부정적으로 생각하면 어떻게 하지?' 불안감으로 밤잠을 설쳤다.

다음 날 아침 9시쯤 1층 편의점 남사장님께서 관장님을 잠깐 뵙고 싶다고 했다. 관장님이 자리에 없어 내가 편의점으로 내려가 남사장님을 만났다. 남사장님은 아내가 많이 놀라고 힘들어 해서 어제 잠도 못자고 어려움을 겪고 있다고 했다. 그래서 센터를 이용하는 정신장애인 누구도 편의점을 이용하지 않았으면 좋겠다고 단호한 어투로 말했다.

"아내가 많이 놀라서, 정신장애인만 봐도 놀라고 불안해해요. 그래서 거기 장애인들 모두 저희 편의점을 이용하지 않으면 좋겠어요. 평생, 여기 편의점 이용하지 않게 조치해 주세요."

"부인께서 많이 놀라셨죠. 죄송합니다. 회원들에게 공지해서 편의점 이용을 하지 않도록 하겠습니다. 죄송합니다."

거듭 사과를 드리고, 센터로 돌아와 회원들과 현재 상황을 공유하기 위해 긴급 자치회의를 열었다.

[그림 1-2] 긴급 자치회의

어제 김철수 씨가 증상이 폭발해 원예 강사님과 여자회원들과 마찰이 있었던 일, 편의점 사건, 경찰서에서 조사받은 일, 편의점 사장님의 센터 회원의 출입금지 요청에 관하여 설명하며 함께 이야기를 나누었다. 회원들은 김철수 회원이 잘못한 것을 인정하고, 편의점에 피해를 주지 않기 위해서는 사장님이 요청하신 사항들을 지켜주는 것이 옳다고 하였다. 대신 회원들이 도로 맞은편에 있는 편의점과 옆의 인근 재활병원에 있는 편의점을 이용할 수 있게 정보를 공유하였다. 1층에 있는 편의점만큼 가까운 거리는 아니지만 주변에 다른 편의점이 있으니 최대한 이용해 보자고 의견을 모았다. 아울러 김철수 씨에게 어떤 도움을 줄 수 있는지도 논의하며 김철수 씨를 지원하는 전담팀을 꾸리자고 했다. 센터에 나오면 먼저 인사를 해주고, 동료상담을 지원하고, 센터에 올 때마다 챙겨주면서 센터 생활을 유지할 수 있게 도와주기로 하였다. 손님이 원하면 이용할 수 있어야 하는데, 거부당했다는 것과 가깝게 있는 편의점을 두고 멀리 다니는 것이 부당하다고 생각하는 회원들도 있었지만, 결국 회원들은 더 큰 소란을 일으키지 말고 수긍하는 것이 우리가 동네에서 원만히 살아가는 방법이라고 여기며 뜻을 함께 해주었다.

우리는 그렇게 소란스런 사건을 잘 넘어가고 있다고 믿었다. 하지만 그것은 착각이었다. 김철수 씨 사건이 있고, 3일째 되던 날 보건소에서 전화가 왔다. 편의점 사장님이 민원을 제기했다며 오후에 센터 지도점검을 나오겠다고 했다.

센터가 보조금을 지원받아 운영되고 있어 관할 보건소와 관계는 매우 중요하다. 지도점검을 나온다는 것은 정신장애인을 지원하고, 동네 사람들과 관계하는 데 어떤 문제가 있는지를 확인하고, 나아가 부족한 점은 없는지를 확인하기 위한 것이다. 그래서 보건소의 지도점검은 으레 우리 직원들의 책임과 의무를 점검받는다고 보아 매우 긴장하는 시간이다.

다른 장애인보다 정신장애인에게 부정적인 편견이 더 강해 우리는 사회복지사나 가족이 정신장애인을 대변하기보다 정신장애인 당사자가 직접 나서는 입장을 취하고 있다. 그래서 이번에도 담당 사회복지사가 상황을 설명하고, 수습하는 것처럼 보이기보다는 김철수 씨가 직접 나서서 사정을 설명해야 동네 사람들이 정신장애인을 이해하는 데 도움이 될 것이라고 판단하였다.

보건소에서 지도점검을 하러 오는 시각에 맞추어 김철수 씨도 센터에 올 수 있게 하였다. 보건소 직원이 찾아와 사건 내용을 자세히 나누었다. 사건을 최대한 객관적으로, 담당자가 본 상황을 설명하였다. 보건소에서는 김철수 씨에게 약물관리가 잘되고 있는지, 증상의 양상은 어떤지, 센터 생활은 어떠했는지 궁금해 하여 이를 낱낱이 설명하였다. 편의점 사장님은 김철수 씨의 행동이 반복되지 않도록 센터의 회원에서 탈퇴하거나 정신병원 입원을 보건소에 요청했다고 한다.

나는 김철수 씨 사건을 통해 정신장애인이 잘못한 것은 맞지만, 정신장애인이라는 이유만으로 정신병원에 강제입원이나 센터 회원 탈퇴가 쉽게 언급되는 것이 서운했다. 사회에 만연된 정신장애인의 격리정책에 놀랐고, 일어나지도 않은 문제를 예방한다는 구실로 한 사람의 삶이 너무 쉽게 좌지우지되는 현실이 안타까웠다.

“저희 센터의 회원 탈퇴 기준은 3개월 이상 이용하지 않을 경우와 정신병원에 장기 입원할 경우 가능하고, 당사자가 센터를 이용할 의사가 있을 경우에는 회원 탈퇴가 불가합니다.”

설명을 드리니 보건소 담당 주무관은 편의점 사장님의 의견을 전달하는 부분이고, 기관의 운영지침은 지킬 것이라고 했다. 강제입원 역시 현재는 안정된 상태여서 행정 조치에 의한 입원은 어려울 것 같다고 센터 입장을 전하고, 김철수 씨와 어머니가 센터에 왔으니 만나볼 것을 권하였다.

보건소 주무관은 흔쾌히 받아들여 김철수 씨와 그의 어머니를 만나 한 번 더 상황을 들어주었다. 김철수 씨는 남사장님이 무서워 센터에 들어올 때 건물 뒤편을 이용했다 하고, 그날 증상관리가 잘 되지 않아서 편의점 사장님께 잘못을 저질렀다고 반성하는 모습을 보였다. 편의점 사장님을 때리려고 한 것이 아니라, 경찰에 신고한다고 하여 무서워서 도망가려고 등을 밀치게 되었다고 했다. 평소 편의점 사장님 부부가 장애인들에게 불친절하고, 차갑게 대해서 감정이 좋지 않았다는 설명도 하였다. 장애인들을 무시하거나 포인트 적립을 요청해도 들어주지 않는 따위의 행동을 보여 사이가 좋지 않았고, 그 날에도 무시하는 행동을 하여 돌발적으로 대응하게 되었다고 했다.

보건소 주무관은 이야기를 들어주었고, 일단은 민원이 제기되었기 때문에 방문했고 편의점에도 방문해서 이야기를 들어봐야 한다고 했다. 강제입원이나 센터 회원 탈퇴를 편의점 쪽에서 요청했지만 불가능함을 전달하고, 편의점에서 원하는 부분을 듣고 다시 연락을 주겠다며 편의점으로 갔다.

이튿날 오전 10시 무렵 보건소 주무관이 전화로 연락하여 편의점 사장님이 김철수 씨의 회원 탈퇴가 불가능하면 3개월간 센터 이용을 중단시켜 달라고 요청했다는 것이었다. 편의점에서는 김철수 씨의 센터 이용 중지와 금전적 보상을 요구한다는 점도 덧붙였다. 나는 김철수 씨와 상담을 하고, 편의점에도 찾아뵙겠다고 했다.

전화를 끊고 바로 편의점으로 가니, 사장님은 김철수 씨가 편의점 주변에서 보이지 않는 것을 원했고, 나는 회원 탈퇴가 불가능하기 때문에 당분간 센터 이용에 관하여 김철수 씨와 상담하고 결과를 알려드리겠다고 했다. 남사장님은 사건이 일어나고 부인이 편의점에서 일을 하지 못해 3일간 아르바이트생을 고용한 급여 360,000원을 지불해주면 합의하겠다고 했다. 그러면서 사건 이후 김철수 씨 어머니가 계속 찾아와 김철수 씨의 잘못을 인정하고, 사과를 해서 합의해준다며 이후에는 어머니도 찾아오지 않았으면 좋겠다고 부탁했다.

사무실로 올라와 사장님이 요청한 부분을 김철수 씨에게 전달하고, 동의를 얻은 후 합의서를 작성해 다시 편의점을 찾아가 사장님에게 합의서에 확인을 받았다. 이후 김철수 씨의 가정을 방문하여 편의점 사장님이 합의를 요청한 내용을 전달하고, 3개월간 센터 이용이 불가함을 설명해 드렸다. 김철수 씨는 앞으로의 생활을 걱정하며 호소했지만 어머니는 이렇게라도 합의가 되어 다행이라 하고, 안도의 한숨을 쉬었다. 합의서에 사인을 받고, 다시 편의점에 가서 사장님의 사인을 받아 김철수 씨와 병원을 방문하였다. 사건을 설명하자 주치의 선생님은 김철수 씨가 규칙적으로 약물을 복용하고, 외래 진료를 받아 증상관리를 위해 노력하고 있음을 확인해주었다. 편의점 사건에 참작이 될 수 있게 주치의 선생님은 사실대로 기록해주며 김철수 씨의 행동을 따끔하게 지적했다. 주치의 선생님은 김철수 씨의 증상을 동네 사람들은 쉽게 이해해 주지 않기 때문에 돌발적인 행동을 하면 안 된다고 한 번 더 타일렀다. 주치의 소견서를 받아 경찰서에 제출하여 사건이 마무리되었고, 2019년 말까지 김철수 씨는 센터 부근에 모습을 보이지 않았다.

한 건물에서 지내는 이웃 간 발생한 사건으로 일 년에 걸쳐 할 일을 단 한 주만에 한 것 같다. 평생에 한 번도 경험하지 못할 경찰차 동승, 경찰 조사, 편의점 이용 거절, 강제입원과 회원 탈퇴 권유, 센터 이용 중단, 합의서 작성 같은 일들을 김철수 씨와 했다. 그러나 여기에는 여러 사람들의 도움이 있었다.

김철수 씨는 어머니와 함께 다른 센터를 이용하고, 그곳에 잘 적응하고 있다고 한다. 우리 센터 동료들은 매주 한 번씩 전화를 하거나 매월 한 번 정도 김철수 씨 가정을 방문하며 그가 안정적으로 생활할 수 있게 도와주고 있다.

"괜찮아, 3개월 되면 다시 센터 나올 수 있으니 잘 지내 보자."

"회원들이 기다리고 있어요. 많이 걱정하고 있어요. 조금만 참았다가 다시 만나요."

기다리고 있다는 메시지를 보내며 당사자와 관계의 끈을 놓지 않으려 노력하고 있다. 하지만 동네와 사람들은 너무 쉽게 관계를 끊으려 하는 것 같아 안타깝고 서운하다. 정신장애인이기 때문에 그에 대한 대응이 더 엄격하게 적용되고 있는 것은 아닐까? 강제입원과 회원 탈퇴는 그 당사자에게 중요한 일들인데, 타인에 의해 너무 쉽게 결정되는 상황이라 마음이 무거웠다.

동네에서 정신장애인으로 산다는 것은 어떤 의미일까? 정신장애인은 일어나지 않은 일들이 마치 앞으로 계속 일어날 수 있다는 편견으로 처음부터 격리되고 있는 것은 아닐까? 이것이 정신장애인에게 사회생활의 걸림돌인 것처럼 앞으로 이들과 살아가는 내게도 걸림돌이겠다 싶어 마음이 편치 않았다.

2

지혜를 공유하는 삶

박슬기

센터에 와서 새롭게 받아들인 교훈이 있다.
“나 자신의 성장이 세상을 변화시킨다.”
“한 사람이 죽는다는 건 도서관 하나가 사라지는 것이다.”
그 어떤 도서관보다도 깊이 있고 굴곡진 경험과 모습이 새겨져 있는 회원들을 만나며, 새로운 시작을 맞는 내 인생에 새로운 조명을 비추게 되었다. 정신건강 현장에 들어와 정신재활시설에서 일하게 된 과정을 되돌아보고, 센터에서 함께 하고 있는 회원들 사이에 생긴 일화를 소개하려고 한다. 이를 통해 ‘모두가 더불어 행복하게 살아가는 사회’가 되길 바라는 마음이 세상에 전해졌으면 좋겠다.

더불어 사는 삶을 기대함

사회복지학과에 입학한 이후 막연히 정한 진로를 후회하였다. 다만 '사람'과 사람의 '삶'에 호기심을 갖고 조금씩 '나'와 '다른 사람', 그중에서도 '혼자서 힘들어하는 사람들'을 공부하였다. 하지만 다른 학문처럼 일련의 학과 과정을 이수하고 졸업 요건을 채웠음에도 내게 사회복지학은 그저 그런 학문이었다. 사람의 삶, 주변의 환경, 국가와 관계 따위가 복잡하게 얽혀 있는 것들이 사회복지를 이루는 요소였고, 이는 직접 경험하기 전까지는 실제로 알 수 없는 것들이었다. 사회복지사로 일을 하면서 어떻게 해야 조금이나마 사회복지다운 사회복지를 할 수 있을지 계속 고민하게 되었다.

무작정 취업

돌아보니, 나는 무작정 취업을 했던 것 같다. 대학교 생활이 보통 직업이나 미래의 삶을 위한 탐색 정도이겠지만, 사실 사회복지학과에서는 아동부터 노인까지 다양한 분야 중 어느 분야에서 내가 일을 할지 고민하는 시간으로 채워진다. 아울러 생애주기별 복지를 위해 다양한 계층을 이해하는 과정이기도 하다.

대학교에 재학하며 여러 활동과 경험, 현장실습을 통해 모든 이들이 정을 나누며 행복하게 사는 세상이 되면 좋겠다는 바람을 갖게 되었다. 또한 신체적인 어려움이나 경제적인 부족함보다 심리적, 정신적 어려움을 겪고 있는 사람들에게 관심을 갖고, 이들의 어려움을 해결할 수 있는 방법을 고민하게 되었다. 4학년 때에는 산업인력공단에서 선발하는 임상심리사 2급 수련 과정에도 참여하였다. 1년간 학교 내에서 실습을 하며 심리학 관련 지식과 정보를 접하며 나를 알고 많은 사람들이 어떤 어려움을 겪는지 조금이나마 알 수 있는 기회가 되었다.

임상심리에서는 면접과 더불어 심리검사를 진행하고, 그에 따른 치료와 상담을 진행한다. 심리검사가 내담자를 완벽하게 평가하지는 않지만, 결과에 따라 내담자가 현재 어떤 어려움을 겪고 있는지 추론이 가능하다. MMPI 검사만 해도 임상척도에 따라 내담자가 겪고 있는 정신적 어려움을 알게 한다. 척도 8번(정신분열증)이 높게 측정되는 경우 조현병에서 보이는 증상이나 어려움을 겪고 있을 가능성이 높다. 모두 조현병으로 평가할 수는 없지만 추가로 면담을 진행해보면, 현실과 동떨어져 있거나 안정을 취하지 못하는 경우가 많다. 개인적으로는 로르샤흐 테스트가 가장 흥미로웠는데, 검사자에게 고도의 수련이 필요하고, 결과를 온전히 다 신뢰할 수는 없겠지만 직접 테스트를 받아 봤을 때 내 성격을 조금은 더 깊이 있게 알 수 있었다. 정신장애인 경우 본인의 보고만으로는 그들의 성격이나 겪고 있는 어려움, 병의 발현 요소 따위를 알 수 없어 심리검사와 치료적 면담으로 조금이나마 정신장애인을 한층 더 다양하게 파악할 수 있었다.

졸업을 앞두고 어느 분야로 취업할지, 취업은 하고 싶은지 결정하지 못하였다. 느긋하고 고민이 많은 성격 때문이기도 하였지만 무엇보다도 자신이 없었다. 어떤 일을 맡아서 제 몫을 다 할 수 있을지 걱정이 되었다. 취업보다는 대학원 진학을 더 고민하기도 하고,

취업 자체가 싫기도 하였다.

'사회의 기준, 보통 사람들이 한 단계씩 밟아가는 순서에 꼭 맞춰 살아가야 하는 것인가?'

고민이 길어지며 철학적인 질문에까지 다다르기도 하였다.

학기를 마치고 사회복지사 1급 자격시험을 준비하고 있는데, 정신건강복지센터에서 일하고 있던 친구가 직원채용 정보를 알려주었다. 대학교 4년을 알차게 보내지 못해 그런지 취업을 해야 할지, 아니면 무엇을 하면 될지 막연한 생각을 하고 있던 때였다. 기회가 있을 때 무엇이든 시도해 보자는 생각이 들어 먼저 지원해 놓고 보자는 식이었는데, 곧 취업이 되었다.

내게 취업정보를 준 친구와는 대학교에 입학하자마자 친해졌다. 사람과 어울리는 걸 좋아하고 술과 노는 것을 좋아하며, 덩치에 비해 마음이 여리고 속이 깊은 친구이다. 입학과 동시에 어울리며 서로에 대해 알아갔다. 이 친구는 생각이 많아 쉽게 결정하지 못하는 내 성격을 알고 있었던 것 같다. 그래서 다른 곳보다 이곳이 보수나 근무여건이 괜찮다고 여겨서 추천하였다고 한다. 그 친구가 특유의 친근함으로 나를 걱정하며 건네는 제안이었다. 지금 돌이켜 보면 가장 고마운 사람 중 한 명이다. 이 친구 아니었다면 정신건강 분야나 내 내면에 감추어진 것을 깊게 알 수 없었을 것이다. 그때 나는 특별한 사명감이나 가치관, 포부를 갖고 있지는 않았다. 졸업했으니 취업이나 진로를 고민하고, 뭔가 결정해야 했다. 아무 것도 안 하는 것보다는 무슨 일이라도 해보는 게 좋을 거 같아 지원했던 것이다. 그렇게 사회복지사로서의 삶이 시작되었다.

막막한 갈등

정신건강복지센터에서 자살예방사업팀의 일을 맡았다. 자살 예방을 위한 교육을 비롯해 홍보사업과 더불어 자살 시도자, 자살 위험군, 자살 유가족을 대상으로 상담과 프로그램을 제공하는 사업을 수행하는 것이었다.

처음 일을 시작하면 누구나 어렵고 힘들겠지만 '자살'이라는 단어에 부담감을 느꼈고, 기관에 체계적인 교육이나 준비 과정이 마련되어 있지 않아 취업 초기에 많이 혼란스러웠다. 무엇보다도 자살 자체가 나와는 상관없는 단어였다. 우리나라의 자살률이 높고 자살 시도자가 늘어나고 있다는 건 알고 있었지만 그냥 스쳐 지나가는 기사의 일부였다. 그리고 가톨릭 집안에서 자라며 교리로 인해 자살은 절대 생각할 수 없는 것이었다.

자살에 관하여 아는 것 없이 부정적인 인식만 갖고 있던 내가 어떻게 업무를 수행해야 할지 막막하였다. 하지만 다행이라고 해도 될지, 도움을 요청하는 사람들이 '죽고 싶다.'고 하지만 결국 경제적으로 어렵거나 병으로 인해 힘들다는 이야기를 하는 것이었다. 그러나 마땅한 해결책이나 지원방안이 없었다. 그래서 더 공감과 지지의 역할이 필요하였는데, 이 역시 경험이 없어 실수가 많았다. 특히 처음에는 상담을 받으러 온 사람의 상황과 그들의 실질적인 욕구를 알아내고 이해하는 것이 쉽지 않았다.

기관 업무에 적응할 시간도 없이 업무를 수행하고, 내가 맡은 사례회원들과 관계를 형성해 갔다. 그나마 사례회원으로 등록된 회원들은 그동안 센터에서 지원받았던 내용을 잘 알고 있었고, 필요한 역할을 확실하게 요청하여 업무를 수행하기에 수월하였다. 가장 어려웠던 업무는 일반상담으로 센터 회원이 아닌 일반 시민을 상대로 상담을 진행하는 것이었다. 이분들은 주로 우울감과 삶의 허무함을 호소하며, 자신의 상태가 '왜 이런지 모르겠다.', '스트레스가 너무 심하다.'는 분들이었다.

처음에는 상담 일정을 잡고 상담실에서 만나는 것부터 속이 울렁거리고 걱정이 앞섰다. 학교에서 임상심리사 수련 과정을 통해 짧은 회기의 계획된 상담을 수행해본 경험이 있지만, 공식적으로 기관에서 한 사람의 어려움을 상담하는 것이 매우 부담스러웠다. 그래도 지역사회 내 정신건강복지센터 직원으로서 수행해야 할 역할이 있고, 목표한 바를 달성하기 위해서라도 진행해야 했다. 다행인지는 모르겠으나, 이분들이 충분히 이야기할 수 있게 시간을 드리고, 격려와 필요한 정보를 전해드리는 것으로 무난히 종결할 수 있었다. 심리적인 어려움을 겪는 사람이 많지만, 마음이 후련해질 때까지 속 깊은 이야기를 할 기회가 이들에게는 많지 않다는 것을 알 수 있었다. 이것을 아는 데도 2~3개월이 걸렸다.

그렇게 주어지는 상담과 교육, 홍보, 캠페인을 수행하며 1년을 보냈다. 하지만 이 기관의 업무와 역할이 지역사회 내 자살 위험군과 이들의 가족에게 어떤 도움을 주고 있는지 확신하기 어려웠다. 이뿐만 아니라 등록 회원이나 고위험군과 일반 시민들에게 적절한 도움을 주기 위해서는 더 많은 준비와 역량이 필요하다는 것을 느꼈다.

현실의 한계

사례관리와 상담, 교육, 캠페인 같은 업무를 수행하며 가장 어렵게 느끼고 갈등하는 것이 내 속에서 올라오기 시작했다. 대상자들에게 실질적으로 적절한 지원과 문제 해결을 위한 도움을 주기보다 위로와 격려만 할 수밖에 없는 한계로 인해 고민에 빠졌다. 물론 사회복지사에게 가장 필요한 능력과 역할은 대상자에게 필요한 서비스나 자원을 탐색하여 연계해 주는 것이라고 한다. 그렇지만 수급제도나 긴급생활지원제도 같은 정부의 지원에도 엄격한 기준이 있고, 기관이 확보하고 있는 자원이나 협력체계도 미비하였다. 신입 사회복지사로서 스스로 감당하고 해결하기에 어려움이 있었다. 특히 경제적인 어려움을 겪고 있는 대상자를 위한 지원과 정신과적 증상이 심한 대상자를 위한 지원에 한계가 있었다.

나는 근무하면서 정신과 증상이 심한 대상자는 무조건 입원치료를 받아야 하는 걸로 알고 있었다. 위기개입 시 자해 같은 위험을 보이는 상황에서는 경찰의 협조를 받으며 응급입원을 진행해야 하지만, 심각한 위험이 예상되지 않는 경우에도 입원치료를 위해 노력하는 경우가 많았다.

한 번은 자신의 자취방에서만 지내고 있는 대상자를 접하게 되었다. 그분은 집밖에 나오지 않고 금전관리나 공과금 처리도 하지 않으며 식사와 건강관리를 포함해 전반적인 일상생활과 위생관리가 되지 않았다. 이런 사정으로 보호자가 대상자의 건강과 삶이 걱정된다며 지원을 요청한 적이 있었다. 선임 사회복지사와 함께 지원을 나가서 보호자와 면담을 하고, 사설 구급대를 통해 보호입원을 진행하는 과정에서 조금 석연치 않은 점이 있었다. 하지만 나 역시 다른 대안이나 해결책을 알고 있지 못해 대상자가 병동에 들어가는 것을 보고 돌아왔다. 지금 생각하면, 기관의 입장에서는 도움이 필요한 대상자에게 치료의 기회를 제공하고 실적을 달성했다고 볼 수 있으나, 사회복지사로서 정신건강 분야에 대한 부정적인 인식과 회의감을 갖는 계기가 되었다.

이외에도 기억에 남는 사례가 몇 개 있다. 대상자에게 여러 차례 상담과 지원을 하였음에도 다시 자살 시도를 하거나 응급입원을 하는 상황이 벌어졌다. 이런 일이 발생하면 지원자로서 힘이 빠지고 무기력해지곤 한다.

언젠가는 '죽고 싶다.'고 강하게 호소하는 남성의 전화를 받고 위기 상황인 것 같아 가정방문을 하였다. 집에 찾아가니 짐이 많지 않아 정리가 잘되어 있어 보였는데, 막걸리 병이 여러 개 놓여 있었다. 상담 후 회원 등록을 하고 정기 상담을 계획하였다. 그 뒤 남성은 매일 술을 마시고 센터로 전화를 걸어 '못 살겠다. 나라가 이래도 되냐? 죽고 싶다.'고 하였다. 매번 위로와 격려를 전하며 술부터 줄이고 산책이나 운동 같은 프로그램에 참여할 것을 권했는데, 다음 날 그 증상이 반복되었다. 자살 문제보다는 알코올 중독 문제가 더 큰 것 같아 중독관리센터에 연계하려고 했다. 그러나 대상자가 부정적인 반응을 보였고, 중독관리센터에서도 정신과 증상이 있는 대상자를 받기 어렵다며 거절하였다. 지지부진한 상황이 계속 반복되며, 결국 대상자는 센터가 도움이 안 된다며 회원 탈퇴를 요구하였다. 기관에서도 대상자에게 해줄 수 있는 게 없고 본인이 회원 탈퇴를 원하기에 개입을 종료하기로 결정하였다. 개입을 종료하며 속이 후련하고 업무가 편해질 것이라고 예상했는데, 이후 대상자가 거주하고 있는 곳에서 작은 사건이라도 일어났다고 하면 긴장하고 걱정하게 되었다. 조금 더 대상자에게 관심을 갖고 어떻게든 경제적 지원이나 치료를 받도록 해야 하지 않았나 하는 후회와 갈등을 거듭했다. 마음 한구석에 작은 돌덩이를 하나 지고 있는 것 같았다.

이런 경험을 통해 정신건강복지센터에 근무하며 짧은 기간이지만 사회복지사의 역할에 대해 더욱 깊이 있는 고민을 하게 되었다. 또한 정신건강 분야에서 사회복지사가 할 수 있는 역할의 한계를 접하다보니 더 많은 경험과 공부가 필요하다는 것을 깨달았다. 그래서 다시 대학원 심리학과 진학과 정신건강전문요원 수련 과정을 고민하게 되었다.

정신장애인들과 살기

새로운 이곳 청주정신건강센터에 취업한 이후 겪는 일상은 내게 많은 호기심을 불러일으키고 있다. 호기심에 이끌려 정신장애인들을 만나고 함께 살아가니 여러 사건과 갈등으로 인한 고민을 할 새도 없이 시간이 흘러가고 있다. 여러 일을 경험하고 이해할 수 있지만, 아직도 풀리지 않는 수수께끼가 많이 남아 있는 느낌이다.

편견과 기대

센터를 알기 전에 재직했던 곳에서는 정신장애인 당사자들을 제대로 만나본 경험이 없었다. 특히 자살예방사업팀에 소속해 있었기 때문에 주로 자살 고위험군에 속한 회원들을 만나고 응급개입을 할 때 급히 병원에 입원하여 치료가 필요한 사람들만 만날 수 있었다. 1년 동안 근무하면서 주로 우울증을 호소하는 회원들이 대부분이었다.

이전 기관에 근무하며 겪게 된 어려움과 갈등을 해결하려고 대학원에 진학할까, 바로 정신건강사회복지사 수련을 받을까 고민했었다. 대학원에 진학하려니 준비한 게 없었고, 수련 과정을 알아보았더니 이 역시 치러야 할 시험과 주거 문제로 모두가 만만치 않았다. 하는 수 없이 그나마 수월하겠다고 생각한 수련 과정을 선택했다. 특별히 준비도 하지 않았고, 정신장애인에 관하여 아는 것이 너무 부족해 두려운 마음이 있었다. 전 직장에서 응급개입을 할 때 만났던 정신과 증상이 심각한 분들을 접하지 않을까 불안하였다. 아울러 센터가 회원과 더불어 살아가는 것을 지향한다는 말을 듣고 내 사생활이 보장되지 않을까, 수시로 연락이 오고 너무 피로하지는 않을까, 어느 정도까지 일상을 공유하게 될까, 막막하기만 하였다.

사실 정신장애인에 대한 편견은 내게도 많이 자리하고 있었다. 국립정신건강센터에서 2015년부터 2018년까지 매년 1,200명에서 1,500명을 대상으로 정신건강에 대한 인식과 태도를 조사한 결과를 본 적이 있다. 60% 이상의 응답자가 '정신질환이 있는 사람은 그렇지 않은 사람보다 더 위험한 편이다.'라고 응답했고, 약 35% 정도 응답자만이 '정신질환자 이용 시설이 우리 동네에 들어와도 받아들일 수 있다.'고 선택하였다.

막상 정신장애인 당사자들과 하루 종일 같이 있어야 할 것을 생각하니 긴장되고 걱정이 앞섰다. 화를 주체하지 못해 싸움이 일어나서 살벌한 분위기가 형성되거나, 그 싸움을 말리다 내가 다치지는 않을지 여러 상상도 하였다. 이는 이전 직장에서 응급개입을 하며 겪은 위급한 상황들의 영향이 컸기 때문이다. 증상관리가 되지 않아서 스스로 감정 조절이 되지 않거나 폭력적으로 행동하는 당사자들을 만났던 기억이 강렬하게 남았던 것이다.

한 가지 사례를 들면, 동네의 사회복지관으로부터 의뢰받아 응급개입을 진행한 적이 있다. 정신장애인이 퇴원 후 혼자 지내며 식사나 대인관계 같은 일상생활을 잘 꾸리지 못했다. 이 회원에게 가까운 사회복지관에서 매주 한두 차례 반찬 배달을 하게 하였다. 어느 날 사회복지사가 방문하여 반찬을 전달하고 안부를 확인하는 도중에 회원이 물건을 집어 던져 사회복지사가 얼굴을 다쳤다. 사회복지관에서는 어떻게 회원을 지원해야 하는지 모르겠다고, 위급한 상황이라며 급하게 도움을 요청하였다. 의뢰를 받은 후 경찰에 협조를 요청한 다음 바로 회원의 집을 방문하였다. 나는 선임 사회복지사와 함께 회원의 집에 들어가 인사를 하고 안부를 물었고, 회원이 방문을 열고 나왔다. 회원이 방문을 여는 행동부터 불안하고 급박하다는 느낌을 받아 집밖으로 뒷걸음을 치고 있었는데, 회원은 방을 나와 곡괭이 같은 농기구를 들고 우리를 쫓아오는 것이었다. 화들짝 놀란 선임 사회복지사와 나는 위험을 느끼며 줄행랑을 쳤고, 회원이 집앞의 길가까지 쫓아오는 바람에 50m 정도 벗어나 주차해 놓은 차 뒤로 숨었다. 그때 마침 경찰이 도착했고, 경찰의 지원으로 응급입원을 진행하였다. 이때의 일은 몇 년이 지난 지금도 생생하다. 이 사례는 정신장애인에게 다양한 문제가 예상될 경우 여러 기관과 전문가의 협력이 필요하다는 점을 강조하는 데 좋은 예라고 생각한다.

이곳 센터에 적응해 가면서 아직도 정신장애인으로부터 두려움을 느끼지만 항상 꿈으로 간직했던, '모든 사람이 더불어 행복하게 살아가는 삶'을 지향하는 곳에서 일하게 되어 감사하는 마음이다. 앞으로 더욱 힘이 들 수도 있겠지만 재밌고, 보람이 있을 것 같은 막연한 기대도 하고 있다. 마음의 병을 갖고 있다고 생각하는 정신장애인 당사자들이 동네에서 즐겁고 행복하게 살아갈 수 있게 돕고 싶은 마음이 서서히 일고 있다.

무엇보다도 일본 베델의 집을 접하며 내 꿈을 키우게 되었다. 인구 13,000여 명인 작은 도시 우라카와에 있는 베델의 집은 정신장애인들과 지원자들이 함께 지내며 한 마을을 이루고 있다. 이곳에는 외래진료만 가능한 히가시신료소가 있고, 당사자가 입원을 원하면 3시간 거리 지역으로 가야 한다. 마을 안에서 정신장애인들은 그룹

홈에 지내며 당사자연구 같은 프로그램에 참여하고, 다시마 사업이나 부라부라카페 스텝 따위의 일을 하며 생활한다. 이곳에서는 당사자연구를 바탕으로 자신의 약함을 공유하고, 서로 돕고 의지하며 당사자의 주체적인 삶이 이루어지도록 지원하고 있다. 이곳의 영상과 이야기를 들으며 우리나라에도 이런 공동체가 만들어지면 좋겠다는 생각을 하였고, 지금 센터가 위치하는 곳에 베델의 집을 둘러싼 환경을 조성해 보고 싶다는 바람을 갖게 되었다.

베델의 집은 개인적으로 꿈꾸던 '더불어 행복하게 살아가는 삶'의 모습이 이상적으로 그려진 곳이었다. 이곳에서는 당사자들로 인해 지원자들이 자신의 어려움과 고생을 해결해 나가는 경우가 적지 않다. 또한 정신장애인 당사자들의 삶이 알려지며 세계 각지에서 견학을 오고 교류를 위해 초청하고 있다.

웅크리는 정신장애인

정신장애인 당사자는 겉으로 보이는 모습만 보면 병이 없다고 생각하는 경우가 많다. 그래서 당사자를 만나는 사람들은 자연스럽게 비장애인의 기준과 잣대로 대하게 된다. 그 지점에서 불편함과 거부하는 태도가 형성되기도 한다.

정신장애인 당사자가 가족과 주로 겪는 갈등도 이 지점에서 시작한다. 부모의 마음을 쉽게 이해하거나 단정할 수는 없지만, 대체로 부모들은 정신장애인 당사자가 겉으로 보이는 불편함이 없어 당사자와 비슷한 나이의 비장애인들이 살고 있는 모습을 당사자에게도 요구하게 된다. 당사자는 본인도 잘 이해하지 못하는 병과 증상을 겪어 힘들고 혼란스러운데, 의지하고 싶은 가족한테도 인정을 받지 못해 여러 갈등을 경험하기도 한다. 함께 살아가는 사회복지사도 지내다 보면, 정신장애인 당사자 스스로 충분히 할 수 있을 것 같은데 개선하지 않거나, 이해하지 못하겠다는 모습을 보이면 실망하거나 마음이 상하는 경우가 있다. 하지만 그 당사자가 취하는 태도나 행동을 살피고 어려워하는 것을 들으면, 피하거나 소극적인 모습을 보이는 이유를 이해하게 된다.

정신재활시설에서는 재활을 목적으로 사회기술과 일상생활기술, 대인관계기술 같이 향상될 수 있는 프로그램을 제공한다. 일과 속에서 교육과 연습, 다양한 갈등, 대화를 통해 정신장애인이 회복할 수 있게 돕는다. 하지만 정신장애인의 질병 특성상 비장애인의 성장 과정은 아주 특별하다. 현재 우리 센터의 회원 중 증상과 병에서 일정 부분 벗어나 취업과 독립생활을 통해 변화한 정신장애인들을 보면, 대개 5년에서 10년 정도 시간이 필요하다는 것을 알 수 있다. 계속되는 프로그램과 자신이 겪는 갈등, 그 안에서 느끼는 불편함과 깨달음, 변화에 대한 의지가 결합되어 조금씩 사회에 적응할 수 있는 여건이 갖추어지는 걸 볼 수 있다. 그만큼 시간뿐만 아니라 새가 알을 깨고 나오는 노력, 살을 깎고 뼈를 다듬어 작품을 만드는 것처럼 창조의 노력이 필요하다. 이러한 과정은 나도 계속 겪는 것 같다.

사실 우리 모두는 누구나 사회에 의해 학습하고, 자신의 경험 안에서 요구되는 변화에 따르며 성장한다. 그러나 정신장애인에게 그 과업을 완수케 하는 건 자신의 삶을 다 투자해야 하는 정도의 무게로 작용한다. 정신장애인은 다양한 원인이 있지만 성장 과정에 여러 요소들이 작용하여 일반적으로 보이는 성장이나 성숙 과정에서 적응하고 과업을 완수하지 못한 채 부적응 처지에 놓인 상태라고 할 수 있다. 지금 겪는 병과 함께 살아가며 국가의 지원이나 누군가의 도움을 받는 삶이 더 편하게 느껴지기도 하고, 무언가를 시도하고 변화하려고 노력하는 게 더 두렵고 어렵게 느껴지는 것 같다. 조금만 용기를 내고 연습을 하면 스스로 자신의 정체성을 다양한 모습으로 확장시키며 즐겁게 살아갈 수 있는 꿈을 꿀 수 있을 것이다.

꿈을 함께 그리는 삶

이렇듯 정신재활기관에서는 회원들 각자 자신이 꿈꾸는 대로 삶을 온전히 살 수 있도록 함께한다. 규칙적인 생활과 위생관리를 잘 못하는 회원들은 그 과정부터 개선할 수 있는 일을 찾아 차근차근 노력한다. 더욱 나은 삶을 위해 취업하여 일을 하거나 연애 후 결혼을 하려는 회원들은 실제 취업을 위한 훈련과 대인관계 훈련을 지원한다.

성공회대 황순찬 교수는 "정신장애인은 현실과 이상의 괴리가 상상할 수 없을 만큼 크다. 이룰 수 없는 꿈을 꾸는데, 이는 형제자매 같은 주변의 비교 대상과 비슷한 수준이나 그 이상은 되어야 스스로 만족할 수 있기 때문이다."고 하였다. 회원들은 대부분 이루기 어려운 꿈을 꾼다. 조금은 현실적인 꿈을 꾸는 회원들도 있지만 '대통령이 되고 싶다.'거나, '사무실에 앉아 대충 일하며 월 2~300만 원을 벌고 싶다.', '예쁘고 어린 여자가 날 좋다고 하면 바로 결혼할 것이다.' 같은 바람을 드러내며 변화 없는 일상에 지치고, 힘들어하는 경우가 대부분이다.

센터는 회원들이 바라는 삶을 지원하기 위해 각자 연초에 한 해

동안 달성할 목표를 세우게 한다. 상담을 하며 회원들의 이야기를 듣다 보면 각자 꿈꾸는 자신의 모습과 삶이 있다. 외모에 관심이 많은 회원은 다이어트부터 시작해서 성형수술도 계획한다. 또 나이 드신 부모님을 생각하며 취업을 꿈꾸는 회원도 있고, 여느 성인처럼 연애와 결혼, 출산을 꿈꾸는 회원도 있다. 더러는 젊을 때 마음껏 해보지 못한 공부나 여행을 계획하기도 한다. 한 목표를 이루기 위해 필요한 세세한 일을 고민하는 것인데, 많은 사람들이 그렇듯 구체적으로 무엇부터 어떻게 해야 하는지는 잘 모르는 경우가 많다. 정신장애인을 지원하는 사회복지사도 타인에게 조언하는 건 잘 하지만 자신의 삶에는 막막함을 느끼는 것도 같은 이치일 것이다.

회원들이 직접 자신의 목표를 달성하기 위해 실제로 실천할 수 있는 사항들을 찾아 세부 목표로 잡는다.

- 센터에 오갈 때 걸어서 다니기
- 탄산음료 대신 두유 마시기
- 종교 활동을 통해 여러 사람들과 교제하기
- 결혼을 위해 매달 3만 원씩 모으기

목표를 세우고, 6개월에 한 번씩 중간평가와 종결평가를 진행한다. 대부분 회원들은 자신이 어떤 계획을 세웠는지 잊고 살아간다. 사회복지사는 각자 담당한 회원들에게 수시로 세부 목표를 상기시키고, 회원의 반복되는 안 좋은 습관을 경고한다. 하지만 민망해하는 웃음도 그때뿐이며 다음날 또 같은 모습이 반복된다. 그렇지만 계속해서 실천 목표를 확인하며 삶을 꾸고, 꿈이 이루어졌을 때를 상상한다. 자신의 고민과 노력으로 어렵다면 어떻게 해야 하는지 묻는다. 지원가인 사회복지사들은 회원들이 스스로 답을 찾을 수 있도록 지원한다.

센터는 정신장애인 당사자가 다양한 경험과 자극을 통해 자신의 모습을 알고, 자신의 삶을 살아가도록 돕는다. 회원들에게 다양한 활동 기회를 제공하려고 노력한다. 센터에서 가장 신경을 쓰는 부분은 베델의 집에서 배워온 당사자연구를 통해 회원들의 회복에 도움을 주는 것이다. 당사자 본인이 병의 주인이 되어 스스로 자신과 자신의 고생을 규정하고 한층 편안하고 즐겁게 살아가기 위한 방법을 함께 찾아간다. 의사나 사회복지사의 진단과 사정이 아니라 당사자가 자신을 살펴보고 도움이 될 방법을 찾아가는 것이다. 그리고 자신의 경험과 대처 방법을 동료 당사자들과 비장애인들에게 나누며 건강한 삶을 살 수 있도록 동네주민의 일원으로 자리 잡게 한다. 이뿐만 아니라 숲체험교육[1)]이나 나들이마스터[2)] 프로그램을 포함한 여러 사업을 통해 자연을 만끽하고, 다양한 체험활동을 통해 공동체의 성원으로 어울리는 시간을 가져 꿈을 이루는 삶에 도전하는 자신감을 갖게 돕는다.

삶을 함께 공유하고 꿈을 같이 이루어 간다는 것이 너무 큰 책임감으로 다가와 변화가 없는 당사자를 접하며 지원가들은 실망하고 무기력해지는 경우가 잦다. 직장의 일로만 생각하기엔 너무 부담이 크고, 마음이 놓이지 않아 가끔은 쉽게 지치고 퇴근 후에나 주말에

1) 녹색자금복권기금의 지원을 받아 주 1회 인근 휴양림과 숲을 방문하여 숲 해설가와 함께 숲 트래킹, 숲 명상, 자연물 활동을 진행한다.

2) 지역사회 적응 프로그램으로 주 1회 회원 의견에 따라 선정된 장소로 외부활동을 실시한다. 지역사회의 다양한 자원 활용과 경험을 제공하며 사회적 기능 향상으로 공동체 안에서 통합되어 삶을 살아갈 수 있도록 지원한다.

도 시간과 에너지를 빼앗기는 경우가 있어 더욱 그렇다. 그럼에도 지금 회원들에게 관심을 쏟고, 자신의 삶을 살 수 있게 지원자가 할 수 있는 한 마음을 쓸 수밖에 없다. 그러기에 '지금 이대로도 괜찮아.'라는 슬로건을 자주 떠올리며 멀리 보지 않고 하루의 일상에 충실하고자 한다. 그러면서 회원들이 조금씩 변화하는 모습을 발견한다. 아주 작은 모습이나 행동이지만 그 변화들이 쌓여 회원들의 삶을 더욱 풍요롭게 만들 것이라고 확신한다.

내 삶의 선배

정신장애인들은 대부분 고등학생 때나 20대 초반에 발병하여 2~30년 정도 병과 함께 살고 있는 사람들이다. 그 세월 동안 평범한 사람들이 상상하지 못할 일들을 경험하고, 정서적으로 안 좋은 경험도 쌓이게 된다. 삶의 경험이 아주 깊게 촘촘히 쌓여 사건을 겪거나 이해할 수 없는 사람을 만나더라도 답답할 정도로 차분히 반응하는 모습을 발견할 수 있다. 여기 소개하는 사례는 내가 센터에 근무하며 정신장애인 당사자로부터 오히려 도움을 받고, 삶의 지혜를 얻은 것이다. 관련된 회원들에게 고마움을 전하며 정리하였다.

성장을 위해 노력하는 삶

나성장 씨의 이야기를 소개하려고 인터뷰를 실시하였다. 나성장 씨와 대화 내용을 허락받아 그대로 정리한다.

박슬기 센터에 다니며 기억에 남는 일이 있으면 소개해줄 수 있습니까?

나성장 씨 저는 직원들과 회원들이 함께 제주도로 여행을 다녀왔던 일이 제일 기억에 남아요. 제주도에 처음 갔던 건 아닌데, 직원 모두가 다 같이 여행다운 여행을 간 게 처음이었어요. 그때 사진을 찍고, 배를 타고 다니며 함께 보냈던 시간이 추억으로 남아 있어요. 그리고 연말에 송년회를 큰 뷔페에서 했는데, 그때 직원들과 함께 춤과 노래를 연습해 발표하고, 맛있는 음식을 먹었던 것이 좋았어요. 연습하는 과정이 재밌었고, 즐거운 추억으로 남아 있는 것 같아요. 요즘에는 송년회 때 그런 게 없어 재미가 덜하기도 해요.

박슬기 직원들과 함께하는 것을 특히 좋은 기억으로 갖고 있는 거 같네요?

나성장 씨 직원들과 함께하면 더 좋은 것 같아요. 특히 외부로 나가는 활동이 좋아요. 센터에서는 프로그램 중에 개인적인 이야기를 하면 방해되니까 못하는데, 밖에 나가면 여러 가지를 보고 알게 되고, 음식을 먹으며 서로 어울릴 수 있는 기회가 많잖아요. 직원들과 장난도 치고 개인적으로 평소 힘들었던 이야기, 괴로운 일을 이야기를 하면 위로가 되더라고요.

박슬기 센터가 나성장 씨에게 도움이 되었던 것이 있다면 이야기해 주시겠습니까?

나성장 씨 2017년부터 센터 프로그램에 규칙적으로 참여하고, 동료 회원들과 어울리며 제 증상이 많이 좋아졌어요. 원래 화가 나면 제 성질을 참지 못하고, 상대를 때리고 욕하곤 했는데, 횟수가 줄어들었어요. 약으로도 해결이 안 되던 것들이 숲체험교육, 볼링, 당사자연구, 이야기치료로 많이 좋아졌어요.

이뿐만 아니라 센터에서 장애인 일자리사업에 참여하고, 당사자연구와 관련하여 경험전문가 활동에 참여하며 삶의 자신감을 갖게 되었어요. 당사자연구와 이야기치료 프로그램에 들어가 내 이야기를 다른 사람들 앞에서 발표하고, 시민들을 만나 홍보활동을 하며 뿌듯함을 느끼고 자부심을 갖게 되었어요. 예전에는 대충 살며 ‘병 때문에 그래.’, ‘병 때문에 안 돼.’ 이렇게만 생각했어요. 이제는 아침에 일어나면 ‘센터에 가는구나.’, ‘갈 데가 있구나.’ 하며 힘차게 하루를 시작해요. 삶에 자신감이 생겼어요.

그 무렵에 독립해서 가족과 떨어져 살기 시작했어요. 임대아파트를 얻어 혼자 지내며 가족으로 인한 스트레스가 줄어 잘 지내는 것 같아요.

[그림 2-1] 프로그램을 진행하는 나성장 씨

박슬기 현재 센터 생활은 어떤가요?

나성장 씨 아주 만족하고, 매일 꼭 와야 하는 곳이 되었어요. 동료 회원들과 자주 어울리며 '나도 친구가 있구나.' 하는 생각이 들어요. 직원 없이 동료 회원들과 어울려도 좋은 경험을 하고 있어요. 동료 회원들이 내 성격이 좋아지고 순해졌다고 해요. 사람들과 어울리는 횟수가 늘어나면서 다른 사람들과 잘 지내게 되었어요. 내가 성질을 내면 다른 사람이 싫어하는 걸 알게 되었어요. 성질을 부렸을 때 결과가 좋지 않다는 걸 알게 된 거죠. 그래서 '바꿔보자.'고 결심하고 성질내는 걸 줄이면서 천천히 노력하게 되었어요. 예전에는 행동하고 나서 생각을 했는데, 이제는 생각을 먼저 하고 행동이나 말을 해야겠다고 깨달았어요. 시간이 걸렸지만 노력하니까 되었어요.

최근까지도 가장 힘들게 하는 증상은 어지럼증이에요. 왜 어지러운지 이유를 완벽하게 찾지는 못했는데, 조금씩 알아가고 있어요. 한 번 어지러우면 아무것도 못해요. 최근에는 볼링을 재밌게 치는데도 어지러움이 있어 이를 해결할 방법을 고민했어요. 다시 볼링을 치는데, 어지러움을 느껴 잠시 쉬었어요. 그러다가 다시 볼링을 치고, 쉬고를 반복했더니 어지럼증이 나타나도 끝까지 잘 칠 수 있었어요. 예전 같으면 '나는 다 못해.', '할 수 있는 게 없어.'라며 자괴감에 빠져 힘들어했을 텐데, 센터 활동을 계속하며 조금씩 힘들었던 것을 이겨냈어요. 이제는 '뭐든 노력하면 할 수 있다.'는 자신감을 갖게 되었어요. 볼링을 치는 것도 노력해서 된 거예요. 애기 때 손에 화상을 심하게 입어 중학생 때까지 오른손의 엄지와 검지가 붙어 있었어요. 지금은 수술해서 떨어져 있지만 손을 움직이는 것이 불편해 오른손잡이인데도 왼손으로 볼을 던지는 연습을 했어요. 처음에는 점수가 아예 안 나왔는데, 지금은 100점대 중반 점수가 나와요. 볼링을 칠 수 있어 좋아요.

하루는 센터에 있는데, 송은주 선생님이 내게서 냄새가 난다고 하는 거예요. 사실 씻는 게 귀찮았지만 문제가 없다고 생각했었는데, 그 이야기를 듣고 나니 바꿔봐야겠다는 생각을 하게 되었어요. 처음에는 습관이 생기지 않았는데, 하다 보니까 이제는 적어도 이틀에 한 번은 귀찮은 날에도 씻고 자게 되었어요. 씻고 잘 때의 개운함이 좋더라고요. 그 이후에는 냄새가 난다거나, 위생관리를 하라는 말을 듣지 않게 되었어요. 잘 몰랐지만 다른 사람들이 불편하다고 하면 고치려고 노력하는 게 있는 것 같아요. 최근에 새 아파트로 이사를 했는데 깔끔하고 시설이 좋아 더욱 잘 씻으려는 마음이 생겨요.

박슬기 센터 주변 사람들에게 하고 싶은 말이 있습니까?

나성장 씨 사람들의 시선과 생각, 하는 말들이 아쉬워요. 정신장애인도 사람인데 사람답게 대해주면 좋겠어요. 여전히 편견과 차별을 크게 느껴요. 정신장애인에 대한 사회의 인식도 바뀌어야 해요. '안 돼!', '못 할 거야.'라고 미리 단정짓거나 판단하지 말고, '무엇을 잘 할까?' 생각하면 좋겠어요. 장애가 있을 뿐 사람인데, 정신장애인들이 더 나아갈 수 있는 길을 막으면 안 되잖아요. 물론 우리가 인식을 안 좋게 만드는 것도 있어요. 편의점에서 한 회원이 싸웠던 것도, 노력해서 잘 지내면 되는데, 우리도 바뀌어야 해요.

저는 브레이크가 걸리지 않았어요. 물건을 많이 구입하고 비싼 물건을 계속 구입했죠. 그리고 쳇바퀴 도는 모습이 있었어요. 같은 말을 반복하며 주변 사람들을 힘들게 했었죠. 센터를 이용하며 돈 문제로 혼자 힘들어하고, 직원들을 실망시키기도 했어요. 직원들을 많이 괴롭혔죠. 그래도 그 과정을 거치며 센터와 직원들의 도움을 받아 스스로 고민하고 해결방법을 찾는 연습을 할 수 있었어요. 지금은 그런 모습이 없어요. 증세가 조금이라도 나타나면 알아차리고 잠시 멈춰서 쉬려고 해요. 감사하게 생각해요.

우리는 증상 때문에 문제가 생기는 경우가 많아요. 하지만 증상이 힘들게 하고 문제가 생기더라도 좋은 관계를 유지하려는 노력을 해야 해요. 제가 분노하는 것과 폭발하는 장애가 있었는데, 주치의가 이런 말을 해줬어요.

"비장애인과 장애인 모두 화나는 건 같은데, 어디까지 가느냐의 차이에요."

생각해 보면 비장애인도 화를 내고, 폭력적일 때가 있어요. 그런데 병에 걸렸다고 더 폭력적으로 보거나 병으로 덧씌워 더 크게 일을 벌이는 경우가 있어요. 똑같이 화가 난 것뿐인 데도 말이에요.

나는 문제가 생기면 곰곰이 생각해요. '이런 일을 저질렀구나. 안 해야겠구나.' 하며 결심을 해요. 그리고 상대에게 먼저 사과를 해요. 내가 잘했든 못했든 먼저 사과하고 서로 화해해요. 조금이라도 마음이 넓은 사람이 먼저 화해하는 거예요. 그러면 주변 사람들이 상대방에게 같이 사과하라고 권유하기도 하더라고요. 정신장애인도 노력하고, 주변 사람들의 시선도 바뀌어야 해요.

박슬기 나성장 씨의 바람이나 꿈을 이야기해줄 수 있습니까?

나성장 씨 어머니가 건강하고 안 아프면 좋겠어요. 장사가 잘 안 되고 늙어가면서 힘들어하시는데 잘 지내시면 좋겠어요.

센터에서 더 좋아질 수 있도록 노력하고 싶어요. 발전된 제 모습을 보고 싶어요. 계속해서 제가 경험하고 당사자연구를 통해 알게 된 걸 이야기하고, 직원이나 동료 회원들과 함께 어울리면 더욱 좋아질 것 같아요. 지금처럼 계속 센터를 이용하면 될 것 같아요.

발전을 하면 병에 걸리지 않았을 때로 조금은 돌아가지 않을까 싶어요. 병에 걸리기 전에는 말도 적고 내성적이었어요. 예전부터 일하고 싶은 욕구, 무언가 하고 싶은 욕구가 컸는데 병 때문에 못하는 게 많아요. '넌 안 돼!', '넌 못 해!' 이런 생각과 제한으로 제가 하고 싶은 것을 막아요. 내 마음대로 못하는 게 제일 아쉬워요. 일을 하는 것도, 손이 불편해 나사를 박거나 그림을 그리는 일은 할 수 없었어요. 대부분 무거운 것을 나르는 일만 했죠. 너무 힘들어서 취업하기 싫은 점도 있어요. 병과 화상으로 인한 한계가 때로는 아쉽기도 해요.

예전의 기억을 떠올리면, 어머니와 친구들이랑 같이 이야기를 나누고 함께 보냈던 시간이 좋았어요. 친구들과 축구도 하고 영화도 보고, 노래방에 갔던 기억들이 떠올라요. 항상 에너지가 넘쳤어요.

그리고 수급비가 더 늘면 좋겠어요. 물건을 사거나 음식을 먹고 싶을 때 여러 선택을 할 수 있으면 좋겠어요. 어머니께 용돈도 좀 드리고 싶어요. 혼자 먹기 부담스러운 가격대 음식이 먹고 싶으면 동료 회원들과 조금씩 돈을 모아 해결해요. 그것도 좋지만 조금 더 여유롭게 살 수 있다면 좋을 것 같아요.

문제가 있긴 해요. 지금 살고 있는 아파트에 좋은 차를 몰고 다니는 사람이 있어요. 그런 사람들을 단속하는 게 더 강화되어야 해요.

정말 도움이 필요한 사람을 잘 가려내야 할 것 같아요. 그리고 수급비를 받으면서 일을 할 수 있는 기회도 마련되면 좋겠어요. 지금은 수급비를 받으면서 일을 하면 수급비가 깎이니까 일을 안 하게 돼요. 기본적인 금액을 보장해 주고, 일을 해서 더 벌어 생활할 수 있는 환경이 조성된다면 일을 더욱 열심히 하고, 하고 싶은 걸 더 할 수 있을 것 같아요.

나성장 씨와 인터뷰를 진행하며 여러 생각을 하게 되었다. 무엇보다도 장애를 안고 살아가면서 그동안 얼마나 힘들었을까 생각하니 마음이 먹먹해졌다. 그리고 사회의 편견과 차별, 증상으로 인한 어려움을 겪으면서도 누구보다 열심히 자신의 삶을 살아가는 모습을 들으며 감동했다. 나성장 씨와 일상을 함께 할 때, 때로는 자신이 수행한 것에 따른 인정을 바라며 아이와 같은 모습을 보이기도 하였다. 또 자신의 생각과 방식대로 하려는 고집스러운 모습에 주변 사람들과 갈등을 겪기도 하였다. 하지만 언제나 포기하지 않고 해결하고자 노력하는 모습을 볼 수 있었다.

나성장 씨의 반복되는 브레이크 없는 행동과 쳇바퀴 도는 이야기를 접하는 게 내 힘으로 이겨내는 것이 쉽지는 않았다. 당사자와 함께 고민하고 이야기를 들어주는 게 사회복지사의 일이지만, 반복되는 문제와 이야기에 지치기도 하고, 마땅한 해결책을 제시하지 못하고 같은 제안을 반복하는 나도 점점 자괴감에 빠질 때가 있다.

나성장 씨에게 힘든 점을 솔직히 이야기하고, 더 이상 찾아오지 말고 스스로 고민하며 해결책을 찾아보길 권유하기도 하였다. 작은 문제나 어려움이 있을 때마다 찾아와서 이야기를 나누려는 나성장 씨의 이야기를 듣다 보면, 나성장 씨가 이미 해결책을 알고 있다는 사실을 알 수 있었다. 특히 나성장 씨는 생각보다 행동이 앞서서 힘들어지는 현상을 바꾸는 것이 쉽지 않다고 했다. 나성장 씨 스스로 충분히 바꿔나갈 수 있을 것이라고 기대하며 응원하였다.

지금 나성장 씨는 센터 회원 중 가장 적극적이고 열정적인 회원 중 한 명이다. 모르는 사람 앞에서 자신의 이야기를 하고, 프로그램에 참여하여 진행자 역할을 맡아 회원들을 이끌고 도움을 주고 있다. 이뿐만 아니라 여러 활동을 통해 자부심과 뿌듯함을 느끼며 계속해서 성장하고 있다.

나도 일이나 대인관계로 인해 힘들 때가 있다. 쉬운 방법을 택하며 일을 포기하거나 불편한 사람을 피하려고만 한다. 하지만 비슷한 문제는 언제든 발생하고, 비슷한 유형의 사람과 갈등은 끊이지 않고 일어난다. 계속 피하고 모른 척 한다면 성장의 기회를 놓칠 뿐만 아니라 나중에는 '나 혼자'만 남게 될 것이다. 나이를 조금씩 먹으면서 내 사고방식과 고집이 굳어가는 걸 느낀다. 나이때문만은 아니겠지만 체력이 떨어지고 마음의 여유가 사라질수록 다양한 의견을 듣고 함께 맞춰가기보다 내 경험 안에서 내가 선호하고 내 사고방식에 따른 결론을 내리려고 한다. 내 안위를 생각하고 평안한 상태를 추구하는 것이 사실은 다른 사람들이 나에게 맞추도록 강요하는 게 될 수 있음을 알면서도 내가 점점 완고해지고 내면으로 움츠러드는 걸 느낀다. 분명 이런 상태가 지속된다면 어느 조직에서도 받아들이지 않고 가족마저 나로 인해 힘들어할 것이고, 주변 사람들과 관계가 나빠질 것이다.

내가 힘이 들 때 나성장 씨에게 편의점에서 음료수를 사 마시자며 도움을 요청해야 한다. 내 문제를 자신의 문제처럼 살펴 명쾌하게 나를 위해 해결책을 제시해 줄 것이다. 나성장 씨는 입이 무거워 믿음직스러운 상담가 같다. 주변 어디서도 구할 수 없는 '경험의 보물'을 많이 갖고 있는 회원들이 있어 감사하다.

모든 것을 품어주는 삶

나인자 씨는 센터가 문을 열면서부터 이용한 회원이다. 60이 다 되어가는 연세에 다소 체력적으로 힘들어하나 나들이마스터나 숲체험교육 같은 외출 프로그램을 좋아한다. 나인자 씨는 대학교 때 만난 이성친구와 7년간 교제를 하였는데, 이별하면서 우울하고 공허해 하였다. 이후 선교활동을 하였지만 더 우울해졌고, 한 달 가량 밥을 먹지 못했다. 이때부터 눈에 신들이 보이고 귀에서 소리가 들렸다. 그 소리에 이끌려 청주에서 서울까지 갔고, 환청에 시달리는 나인자 씨를 경찰이 보고 병원에 입원시켰다. 병원에서 퇴원하고, 집에 돌아와서도 계속 환시와 환청에 이끌려 다녔다.

1년간 약을 복용하고 몸이 좋아져서 친구의 도움으로 건설회사에 취업했으나 너무 힘이 들어 3개월 만에 그만두었다. 당시 차가 있어 운전을 했는데, 누나네 집을 다녀오는 길에 접촉사고가 나서, 그 충격으로 다시 증상이 심해졌다. 이후 여러 차례 입원과 퇴원을 반복하였고, 입원치료가 너무 답답해서 외래치료와 약물복용을 하며 생활을 유지하였다.

나인자 씨는 친근하고 푸근하여 내가 의지하는가 하면, 때로는 긴장도 하게 한다. 센터에서 당사자 대표를 맡아 그 역할에 충실히 임하고 있다. 당사자 대표라 사회복지사나 회원들이 눈치를 봐야 할 때도 있는데, 항상 인자한 미소로 사람들을 대하고 동료 회원들의 증상이나 부족한 점도 잘 받아주고 이해해 준다.

[그림 2-2] 나인자 씨의 품어주는 마음

긴급 자치회의가 열린 날이었다. 그 날은 길쭉 씨가 오랜 기간 동료 회원들과 물건을 거래하는 중에 갈등이 생겨 사회복지사와 회원 모두가 문제 해결을 위해 참석했다. 길쭉 씨는 몇 개월에 걸쳐 같은 갈등을 일으켰으며, 그때마다 열린 긴급 자치회의에서 개선하기로 약속하였지만 좀체 지켜지지 않았다. 상황은 이러하였다.

길쭉 씨가 이어폰을 동료 회원에게 사용하라고 건넨 뒤 다음날 돈을 요구하였다. 그리고는 며칠 뒤 돈을 돌려줄 테니 다시 물건을 가져가겠다고 하였다. 알고 보니 이어폰이 길쭉 씨의 어머니 것이었던 거다. 어머니가 자신의 이어폰이 사라진 것을 알고 아들에게 당장 찾아오라고 한 뒤 센터로 연락을 하여 물건 거래에 문제를 제기하여 자치회의가 열렸다. 이때 나인자 씨가 나서서 잘 중재해 주어 문제를 일으킨 길쭉 씨의 입장을 살려주었다.

또 한번은 길쭉 씨가 동료 회원에게 인터넷에서 물건을 대신 사 주겠다고 돈을 받았는데, 기존 가격보다 더 많은 돈을 받은 뒤 물건을 구입하지 않은 채, 그 돈을 다른 회원과 미용실, 식당, 노래방에서 써버렸다. 이에 많은 회원들이 이번에는 봐 주지 말아야 한다며, 센터를 이용하지 못하게 회원 탈퇴를 시켜야 한다고 강경하게 나왔다. 사회복지사들이 중재하며 길쭉 씨의 입장과 개선하겠다는 다짐을 확인하고 누구나 잘못을 하거나 실수를 할 수 있으며 이런 상황이 이후에 우리 각자의 처지가 될 수도 있다며 무조건 탈퇴시키는 것이 자칫 위험할 수도 있다고 설명했지만, 회원들은 목소리를 더욱 높여 회원 탈퇴를 시켜야 된다고 했다. 그때 나인자 씨가 손을 들고, 천천히 숨을 고르며 차분하게 말을 시작하였다. 조금 힘이 빠진 목소리였지만 뚜렷하고 무게감 있게 회의 분위기를 한 순간에 주도하였다.

"다음부터 그러지 않으면 되니까. 이번 한 번만 봐줍시다."

나인자 씨의 이 말에 큰 목소리로 강하게 주장하던 회원들을 비롯해 회의에 참여한 모두가 차분해지고 조용해졌다. 가장 강하게 회원 탈퇴를 주장하던 나성장 씨도 나인자 씨의 말을 듣고 말을 흐렸다.

"그래도 또 그럴 텐데…."

나인자 씨는 인자하게 웃는 모습은 아니었다. 하지만 깊이 고민하고 강하게 마음을 먹은 것처럼 진중한 표정이었다. 나인자 씨의 억양과 표정을 통해 직원들과 회원들 모두 중요한 메시지를 얻은 듯 숙연해지기까지 하였다.

그 뒤로 길쭉 씨에게 벌칙으로 점심식사 설거지가 주어졌으나, 이내 잘 지켜지지 않고 점심시간에 사라진다던지, 설거지가 너무 엉망으로 되는 경우가 많았다. 그때마다 몇몇 회원들은 직원에게 상황을 알리고, 다시 자치회의를 열어 회원 탈퇴를 시키자고 했지만, 대부분 회원들은 묵묵히 지켜보는 모습을 보였다. 아마 나인자 씨의 말 한 마디가 사람을 믿음으로 끌어안는 마음이 생기도록 씨앗이 되었던 것이 아닐까.

한 사례가 더 있다. 스킨십을 좋아하고, 궁금하면 손이 먼저 가서 잡고 옆에 앉아 기대거나 사타구니 쪽에 손을 대는 행동을 하는 젊은 여성 회원이 있었다. 어느 날 그 여성 회원은 나인자 씨에게도 그런 행동을 하는 것이었다. 그래서 여성 회원에게 주의를 주고, 나인자 씨에게 물어보았다.

"불편하지 않으셨어요? 왜 가만히 계셨어요?"

나인자 씨는 인자한 미소를 띠며 말했다.

"괜찮아요. 귀엽잖아요."

나는 더 할 말이 없었다. 그래도 불쾌할 수 있을 것 같아 나중에 나인자 씨와 따로 이야기할 기회가 있어 다시 한 번 그 일에 관하여 물어보았다. 나인자 씨는 웃으며 말했다.

“그 정도는 괜찮아요. 외롭거나 심심해서 그런 거니까. 괜찮아요.”

나인자 씨는 앞으로 언제까지 센터를 이용할지 모르지만, 센터를 이용하는 동안에는 이렇게 회원들의 든든한 나무가 되어 센터의 중심이 되어줄 것 같다. 이제는 힘도 부치고 활동을 오래 하거나 무언가를 새롭게 경험하는 데 어려워 보이지만, 시원한 그늘이나 앉을 수 있는 자리를 내어주는 나무의 모습을 간직해줄 것이라 기대한다.

꿈을 이루는 삶

이 사례는 나도전 씨가 직장에 다니며 꿈꾸어왔던 공무원 시험에 합격한 경험을 직접 작성한 것이다. 공무원 시험 준비를 했던 과정과 자신만의 합격 노하우를 소개해 주었는데, 준비 과정 중 어려움이나 시험 합격 후 지내는 일상까지 이야기하고 있어 소개하려고 한다. 나도전 씨를 통해 꿈을 꿈으로만 간직하고 있는 사람들에게 지지와 격려를 전할 수 있지 않을까 싶다. 나도 나도전 씨의 노력을 보며 여러 가지 현실의 제약과 한계를 이야기하며 접어둔 꿈들이 조금씩 꿈틀거리는 걸 느낄 수 있었다.

2011년 다니던 대학교를 졸업했다. 졸업하고 나면 하기로 작정한 공무원 시험공부를 시작했다. 학원을 한 달 다녔지만 마음이 해이해져 곧 그만두었다.

2012년 증상이 악화되기 시작했다. 오전 내내 나른해져 누워 있다 일어나도 공부를 하는 둥 마는 둥 했다. 누군가 나를 감시하고 있는 것 같아 밖에 나가기도 싫었다.

2013년 9월쯤 베개에 말을 거는 내가 이상이 있음을 알게 된 부모님이 입원하자고 하여 그렇게 하였다. 일단 다니던 병원에 입원했지만 별 차도를 보이지 않고, 오히려 더 안 좋아져 의료원으로 옮기게 되었다.

2014년 1월 의료원을 퇴원하고 봄에 센터에 등록을 했다. 병원에 입원하는 동안 그렇게도 하고 싶던 게임과 애니메이션에 다시 흠뻑 취했다. 5월쯤 센터 체육프로그램 중 발목이 부러져 병원에 입원했고, 그 후 들떠 있던 기분상태가 원래대로 돌아왔다.

2015년 2월 제과제빵 학원을 등록하여 4월에 필기시험을, 6월에 실기시험을 합격하였다. 8월쯤 유통관리사 공부를 시작하였다. 이듬해에 합격하였다.

2016년 연애를 시작했다. 그러나 바라던 행복은 오래가지 못했다. 피곤해도 만나야 하고, 툭하면 자기를 싫어하냐는 말에 달래 주어야 하고, 다른 여자랑 대화를 나누는 걸 보면 나 말고 다른 여자랑 잘해 보라며 정신적으로 힘들게 했다. 결국 오래 가지 못해 헤어졌다. 4월에 장애인 등록을 결심하고, 8월 말에 '이제는 공무원 공부는 안 하냐?'고 가볍게 흘리는 어머니의 말씀에 뒤통수를 얻어맞은 듯했다. 이제껏 이것저것을 공부하면서 보낸 시간이 너무나 아까웠다. 하지만 한국사 능력검정시험을 준비하고 있을 때라 공무원 시험공부는 시작하지 않았다. 12월쯤 고민 끝에 충북장애인고용공단의 지원고용훈련에 참여하기로 했다. 공무원 시험을 합격한다는 보장이 없는 데다 장수생(공부 기간이 길어진 수험생)이 될까 겁이 났기 때문이다.

2017년 한국사 시험 3급을 합격하고, 2월쯤 인터넷 카페에서 장애인 대상으로 각종 강의가 무료로 제공되는 디지털능력개발원 사이트를 찾아냈다. 공무원 기본강의도 제공하여 책만 별도로 구입해서 듣기 시작하였다. 6월에 전선제조 공장과 근로계약을 하고 이때부터 일과 공무원 공부를 병행하는 일상이 시작되었다.

2018년 무료강의만 찾아다니다 12월에 유료강의를 구매하여 듣기 시작하였다. 많은 돈이 들었지만 강의를 들으니, 제일 잘 나가는 1타 강사 위주로 들으라고 말하는 이유를 알 것 같았다. 일이 끝나면 매일 밤 11시까지 강의를 듣고, 일주일에 한 번씩 복습하는 날들이 이어졌다. 그렇다고 공부만 한 것은 아니고, 금요일 저녁에는 마음 맞는 회원들과 모여 저녁식사를 했다.

2019년 7월에 필기시험을 합격하고, 바로 퇴사하여 면접을 준비했다. 스터디 팀을 모집해 연습한다고 하는데, 나는 모르는 사람을 만나는 것을 좋아하지 않아 학원에서 하는 인터넷 강의를 들었다. 면접을 연습하는 기간에 하루 당일치기로 서울에 다녀오기도 했다.

내가 지원한 일반행정 장애직렬은 13명 모집에 11명이 합격이라 면접에서도 어지간하면 합격할 것이라고 예상했었다. 면접 당일 사전조사서 2문제 정도를 작성해 보았다. 면접은 비교적 편안한 분위기였다. 간단한 자기소개, 청주시에 관한 역사상식과 청년실업, 기본소득제 따위를 물었다.

최종 합격자를 발표할 즈음 그동안 일하면서 모은 돈으로 센터의 취업회원들과 베트남 여행을 다녀왔다. 그런데 미리 서류준비를 해 놓고 다녀왔는데, 채용신체검사서는 너무 일찍 한 것이 무효라 하여 검사를 받느라 하마터면 탈락할 뻔했다. 다행히 기간 내 마지막 날에 제출할 수 있어 합격했다. 서류를 내러 갔을 때 빠르면 1월 정기인사에 발령이 나거나, 수시인사가 있는 7월에 날 것이라고 들었다. 그동안 센터에 다니면서 발령 대기에 들어갔다. 하고 싶은 일들이 많아 기다리며 미술, 요리, 독서, 컴퓨터 같은 이것저것을 해보았다. 12월 후반에 3일 일정으로 신규 임용예정자 교육을 받았는데, 강의, 레크리에이션, 시정현황 견학들로 이루어졌다.

2020년 1월에 발령이 나지 않아 운동을 시작했다. 집에서 홈 트레이닝을 하며 줄넘기를 했는데, 이제는 하루 30분씩 달리기를 하고 있다. 시간이 된다고 생각하여 『성경』을 통독하기 시작했다. 공무원 관련 책도 찾아 읽었다. 『공무원의 정석』, 『지방공무원으로 성장하기』, 『공무원 탐구생활』 정도를 읽었다. 그러다 질리면 컴퓨터로 영화를 보든가 게임을 하였다.

코로나19 사태가 벌어지고 거의 집에서 보내는 생활이 시작되었다. 다른 사람들은 갑갑하다고 하는데, 나는 집에 있는 것이 편했다. 4월쯤 『성경』을 완독하고, 그동안 하고 싶은 걸 꼽아보니 프로그래밍이어서 인터넷 강의를 신청하여 들었다. 이전에 공무원 시험공부를 하던 중 주말에 한 시간 정도씩 듣고 있는 코스가 있었는데, 이제는 하루 종일 들을 수 있었다. 강의는 C/C++, 파이썬, 인공지능, 머신러닝, 딥러닝 순으로 이어졌다. 6월 중순에 7월자 발령이 난다는 문자를 받고 대기하다가 9월부터 근무하고 있다.

여기에 소개한 내용은 내가 직접 전하는 공무원 시험 합격수기이다. 공무원 시험을 준비하는 사람들에게 유익할 것이라고 기대하며 작성한 것이다. 돌아보면 시행착오가 참 많았던 여정이었다. 합격을 위한 '꿀tip'은 역시 공부하는 시간을 확보하는 것이라 생각한다. 어떤 사람은 강의는 줄이고 혼자 공부하는 시간이 중요하다고 말하기도 하지만 나 같은 경우는 끝까지 강의를 놓지 않았다. 일하는 날에는 3시간 정도, 주말은 5시간 정도 시간을 낼 수 있었고, 주말에는 복습을 위해 보냈다. 하루에 5과목을 전부 공부한다거나, 하루에 한 과목씩 5일간 공부한다는 것은 내게 맞지 않았다.

어차피 잊어버릴 거라면 편하게 생각하여 한 과목이 끝날 때까지 각개격파식으로 들었다. 기본 강의는 디지털능력개발원의 무료강의를 들었다. 이때 실수한 것은 강의를 들으며 노트를 작성했다는 것이다. 적어 놓은 노트를 복습에 활용하는 것보다 책에 중요한 부분을 체크하는 편이 더 나았을 것이라고 생각했기 때문이다. 그 후 바로 기출문제집으로 넘어갔다. 기출문제는 출제순위가 적혀 있는 문제집을 보았다. 출제빈도에 따라 순서를 정해 놓아 무엇이 자주 나오는지, 어디에 중점을 두고 보아야 하는지 도움이 되었다. 문제풀이 강의가 무료라는 점도 좋았다.

기출문제집까지 끝냈지만 모의고사를 봐도 점수는 잘 나오지 않았다. 특히 한국사가 취약했다. 그래서 내린 결단이 국어와 영어는 기본 실력으로 60점 이상 나오니, 한국사, 행정법, 행정학에 중점을 두기로 하였다. 이 시기에 그동안 벌어 놓은 돈으로 유료강의를 신청하였다. 행정법은 기본 강의부터 다시 시작하였다. 기본 강의를 끝내고는 행정학으로 넘어갔는데, 행정학은 기본 강의에 문제풀이까지 함께 있어 강의 수는 많았지만 실력 향상에 큰 도움이 되었다. 한국사가 가장 힘들었는데, 그것은 시험까지 시간이 촉박해 전근대

사까지만 들을 수밖에 없었기 때문이다. 한국사를 끝내지 못하고 과락만 넘기자는 생각으로 행정법을 마무리 강의로 해서 넘어갔다.

2019년 국가직 시험은 안타깝게도 5점, 즉 한 문제 차이로 떨어졌다. 그것도 한국사 한 문제였으면 합격이었기에 더욱 아쉬웠다. 하지만 지방직이 남아 있어 그 시간 동안 한국사와 행정법 두 과목에 매진하였다. 운명의 6월 15일, 국어 80, 영어 60, 한국사 40, 행정법 65, 행정학 60점이 나왔다. 가산점을 포함하면 원점수 310점. 일반행정 기준으로 높은 점수는 아니지만 장애 직렬이라 이 정도면 합격이었다. 실제로 시험 결과가 나왔을 때도 13명 선발에 11명이 합격하였다.

[그림 2-3] 나도전 씨의 꿈을 위한 도전

우리의 바람

정신장애인과 함께 지내며 이들이 일상 속에서 어떤 삶을 꿈꾸고, 더 나은 삶을 위해 어떤 것들을 필요로 하는지 알 수 있었다. 결국 누구나 원하는 것은 행복한 삶이라고 하겠다. 우리는 지금의 사회와는 다른, 있는 그대로 존중받고, 내 꿈을 온전히 펼칠 수 있는 사회를 소망한다. 그 소망하는 것 몇 가지를 정리하였다.

걱정 없이 살고 싶어요

회원들의 첫인상은 대부분 표정이 없고 말수가 적어 약간 불편하고 어두운 느낌을 준다. 이는 증상에 따른 고생을 항상 안고 있기 때문이라고 생각한다. 힘든 일을 접해 나타나는 것일 수도 있고, 반복되고 변화 없는 일상에 지쳐 자연스레 묻어나는 권태감과 답답함일 수도 있다. 또한 회원들에게 가까운 미래를 계획하거나 꿈을 물어보면 심드렁한 표정으로 별 다른 계획은 없다고 한다. 선뜻 대답을 못하는 경우도 있다. 매 순간 특별한 것을 기대하지 않지만 너무나도 익숙하고 예상되는 일상이 이어지기 때문일 것이다.

그럼에도 우리는 개인적인 호기심과 더불어 정신건강사업의 실천, 한 해 동안의 이용 평가 따위를 위해 계속해서 당사자들에게 현재의 삶에 대한 평가와 미래 계획, 꿈을 묻는다. 그 과정에서 들은 대답들을 하나로 묶어본다면, '걱정 없이 살고 싶다.'는 내용이었다. 그리고 걱정은 말 그대로 살면서 자연스레 생기는 걱정도 있고, 비슷한 연령대 사람들과 비교되어 느끼는 아쉬움이나 부러움이 있다. 아울러 그로 인한 부모님과 갈등이나 스트레스, 개인적인 박탈감과 원망, 또 항상 갖고 있는 외로움과 불안감 같은 것이 뒤섞인 상태가 걱정으로 표현되는 경우가 있었다.

일도 하고, 결혼도 하고, 혼자 스스로 사는 게 가능할까? 걱정 없이 산다는 것은 지금 각자가 부족하다고 느끼는 것들이 어느 정도 갖춰지고 충족된 상태를 의미한다. 경제 사정이 넉넉하지 않음에도 기초생활수급비를 받지 못하는 회원은 취업하여 생활비를 벌고 여가생활도 해야 하는데, 증상과 사회의 제약으로 일을 하지 못한다. 또 자신의 연령대에 결혼도 하고 아이도 낳아 길러야 하는데, 교제할 이성도 없고, 동료 당사자와 연애나 결혼도 쉽지 않아 아쉽다. 사실 이성 문제만이 아니라 당사자들이 대부분 대인관계의 어려움을 겪기에 항상 힘들어한다.

한편 지원자 입장에서 가장 걱정되는 당사자는 가족의 보살핌을 받으며 가족에 온전히 의지해야 하는 사람들이다. 보호자인 부모님이 돌아가시거나, 연로해지면서 당사자를 이전보다 살뜰히 챙기지 못하고 건강이 나빠지기도 하는데, 이런 당사자는 스스로 식사, 빨래, 집안 일, 금전 관리 같은 일상생활을 꾸려나가지 못하기 때문이다. 누군가의 보살핌이 필요한데 부모님 이외에 형제자매 같은 다른 가족들이 돌보는 것에도 한계가 있어 더욱 그렇다.

센터에서 일상생활 기술과 사회기술 훈련을 위해 여러 프로그램을 진행하고, 7~8명 회원을 한 사회복지사가 담당하여 사례관리를 한다. 그렇지만 당사자가 자신의 병과 그에 대한 대처 방법을 받아들이는 것부터 시작하여 건강하고 안정된 생활을 위해 필요한 기술을 익히는 데 오랜 시간과 노력이 필요하다. 현재 정부의 제도는 장애인의 삶을 촘촘하게 살피지 못하는 한계가 있다. 센터에서도 정부의 보조금으로는 당사자에게 다양한 경험의 기회를 제공하기에 턱없이 부족하다. 그래서 센터가 외부의 지원사업을 늘리다 보니, 진행해야 하는 사업으로 인해 회원 각자를 꼼꼼하게 챙겨 지원하는 데 어려움이 있다. 균형 잡힌 사업과 프로그램 운영이 중요하지만, 당사자들은 일상생활보다 외부에서 진행하는 다양한 활동에 관심을 더 보이기도 한다. 그래서 최대한 각자의 삶이 유지될 수 있도록 관심을 가지면서 동시에 당사자가 다양한 경험을 통해 자신을 더욱 깊게 바라보고 알아가며 일상생활과 사회생활에도 변화를 기대한다.

당사자들의 취업 사정은 더욱 열악하다. 센터에서 취업과 관련된 교육을 매주 진행하고 충북장애인공단의 지원고용훈련을 통해 2주에서 6주간 연계된 사업장에서 업무를 경험하는 것까지 도전하는 회원들이 더러 있으나, 취업에 선뜻 도전하려는 회원들은 그리 많지 않다. 다양한 증상에 의해 새롭게 무언가를 하는 것이 두렵고 내키지 않으며, 지금의 상태가 그나마 익숙하고 편안해서일 것이다. 자신이 장애인이라고 밝히지 않으면 모를 만큼 잘 지내는 당사자들도 매일 정해진 시간 동안 일하는 것 자체를 힘들어한다. 비장애인보다 업무수행 조건이 다양하고 불규칙적으로 휴식을 취할 수 있어야 한다. 가끔 증상관리가 어려울 땐 실수를 할 수도 있고, 조퇴 같은 양해를 구해야 하는 점이 있는데, 이것저것 여러 가지가 마음에 걸리는 것들이다. 일하며 즐거움을 느끼고 돈을 벌 수 있는 이점도 있지만, 자신이 힘들어지거나 자신의 실수로 병원에 입원하거나 남에게 피해를 줘서 힘들어질 가능성이 더 크다고 생각하는 것이다.

이뿐만 아니라 근로 능력이 없어서 기초생활보장에 따라 수급비를 받는 회원들은 자신이 할 수 있는 작은 일이라도 하려고 하지 않는다. 수급비가 차감되기 때문이다. 그래서 취업활동에 소극적인 모습을 보이는 경우도 있다.

노동은 삶에서 가장 필요한 소득을 얻을 수 있는 기회이자 사회 참여의 한 방법이며, 정당한 권리이다. 장애인도 하고 싶은 일이 있고 도전하고 싶은 것들이 있는 한 사람이다. 다만 사회와 주변 환경이 장애인이 설 자리가 없게 형성되어 있어 안타깝다. 정신장애인 당사자들의 목소리를 듣고 다양한 방법을 통해 당사자들이 각자 원하는 일을 할 수 있는 환경을 마련하고, 소득 보장을 개선하는 노력이 필요하다. 너무나도 비장애인에 맞춰져 있는 사회를 모두가 되돌아보아야겠다.

지금 이대로 괜찮아

'그럼에도 불구하고, 지금 이대로 괜찮아.'

센터는 당사자 개인의 삶과 고생을 존중하며 동네에서 더불어 사는 삶을 지원하고 있다. 사회에서 통용되는 '성공적인 삶'이 아니라 자신이 생각하고 판단하며, 자신의 삶을 살아가게 독려한다. 이를 위해 각자가 자신을 더 깊게 바라보고 현 상황에서 덜 고생하며 살아가는 방법을 찾고자 '당사자연구'를 진행하고 있다. 또한 숲체험 교육, 나들이 프로그램 따위를 통해 다양한 경험의 기회를 제공하고 있다. 이뿐만 아니라 자치회의, 평생계획, 동료상담, 당사자 주도 프로그램을 제공하여 당사자가 주체적으로 활동할 수 있는 환경을 조성하고 있다.

작고 티 나지 않는 걸음일 수 있지만, 매일의 일상에서 최선을 다하며 당사자들과 다양한 추억을 만들며 지내고 있다. 때로는 이해하거나 받아들이기 어려운 상황도 마주하지만 결국 각자가 맞이한 고생을 알고, 그 고생에 대처하는 노력을 함께 하고, 또한 배우고 성장하게 된다. 우리끼리만 웃고 울며 알고 있기에는 아까운 이야기들을 더 알리고, 더 많은 사람들과 공유하고자 한다.

당사자 스스로 자신을 인정하고 수용하는 과정을 거쳐 자신을 당당하게 소개하고 표현하게 이끌어야 한다. 이런 활동이 정신장애인에 관한 인식을 개선하는 것뿐만 아니라 정신적으로 힘들어하는 수많은 사람들에게 도움을 줄 수 있을 것이라고 생각한다. 정신장애인들이 자연스럽게 사회 속에 존재하며 더욱 자신의 삶을 마음껏 살 수 있길 기대한다. 지혜를 공유하는 삶이 계속 이어지고 더욱 확대되길 희망한다. 모든 사람들이 서로를 통해 배우고 도움을 주고받으며 함께 고생을 나누는 삶을 살 수 있는 환경이 만들어지길 소망한다.

새로운 사회복지실천 당사자연구

3
함께 성장하는 우리

이영현

직업활동은 경제생활의 안정뿐 아니라 사회의 구성원으로서 존재감을 드러내 정체성을 형성하는 수단이 된다. 많은 정신장애인들이 직업활동에 높은 욕구를 두어 자신의 역할을 찾기 위해 열심히 노력하고 있지만 그 노력만큼 취업으로 가는 길이 쉽지만은 않다. 정신과적 증상과 잦은 입원과 퇴원의 반복, 사회경험 부족으로 직업의 성숙도가 낮고, 사회의 편견으로 인해 사회로부터 고립되어 취업이 어려운 실정이다. 하지만 직업활동은 사회에서 소외된 정신장애인들이 사회로 복귀하여 주체적인 역할을 수행하는 구성원으로서 자신의 삶을 재기하는 데 중요한 부분이다. 이에 적절한 직업교육을 통해 취업에 도전하며 정신장애인들이 사회에 적응해 가는 과정을 나누려고 한다. 이 이야기는 부끄러움이 많고, 긴장을 잘하는 내가 직업재활 업무를 처음 맡아 우왕좌왕하는 모습과 실패를 거듭하며 회원들을 통해 인생을 배우며 함께 성장하는 과정을 담고 있다.

증상도 함께 취업할 수 있나요?

"조현병을 앓고 있어요. 근데 저도 일을 할 수 있을까요?"

"일을 해본 경험은 없지만… 한번 도전해 보고 싶어요."

"일을 하고 있으면 주변 동료들이 저를 보고 수군거리는 것 같아요. 욕하는 소리가 들려요. 계속 일을 하고 싶은데… 너무 힘들어요."

"입사지원서를 내려고 했는데 정신장애인은 안 된다고 하더라고요."

정신건강의 어려움으로 센터를 찾아온 회원들은 병이 있는데 취업을 할 수 있는지 묻는다. 사회경험이 없는 회원들도 있고, 취업을 했지만 여러 가지 어려움으로 퇴사한 회원도 있다. 보통 취업상담을 하면 자신이 가지고 있는 자격증이나 경험 따위를 내세우고 적합한 직업을 탐색하며 고민한다. 이런 고민은 둘째 치고 우리 회원들이 가장 걱정하는 것은 바로 '증상'이다. 내가 '증상'과 함께 일을 할 수 있을지, 동료들이 내 '증상'을 이해해 줄지 근심에 쌓인다.

"증상이 있어도 취업할 수 있어요! 증상과 함께 일하는 방법을 배우면 되죠."

"경험이 없어도 취업할 수 있어요! 지금부터 경험을 쌓으면 되죠."

긍정적인 메시지를 전하며 우리는 같이 도전을 시작한다. 여기서 얘기하는 증상이란 것은 심리·사회적 원인들로 인해 생긴 환청, 망상, 불안 같은 정신건강 증상을 말한다. 무슨 일을 시작하려고 할 때, 보통 접하는 긴장감 이상의 불안감으로 인해 일을 망쳐버리거나 시도조차 하지 못하고 대인관계를 맺지 못하며, 보이지 않는 정체불명의 목소리가 들리고 이 목소리에 지배당하는 일이 생긴다.

회원들도 대부분 약물치료를 받고 있지만 좀처럼 다른 사람들의 공감을 이끌어 내기 어려운 환청, 환시, 망상 증상을 회복하지 못한 채 살아가고 있다. 우리는 증상은 '없애야 하는 것'이라고 하지 않고, 증상이 있어도 '무조건 취업을 할 수 있다.'고 하지도 않는다. 증상은 없애야 하는 것이 아니라 잘 관리하여 함께 지내며 일에 적응해 갈 수 있도록 해야 한다. 자신의 증상을 이해하지 못하고 취업할 경우 취업을 유지하지 못하는 경우가 많아 취업활동은 자신의 증상에 관한 이해를 바탕으로 시작하는 것이 바람직하기 때문이다.

남들 다 일하니까?

개인의 욕구와 특성을 파악하고, 당사자의 자기이해를 도와 취업연계를 위해 상담한다. 먼저, 취업동기를 찾고 강화하기 위해 일을 하고 싶은 이유를 물어본다.

"엄마는 내가 집에만 있으니까 자꾸 뭐라고 해요. 남들처럼 돈 벌어 오라고…."

"저도 나이가 40인데… 돈을 벌어야죠. 집에만 있으니 가족들한테 미안하기도 하고… 용돈 받는 것도 눈치 보이고…."

많은 회원들이 구직활동의 동기가 '가족'이라고 이야기한다. 실제로 센터를 이용하는 회원들 대상으로 실시한 '직업동기 척도' 결과 환경적인 압박(가족)에 의해 일을 희망한다는 응답이 높은 비율을 차지한 바 있다. 당사자들은 일을 하고 있지 않은 현재가 행복하지만, 가족들이 원하기 때문에 일을 해야 한다고 한다. 일에 대한 동기를 강요하지는 않지만, 가족이나 누군가로부터 압박을 받아 일을 한다면 오래 일을 지속하지 못하기 때문에 스스로 경험을 통해 일이 내 삶에서 얼마나 중요한 부분인지, 그 필요성을 깨닫는 것이 중요하다.

"사람이나 동물이나 일을 해야 먹고 살 수 있는 거 아니겠어요?"

"저는 결혼을 하고 싶어요. 그러면 독립을 해야 하는데… 돈이 많이 필요하지 않겠어요?"

"저는 수급권자도 아니라 노후에 아프기라도 하면 큰일이에요. 노후를 대비하기 위해서라도 정년까지 일할 거예요."

"전 하고 싶은 게 많아요. 친구들이랑 볼링도 치러 가야 하고, 맛있는 것도 먹으러 가야 하는데 그러려면 돈이 있어야죠!"

동료가 말하는 일을 하고 싶은 이유, 일을 하면 좋은 점, 일을 하면서 일이 주는 의미를 공유하며 같이 소통하는 시간을 통해 타인에 의한 동기가 아닌 스스로의 동기를 찾을 수 있도록 한다. 초기부터 동기를 갖지 못해도 취업 훈련을 하면서, 일을 하면서 찾아가기도 한다.

"취업도 하고 결혼도 하고 진짜 평범하게 다른 사람들처럼 지내고 싶어요. 머리도 자르고 새치도 염색해야 하는데, 요새 미용실 왜 이렇게 비싸요?"

"첫 번째는 돈을 많이 벌어서 해외여행을 맘대로 다니고 싶어요. 두 번째는 미국 유학을 가고 싶었어요. 증상 발병으로 못 갔거든요. 세 번째는 결혼해서 애기도 낳고 싶어요. 부모님 생신 때 선물도 사드리고 싶고, 하고 싶은 게 너무 많아요. 그러려면 돈을 많이 벌어야 하잖아요."

'일자리 창출과 고용안정'은 어느 나라에서든 정치인들의 공통 공약이다. 실제로 인간의 삶에서 1/3은 잠자는 데 보내고, 1/3은 일하는 데 시간을 보낸다고 한다. 그만큼 일은 우리의 삶에 큰 부분을 차지하고 있다. 사람들은 왜 일을 하려고 할까? 대부분 대답은 같을 것이다. 경제적인 부분 외에도 사회 일원으로서 역할수행, 심리적인 상태 같은 다양한 부분에서 일은 중요한 의미를 지닌다. 정신장애인도 마찬가지다. 인간이기에 마땅히 누려야 할 삶, 누리고 싶은 삶을 위해 일을 시작한다.

나, 뭘 원하지?

"저는 가만히 앉아 있는 것이 힘들어요. 차라리 서서 일하는 것이 좋아요."

"사람들이랑 어울리는 게 좋아요. 예전에 편의점에서 아르바이트를 한 적도 있어요!"

"하고 싶은 일이 있어서… 작년에 전파전자통신기능사 자격증을 취득했어요."

자기가 하고 싶은 일이 있고, 관련 정보를 가지고 있으면 자신감을 가지고 원하는 직업을 이야기한다. 경험을 바탕으로 자신에게 맞는 취업목표를 설정하거나, 자격증과 관련된 업무를 희망하는 경우도 있다. 하지만 당사자들은 일을 하고 싶은 욕구는 있으나 일을 한 경험이 거의 없는 경우도 많아 막연하게 취업에 관하여 말하기도 한다.

"일을 하고 싶은데… 8시간씩은 무리일 것 같아요."

"하고 싶은 건 없어요. 그냥 사무직이 좋을 것 같아요."

"어떤 일이든 상관은 없지만, 중간 중간 담배를 펴야 하는데 쉬는 시간을 자유롭게 줬으면 좋겠어요."

"취업하고 싶어요. 근데 하고 싶은 게 없어요. 뭘 해야 할지 모르겠어요."

우리 모두 진로를 정할 때, 직장을 정할 때, 경제활동은 해야 하는데 내가 뭘 하고 싶은지, 뭘 잘하는지, 뭘 해야 할지 몰라서 고민한 경험이 있다. 하지만 우리는 그런 고민을 할 때 사회로부터 다양한 정보를 얻고 간접경험을 통해 우리의 결정을 도와줄 기회를 맞는다. 조력자들도 있다. 하지만 그렇지 못한 정신장애인 당사자들은 준비되지 않은 채 막연히 취업 욕구만을 보이는 경우가 대부분이다. 내가 하고 싶은 일과 할 수 있는 일, 현실을 파악하지 못하는 건 스스로의 이해와 경험의 부족, 취업기회가 없었기 때문일 것이다.

경제활동 실태조사에 따르면 신체 내외부 장애인은 7%가 장애인 관련 시설과 단체를 통해서 취업을 하지만, 정신장애인은 32.4%가 장애인 기관을 통해 취업을 한다고 한다. 다른 장애유형에 비해 지역사회의 지원이 필요함을 알 수 있다. 그래서 취업 전 교육, 취업 훈련을 통해 나를 알아가고, 나에게 맞는 일을 찾아가며 연습하고 적응하는 과정이 필요하다.

"저 하고 싶은 게 있어요! 사무직이요."

원하는 사무직에 관련된 업무를 설명하며 기본적인 서류·문서작업부터 컴퓨터를 어느 정도 다룰 수 있고, 오랜 시간 한 자리에 앉아 근무하며 집중력을 요하고, 동료들과 소통이 중요함을 이야기한다. 그러면 다시 대답이 돌아온다.

"어려울 것 같아요. 다른 업무 없나요? 근데 사무직 말고는 생각해 본 게 없어요."

당사자의 욕구를 최대한 반영하되, 현재 증상, 불안요소, 개인능력, 희망직종과 지역, 당사자의 업무 집중도, 이력이 있다면 퇴사 이유 따위를 고려하여 당사자에게 적합한 근무시간, 통근방법 같은 취업 환경을 설정한다. 당사자의 환경을 최대한 자세하게 파악하는 것이 중요하다. 당사자에게 필요한 환경, 개별평가 정보를 토대로 취업훈련을 통한 실무경험 쌓기, 구직활동 후 취업과 같은 상황에 맞춰 당사자와 협의하여 직업 목표를 설정하는 것이 바람직하기 때문이다. 여기에서 당사자의 강점 중심으로 작성 목표부터 설정하여 성취감을 경험할 수 있다.

네트워크에 힘입은 사업장 발굴

취업상담을 토대로 당사자의 취업교육과 함께 회원의 욕구와 역량에 맞는 사업장을 찾는다. 고용노동부의 고용센터, 워크넷과 같은 취업사이트를 이용하거나 장애인고용공단, 유관기관과 연계, 지역사회 활용, 지인을 통해 다양한 방법으로 업체를 개발한다. 이런 일은 잔일 같지만 결코 쉽지 않다. 센터에서 근무한 지 1년쯤 되어 직업재활 사업을 맡아 내부 프로그램을 익히며 회원들과 정신없이 하루를 보낸 적이 있었다. 낯선 사람을 만나는 것을 썩 좋아하지 않고 어디 가서 큰소리 한번 제대로 내지 못하고 '트리플 A형'이라는 소리를 들으며 살아온 내가 직업재활사업을 맡으면서 가장 막막했던 일은 사업장 발굴이었다. 회원에 관한 정확한 이해를 바탕으로 회원들이 근무하기에 적합한 작업환경인지 확인하는 것부터, 신규 사업장을 발굴하고 정신장애인 채용을 안내하고 권유하는 일이 아침에 출근하는 발걸음을 늦추게 하였다. 지금도 가끔 그럴 때가 있다.

온라인 사이트에서 원하는 영역을 설정하고, 구인광고를 보고 전화를 한다.

"워크넷에서 구인광고 보고 연락 드렸습니다."

기본 인사와 함께 업무를 파악하고 사업주의 지원혜택, 중증장애인 지원고용훈련 같은 장애인 취업지원 사업을 설명하며 작업환경을 파악하기 위한 사업체 방문까지, 원만하게 대화를 이어간다. 상대가 "어떤 장애가 있으신가요?"라고 물으면 나는 "정신장애가 있습니다."라고 답한다. 그러면 사업체에서는 "저희는 정신장애가 있는 사람은 안 뽑아요." 직설적으로 응하거나 "저희 사업체에는 적응하기가 어려울 것 같아요." 우회적으로 거절하기도 한다. 정신장애인에 대한 사회적 편견이 현실로 다가왔던 경험이다.

15가지 장애 유형 중 자폐성 장애에 이어 정신장애인은 두 번째로 낮은 취업률을 보인다. 신체적 어려움이 없으며 증상이 안정적이고, 센터에서도 지속적으로 사례관리를 하고, 다른 직장에서의 취업경험을 이야기하여도 면담이 순탄치 않다. 오매불망 사업체와 연계되기를 기다리고 있는 당사자의 재촉 속에 사업체를 발굴하지 못하는 것이 내 설명과 호소력이 부족해서 일 것이라 자책한다. 반복적인 거절에 구인광고를 보고 전화를 걸기 전에 한숨부터 쉬는 나를 발견한다. '할 수 있는 것부터 하자.', '모든 걸 혼자 다 하려고 하지 말자.' 다짐하며 자책에서 벗어나 전임자가 발굴한 사업체에 연략을 취한다.

관계를 잘 형성해 놓은 덕분에 긍정적인 답을 얻고, 유관기관 담당자들과 연계하여 사업체 정보를 공유하기도 한다. 작은 성공의 경험들로 쌓인 용기를 토대로 거절의 두려움을 극복하고 신규 사업체의 문을 두드린다.

여러 기관들의 담당자로부터 얻은 노하우는 말로 설명하는 것보다 실제적인 자료를 보여주는 것이 효과적이다. 회원들과 같이 근무하고 있는 회원들의 모습을 담은 자료를 준비하여 기관을 소개하고, 취업에 성공한 회원들 사례를 바탕으로 긍정적인 이미지를 형성할 수 있게 한다. 취업훈련으로 연계되지 못했다고 하더라도 관계가 끝난 것이 아니다. 꾸준히 관계를 형성하여 다른 사업체를 연계받기도 하고, 취업은 아니더라도 직업훈련을 실시하기도 한다.

처음 일을 맡고 아무것도 모르던 때에 들은 취업지원 역량강화 교육이 생각난다. 2박 3일간 취업지원에 관한 기본적인 내용부터, 네트워크 형성방법을 배웠고, 서울정신재활시설협회 취업지원실무자분과에서 공유한 '정신보건 직업재활실무자를 위한 매뉴얼' 또한 많은 도움이 되었다. 실제 담당자들의 오랜 경험과 시행착오를 통해 상황에 맞춘 대처방안으로 직업재활의 과정을 이해할 수 있는 계기가 되었다. 일을 하면서 가장 크게 느꼈던 것은 '혼자 할 수 있는 일이 아니라는 것'이다. 네트워크의 힘을 알았다. 앞서 이야기한 유관기관과 연계, 여러 베테랑 사회복지사들의 경험을 쌓아 만든 매뉴얼들이 효과적이었다. 또한 취업장을 찾지 못해 혼자 발을 동동 구르고 있을 때 센터 동료 사회복지사들이 '지인찬스'를 이용하여 훈련 기관을 연계하며 모두 발 벗고 나서주어 가능할 수 있었다. 담당자를 응원하는 마음과 당사자들이 주체적으로 자신의 삶을 찾아갈 수 있도록 길을 열어주려는 우리 모두의 마음이 같았기에 성공적인 네트워크가 구축될 수 있었던 것이리라.

취업을 하고 싶다고 말하는 당사자들은 막상 면접만 가도 불안해하는 경우가 많다. 누구나 면접은 부담스러운 시간이지만, 당사자들에게 그 부담은 배가 된다. 첫술에 배부를 수 없으니 꾸준히 연습하여 한 계단씩 오르다 보면 언젠가 취업에 성공할 날이 오지 않을까.

취업 준비 프로그램은 다양하다. 취업 전 교육을 통해 필요한 기본 소양교육을 실시하고, 필요한 자격증을 취득할 수 있게 도와주며, 보호 작업이나 체험일터를 활용하고, 현장 체험의 기회를 제공하기도 한다. 당사자들마다 직업능력이 다르며 센터에서 모든 프로그램을 지원해 줄 수 없기 때문에 한국장애인고용공단의 고용정보원 같은 여러 기관의 구직 프로그램을 활용하여 당사자에게 맞는 취업 서비스를 제공한다.

상담을 하다 보면 담당자조차도 때로는 '과연 취업을 할 수 있을까?', '같이 근무하는 동료들과 잘 어울릴 수 있을까?' 의문이 들 때도 있다.

지난 2년간 짧은 경험에서 느꼈던 건 '준비된 사람'은 없다는 것이다. 15년간 집과 센터만 오간 당사자가 처음 취업훈련을 나가 20년간 경력이 있는 회원보다 업무 적응력이 높고 대인관계에 능숙한 모습을 봤다. 환청 같은 정신건강의 증상으로 힘들어 하지만 일을 해야겠다는 목표 하나만으로 3년간 취업을 유지하고 있는 회원을 보면 당사자의 증상만으로, 단편적인 경험만으로 그 회원의 직업능력과 가능성을 파악할 수 없다는 것을 알았다. 중요한 것은 당사자의 취업 의지와 담당자의 긍정적인 마음과 당사자에 대한 신뢰가 아닐까 싶다.

동료의 경험을 나누자!

취업 전 기본 소양교육을 익히기 위한 교육 시간, 회원들과 같이 활동 내용을 정하기 위해 이야기를 나눈다.

"전 준비할 게 없어요. 바로 일하러 가면 안 되나요?"

"이력서 쓰는 방법을 알고 싶어요!"

"면접 볼 때 너무 떨려요. 어쩌면 좋죠?"

다양한 답변들이 나온다. 각자 준비된 것과 역량이 다르기 때문에 누군가에게는 쉬워 보이는 것이 다른 사람에게는 어렵다. 그래서 이를 통합해 프로그램을 혼자 진행하기가 어려웠다. 취업 의사가 전혀 없는 회원들도 있었다. 담당자도 처음 직업재활 교육을 시작하며, 회원들과 논의하여 취업 의사가 있는 회원들을 대상으로 역량에 맞춰 따로 프로그램을 진행하기도 했다. 1년 후 회원들과 진행방법에 대해 피드백을 주고받았다. 담당자의 입장에서는 한층 더 수월하게 프로그램을 진행할 수 있는 긍정적인 점이 있었다. 회원들도 자신에게 필요한 교육만 들을 수 있어 좋았다고 했다. 하지만, 자극이 없었다. 취업장이 있어도 취업 의사가 있는 회원들이 부족할 때도 있었다. 이런 상황에서는 일할 생각이 없다고 온전히 배제하는 것이 아니라, 취업 의사가 없는 회원들도 구직활동을 열심히 하는 회원들을 보면서 취업욕구를 갖게 하는 것이 필요했다. 또한 처음 일을 시작하는 회원들은 취업 경험이 있는 회원들을 통해 취업현장의 이야기를 듣고 싶어 했다.

회원들과 다시 논의하여 진행방법을 바꿨다. 센터 모든 회원들과 함께 프로그램을 진행했다. 당사자 보조강사를 활용하기로 하고, 최대한 회원들의 사례를 활용하여 시각화 자료를 통해 취업욕구가 없는 회원들의 흥미를 유도했다. 회기별 활동 내용을 회원들과 같이 준비했다. 담당자의 준비와는 별개로 활동을 제시한 당사자가 활동 진행에 필요한 자료가 있으면 직접 찾아올 수 있도록 했는데, 담당자보다 훨씬 전문가들이 많았다. 이력서를 작성할 때 경험이 많아 "이력서는 식은 죽 먹기죠."라고 말하는 당사자가 진행을 맡았다.

자신의 이력서를 예시로 작성을 어려워하는 회원들에게 직접 설명해 주었다. 옆에서 보조 설명이 진행되어야 했지만 경험이 있는 당사자는 활동을 가볍게 여기지 않고, 내가 진행자가 되어 누군가를 가르친다는 기쁨에 뿌듯해하며 자신감이 높아지는 모습을 볼 수 있었다. 배우는 당사자는 회원들의 비슷한 경험들을 토대로 참고하여 눈높이 교육을 받을 수 있어 만족했다. 이때 자신의 증상을 인정하고 이를 긍정적으로 바라보며 자신의 강점을 기술하는 것이 중요하다. 면접훈련도 회원들이 면접관 역할을 하면서 실제 자신들이 받은 질문을 토대로 다른 회원들의 면접 연습을 도와줬다. 회원들이 실제 취업장에서 겪은 경험들이 소중한 보물이 되는 순간이었다. 우리는 이렇게 동료와 함께 한걸음 한걸음 취업으로 도전해 간다.

면접 대신 가주실 분을 찾습니다.

당사자와 상담을 통해 직무욕구를 파악하고 사업체와 연계하여 취업훈련을 위한 면접을 시작한다. 당사자에 따라 사업체의 요청에 따라 담당자가 동행하는 면접과 당사자 혼자 참여하는 면접이 있다. 회원들은 여유로운 모습과 뛰어난 언변으로 면접에 성공하는 경우도 있지만, 연습에서는 자신감을 보이면서도 막상 면접을 보려고 하면 “아직 준비가 안 됐어요. 저 오늘 못갈 것 같아요.”, “선생님이 대신 면접 봐주시면 안 돼요?” 하며 면접 당일에 취소하는 회원들도 있다. 평소 당사자의 성향을 알고 있기 때문에 어느 정도 예상이 가능한 부분이나 처음 겪었을 때는 굉장히 당황스러웠다. 당사자의 불안감과 감정에 공감하지만 사업체와 약속은 어떻게 해야 할지 머릿속이 혼란스럽고 다급했다.

“그럼 오늘은 약속을 했으니까 인사만 드리러 가볼까요? 회사 구경한다 생각하고, 가서 인사만 드리고 오셔도 괜찮아요.”라고 설득을 해본다.

“면접 안 봐도 되죠? 그럼 구경만 하고 올래요.”

설득이 통하면 다행이지만 통하지 않는 분은 어쩔 수 없다. 강요해서 되는 게 아니기 때문에 사업체 측에 당사자의 상황을 설명하며 양해를 구하고 다음을 기약한다.

센터와 연계해서 진행하는 경우에는 사전에 특정 사업체와 협의가 되어 형식을 맞추기 위해 면접을 보는 경우도 더러 있다. 그럴 땐 간단한 질문에 대답만 하고 오면 되나 면접하는 날 센터에 오지 않거나, 면접을 가지 않을 생각으로 머리도 감지 않고 오거나, 겨우 면접을 보러갔지만 면접관의 질문에 "전 일 안 해요." 하고 답하기도 하고, "증상폭발 때문에 직장에서 싸움이 나서 그만 뒀어요." 솔직한 답변으로 담당자를 당황하게 한다.

"너무 떨려요. 이상한 말 하면 어쩌죠?"

"면접 볼 때 같이 가시는 거 맞죠?"

면접날짜가 잡힌 그날부터 일주일을 남겨두고 면접일까지 매일 몇 차례씩 물으며 불안해하는 모습들을 보면서 내가 처음 면접을 봤던 일이 생각났다. 앞서 얘기했듯이 자신감 넘치는 성향이 아니기에 면접관 앞에 서는 순간 긴장감으로 인해 손에서는 물로 씻은 듯 땀이 흘렀고, 암기했던 말들이 맞춰놓은 퍼즐을 뒤집어 놓은 것처럼 뒤죽박죽이 되었다. 내 앞에 앉은 사람들은 화가 나 있었으며 본적 없는 나를 싫어하는 것 같은 느낌도 들었다. 면접이 끝나고 나면 이야기가 술술 나오는데 지금 생각하면 '내가 왜 그랬을까?' 허탈한 웃음이 나지만, 그 당시에는 정말 머리가 새까매졌던 기억이 난다. 내가 이직을 하지 않는 이유는 또 끔찍한 면접을 봐야 하기 때문인 것도 이유 중 하나이다. 준비가 되어 있던 되어 있지 않던, 낯선 사람을 만나 단시간에 내가 평가받는다는 것은 부담스러운 일일 것이다. 그래서 누구보다 회원들의 마음에 공감이 간다. 불안한 가운데 수차례 반복하는 질문에 짜증이 날 때도 있지만 나를 떠올리며 최대한 회원들을 지지해 주고자 노력한다. 그리고 내가 그랬듯이, 최고의 방법은 연습하며 경험을 통해 자신감을 얻는 것이기 때문에 '면접에도 내성이라는 것이 생길 수 있지 않을까?' 생각하며 반복해서 회원들과 면접을 연습하고, 잘 보든 못 보든 취업연계와 상관없이 일단 면접에 부딪혀 본다. 첫술에 배부를 수 없고, 세상의 모든 경험은 필요할 때가 있다. 어떤 경험이든 배우는 것이 있기 마련이며 작은 성공의 경험들이 쌓여 우리를 성장하게 한다. 정신건강의 증상으로 인해 10년간 집에만 있다가 센터에 나와 사회적응 연습을 하며 처음 면접을 보기로 한 날, 긴장해서 '면접은 못 볼 것 같고요. 그냥 놀러만 가볼게요.' 하고 갔다가 정말 사장님과 '안녕하세요?' 인사만 나누고 왔던 당사자가 1년 후, 지원고용훈련에 참여해서 훈련을 이수하고 취업해 일을 하고 있는 것을 보면 경험의 소중함을 알겠다.

일하기 힘든 날

센터는 취업훈련을 진행한 뒤 적응 여부에 따라 취업을 연계함으로써 사업체에는 장애인고용에 따른 부담을 덜어주고, 당사자들에게는 업무에 적응하며 사회경험을 쌓을 기회를 주는 중증장애인 지원고용훈련을 실시하고 있다. 훈련기간은 서로 다르지만 대략 4주간 진행된다. 어떻게 보면 짧은 시간이지만, 어떤 당사자들에게는 그 시간이 매우 길게 느껴지기도 한다. 센터에서 사전 취업훈련을 마친 뒤 첫 출근길을 함께 동행하며 중간에 포기하지 않고 훈련을 잘 마칠 수 있도록 격려하고 당사자 또한 의지를 다지며 훈련장으로 향한다.

"훈련 잘 받아 취업할 거예요!"

자신감 있는 모습으로 훈련에 임한다. 한 시간, 이것저것 새로운 환경을 익히느라 정신이 없다. 두 시간, 동료들이 근무하는 모습을 신기하게 바라보며 '언젠간 나도 저렇게 할 수 있겠지.' 하고 집중해서 배운다. 세 시간, 너무 집중을 했나보다. 살짝 피곤하기는 하지만 재밌다. 네 시간, 벌써 시간이 이렇게 지났나 싶다.

첫날이라 정신없이 일을 배우다 보니 시간가는 줄도 모른다. 둘째 날, 어제와 같은 하루가 반복된다. 아직 일이 익숙하지 않아 속도가 나지 않는다. 천천히 해도 된다고 옆에서 응원을 해준다. 두 시간, 세 시간, 아직도 한 시간이나 남았다. 오늘은 왠지 시간이 잘 가지 않는 것 같다. 같은 일을 반복하려니 조금 지루하기도 하다. 네 시간, 드디어 퇴근시간이다. 셋째날도 똑같이 흘러간다. 힘들다. 너무 지루해서 못하겠다. 아침 일찍 일어나는 것도 힘들고, 매일 같은 일을 반복해야 하고, 정해져 있는 근무 시간이 나를 옭아매는 것 같다. 일이 끝나면 너무 피곤하고, 센터 프로그램에도 참여하지 못하고, 포기해야 하는 것들도 너무 많다. 사업체와 담당직원에게 이야기한다.

"저 그만둬야겠어요. 포기하려고요."

"아침에 못 일어나겠어. 너무 힘들어."

"몸이 너무 피곤해서 짜증도 나고, 그래서 실수할까봐 걱정돼요."

"못하겠어요. 손이 너무 아파요."

"자꾸 저한테 '야!'라고 불러요. 아무리 바쁘다고 해도. 저도 이름이 있는데 기분 나빠서 못하겠어요."

설득하여 다시 훈련에 들어간다. 훈련기간 동안 몇 차례 위기가 오고 포기와 설득이 반복된다. 그렇게 중간에 포기하는 당사자도 있고, 끝까지 훈련을 마치는 당사자도 있다. 첫 훈련을 통해 취업까지 성공하면 좋겠지만, 우선은 중간에 포기하지 않고 훈련을 이수하는 것부터 시작한다. 처음에는 면접도 가기 힘들어 했던 당사자가, 이제는 현장 훈련에 들어간 것 만해도 대단한 성공이 아닌가. 같은 어려움을 겪은 동료들이 상담을 해주고 도와주는 동료상담가, 취업적응을 돕는 직무지도원을 통해 당사자의 직무적응, 대인관계를 지지해 주고 사업체와 직장 동료들과 지속적인 협조를 통해 훈련하기에 적합한 환경을 만들어 주며 이런 과정들을 거쳐 취업으로 연계된다.

월요병, 휴일이 지나고 출근하는 월요일마다 느끼는 신체적, 정신적 피로감을 말한다. 직장인이라면 누구나 공감할 것이다. 어떤 당사자가 이야기하셨다.

"전 월요병이 아니라 '평일병'을 앓고 있어요."

매우 공감한다. 개인적으로 난 월요일은 월요병, 화요일은 '고작 화요일이야? 병', 수요일은 '아직도 이틀이나 더 일해야 돼 병'처럼 일주일 내내 병에 걸려 있는 것 같다. 예전에는 주 6일 근무였다는데, 난 그때 학교를 다니고 있었다. 지금 생각하면 어떻게 일주일에 6일이나 학교를 다녔나 싶지만 그 당시에는 당연한 것이었기 때문에 4교시만 하고 끝나는 토요일이 얼마나 행복했는지 모른다. 직장인이 된 지금 그때에 비하면 휴일이 하루 늘었지만, 욕심은 끝이 없나 보다. 토요일 오후 8시 45분이 지나면 단톡방 알람이 울린다.

'번호 맞춰봤어?'

'하나 맞았어. 난 60세까지 성실하게 근무해야 할 것 같아.'

'난 5,000원! 로또 값은 벌었네. 월요일에 회사에서 보자. 열심히 일이나 해야지….'

일확천금의 기회를 노리며 매일 퇴사를 외치지만 현실은 오늘도 출근. 왠지 70세에도 친구들과 같은 대화를 하고 있을 것 같다. 누구는 예쁜 옷을 사기 위해, 맛있는 음식을 먹기 위해, 결혼을 위해, 가족을 위해, 사랑하는 애완묘에게 좀 더 큰 캣타워를 사주기 위해, 우리는 오늘도 일에 빠져 있다. 당사자들은 왜 일을 할까? 힘든 일 속에서 당사자들을 버티게 하는 힘은 뭘까?

출근 기억

취업훈련 이수 후 취업에 관해 이야기를 나눈다. 사업체도 고용의사가 있어야겠지만, 당사자의 일할 의지 또한 중요하다. 훈련을 잘 마쳤지만, 당사자가 원치 않는데 억지로 일을 할 순 없기 때문이다. 각자 의지에 따라 훈련 이수 후 새로운 취업훈련을 실시할 것인지, 취업으로 연계될 것인지를 결정해야 한다. 취업 연계가 된다면 회원들은 그 공을 센터로 돌린다.

"덕분에 취업할 수 있었어요. 감사해요."

센터에서 사업체를 연계해 주었지만, 힘든 과정을 이겨내고 훈련을 이수한 자신을 칭찬하고 스스로에게 감사하며 자신감을 가질 수 있도록 한다.

센터에서는 누군가 훈련 또는 취업을 한다는 소식이 들리면 여기저기서 회원들의 안테나가 발동한다.

"지선우 씨 취업했어요?"

센터 회원들 또한 당사자의 취업에 대해 관심이 많다.

"훈련은 잘 받고 있대요?"

"여다경 씨가 취업에 성공했어요!"

"축하해요! 저도 일할 수 있겠죠?"

"태오가 잘 하는 모습을 보여주면 우리에 대한 편견도 줄어들겠죠?"

동료로 인해 용기를 내며 모두들 내 일처럼 기뻐한다. 회원들은 동료가 취업하는 것을 보면 정신장애인은 취업을 할 수 없을 거라는 편견에 맞서 사회 속으로 한걸음 더 나아간 느낌이 든다고 한다. 취업을 한 것은 이제 겨우 그 문턱을 넘었을 뿐이다. 얼마나 오래 이 취업을 유지하느냐 하는 관문이 또 남았다.

첫 출근

훈련을 잘 마치고 취업했다는 자신감에 들뜬 기분으로 출근한다. 회원들은 훈련을 통해 이미 근무했던 곳이라 낯선 곳이 아님에도 훈련이 아닌 취업으로 출근하는 발걸음은 전혀 다른 느낌이 든다고 한다. 설레기도 하고, '내가 해냈구나.' 하는 뿌듯함이 든다고 한다. 또 훈련은 배우는 기간이기 때문에 조금 실수를 해도 봐주지만 취업은 실수를 하면 안 된다는 부담감이 크다고 하였다.

입사한 지 몇 년이 지난 지금도 난 여전히 사업을 시작할 때마다, 새로운 일이 있을 때마다 잠을 설치고, '걱정병'이 도지기 때문에 그 감정을 공감한다. 처음 출근했을 당시 직원들이 편안하게 대해주었음에도 사무실이 너무 어색하고, 직원들이 낯설어 점심시간이 되면 사무실에서 쉬지 않고 프로그램실에서 회원들과 시간을 보냈던 기억이 난다. 회원들은 새로운 사람이 오면 묻지도 따지지도 않고 두 팔을 벌려 환영해주며 다정하게 또 편안하게 대해줬기 때문이다.

당사자들에게도 같이 일을 하는 동료 중에 든든한 지원군이 있으면 적응하는 데 도움이 될 것이다. 취업을 했지만, 훈련을 할 때와 마찬가지로 내부 직원을 직무지도원으로 선임하여 일정기간 당사자가 일에 잘 적응할 수 있도록 도와주기도 한다. 매주 취업장을 방문하여 이야기를 나누고, 취업하고 있는 당사자들의 모임을 만들어

서로 어려움을 나누며 당사자에게 혼자가 아님을 알려준다.

저 오늘 출근할 기분이 아니에요.

잘 출근하던 당사자로부터 출근을 하지 않겠다는 연락을 받을 때가 종종 있다. 지금은 마음의 여유가 조금 생겼지만 처음에는 대처 방법이 미흡해 훈련 과정에서 반복되는 출퇴근 번복, 무단으로 출근하지 않거나, 출근한 지 이틀만에 더 이상 일을 못하겠다는 당사자의 전화에 그간의 쌓인 감정이 폭발해 울었던 적도 있다. 이런 상황이 닥쳤을 때 당사자의 상황, 증상으로 인한 어려움, 머리로는 이해가 되지만, 아니 이해를 해야 한다고 생각했지만 쉽지 않았다. 새벽 여섯시 반. 알람보다 일찍 울리는 전화. 발신자는 '청주회사 반장님'이었다.

"아침 일찍 전화해서 미안한데, 오늘 준한 씨가 갑자기 출근을 안 한다는데? 일이 많은데…."

"죄송합니다. 준한 씨랑 통화해 보고 다시 전화 드리겠습니다."

전화를 끊자마자 준한 씨로부터 전화가 온다.

"저 통근버스 안 탔어요. 오늘 출근 안 할 거예요."

무단으로 결근하지 않고 전화를 해주니 감사하다. 전화로 몸 상태를 걱정해 주며 상태를 살피면서 준한 씨의 집으로 향한다. 출근하지 않겠다던 준한 씨는 벌써 집 앞에 나와 있다. 곧 준한 씨가 내 차에 탔다. 통근버스가 있음에도 아침마다 출퇴근을 도와주니 전용 기사가 된 것 같다. 택시비를 받아야 할 것 같다고 농담을 건네 준한 씨의 긴장감을 풀어주며 이야기를 듣는다. 일을 잘 하고 싶은데 마음만큼 몸이 따라주지 않아 속상하다고 한다. 준한 씨의 마음을 공감하고, 낯선 환경을 이해하며, 처음에는 누구나 미숙하다고 이야기하며 현재 잘 하고 있으니 자신감을 가지라고 격려한다.

"그렇죠? 열심히 하면 되겠죠? 아침에 번거롭게 해드려서 죄송해요. 다시 잘 해볼게요."

다행히 준한 씨는 출근 시각에 맞춰 들어가며 손을 흔들고 밝게 웃는다. 당사자가 듣고 싶어 하는 격려와 함께 지켜줘야 할 근무태도도 같이 당부한다. 그 후로도 몇 차례 전용기사 역할을 한 적이 있긴 하지만, 현재까지 잘 근무하고 있다. 취업을 했다고 끝이 아니다. 지속적인 관심과 잘하고 있다는 칭찬, 격려가 필요하다.

친해지고 싶지만 방법을 모르겠어요.

취업 장에서 연락이 왔다. 송화 씨의 증상이 불안정하니 방문해 달라는 요청이었다. 양손에 음료수를 들고 회원들이 근무하는 회사에 들어간다. 들어가자마자 보이는 송화 씨의 퉁명한 얼굴. 화가 난 동료들 사이로 잔뜩 입꼬리가 내려간 채로 일을 하고 있는 송화 씨가 보인다.

"힘들어 죽겠어. 나도 일하러 왔는데 아침부터 저러니…."

"언제까지 같이 근무해야 하는 거야?"

회사 동료들에게서 불평 섞인 이야기가 나온다.

이번엔 당사자 송화 씨의 이야기를 들어보자.

"아니 왜 저한테만 그래요? 저는 열심히 하고 있는데 사람이 실수할 수도 있는 건데 왜 그래요?"

송화 씨는 동료 언니들에게 서운함을 표현한다. 송화 씨의 이야기를 한참 들은 뒤 동료의 이야기도 함께 들어보았다. 아침부터 기분이 좋지 않은 상태로 출근하여 송화 씨에게 한마디도 하지 않았는데 3년 전에 했던 이야기를 꺼내며 화를 냈다고 한다. 3년 전에 친하게 지내던 언니의 '불량 좀 내지마!'라는 말 한마디를 가지고 지금껏 화를 내고 있다는 것이다. 당사자에게 잘해줬고, 또한 가장 의지하고 따랐던 언니였다. 그렇기에 사소한 말 한마디로 그 상처가 굉장히 깊었나 보다. 진정되고 나자 송화 씨가 솔직한 자신의 감정을 이야기한다.

"사실 아침부터 몸이 좋지 않았어요. 배가 아파서 몸이 안 좋으니까 기분도 나빠지고…. 언니들한테 제가 잘못했어요. 미안하다고 사과하고 싶어요. 저도 열심히 하는데 주영(동료직원)이만 예뻐하니까 질투가 났어요. 나를 미워하나 싶어서 저 좀 봐달라는 의미였는데…."

송화 씨는 다시 관계를 회복하고 싶었지만 방법을 몰라 화를 냈던 것이었고, 나름대로 친해지고자 하는 노력의 일환이었다. 송화 씨의 어려움과 더불어, 나도 일을 하러 왔을 뿐인데 동료 직원의 폭발까지 감당해야 하는 직원들의 고충, 각자의 입장을 모두 공감한다. 송화 씨가 직접 동료들에게 자신의 감정을 설명할 수 있도록 도와주며 동료들에게 양해를 구하고 송화 씨를 도와줄 수 있는 방법을 같이 논의한다.

"어떻게 하면 송화 씨를 도와드릴 수 있을까요?"

"몰라요. 처음에 왔을 땐, 일도 잘하고 예쁘다고 칭찬을 많이 해줬어요. 근데 지금은 저한테 관심이 없는 것 같아요. 예전처럼 칭찬을 해줬으면 좋겠어요."

"우린 송화 씨에게 관심이 없는 게 아니야. 같이 근무한 지 벌써 3년째잖아. 송화 씨가 편해지기도 했고, 이제는 신입이 아니니까. 일을 잘하고 있으니까 표현을 안 했던 것뿐이야. 지금 충분히 잘 하고 있어."

송화 씨의 마음을 헤아려 주는 직원들 덕분에 다시 웃으면서 근무할 수 있게 되었다. 송화 씨에게는 사람들과 친해지고 싶을 땐 어떻게 행동해야 하는지, 또한 자신의 감정을 긍정적으로 표현하는 방법을 연습할 필요성에 대해 이야기하며 같이 연습해 나간다.

당사자가 장기간 취업을 유지할 수 있는 데는 동료직원과 관계뿐 아니라 정서적 지지가 매우 중요하다.

"우리 회사에 복덩이가 굴러들어왔어요. 처음에 일을 잘 할 수 있을까? 걱정했었는데, 괜한 걱정이었어요."

대형마트에서 근무하는 익순 씨의 사업장을 방문하면 담당 팀장님께서는 항상 웃는 얼굴로 익순 씨의 칭찬부터 하며 반겨주신다.

"감사합니다. 여사님들께서 잘 챙겨주신 덕분이에요."

"익순 씨가 일을 잘하니까 그렇죠. 언니들한테도 얼마나 잘하는지 몰라요. 엊그제는 고객이 친절한 직원으로 추천까지 해줬어요."

서로 감사인사를 전한다.

"다들 왜 그러세요. 부끄럽게. 근데 또 없어요? 제 칭찬 더해 주세요!"

이야기를 듣고 있던 익순 씨는 부끄러워하는 듯 하며 자신 있는 농담을 건넨다.

익순 씨는 마트 계산대에서 근무한다. 2년간 마트 소포장실에서 근무한 후, 계산원으로 재배치가 되길 희망하였다. 처음 익순 씨가 계산원을 희망했을 때 여러 고객들을 상대하며 감정소모가 심한 일로 스트레스를 많이 받지 않을까 걱정했다. 더욱이 해당 마트에서는 다른 장애인근로자가 계산원으로 근무하는 중에 문제가 발생한 적이 있었다. 하지만 2년간 익순 씨가 워낙 성실하게 근무해왔기 때문에 평판이 좋았다. 아울러 익순 씨가 예전에 편의점과 아이스크림가게에 근무한 경험을 내세우며 강한 자신감을 비춰왔기 때문에 사업체에서 이를 믿고 업무를 맡겼다. 어려움이 있으면 그때 업무를 재배치하기로 했다. 결과는 성공적이었다. 고객들과 마찰을 겪으면서 처음에는 속상하고 억울한 마음에 힘들어하기도 했지만 그때마다 동료 직원들이 익순 씨를 위로해 주었고, 부정적인 생각에 빠지지 않도록 다독였다.

"처음에는 며칠 동안 고객의 말이 머릿속에서 떠오르고 힘들었는데, 지금은 그러려니 해요. 언니들이 먼저 와서 '익순아 힘들었지!' 하고 위로해 줘서 고마웠어요. 고객도 사정이 있겠죠. 저한테 화를 내는 게 아니라고 생각하려고 해요."

익순 씨는 여전히 어려운 고객들이 있지만 예전만큼 감정소모가 크지 않다고 한다. 동료들의 도움과 익순 씨의 노력으로 이제는 스스로 대처할 수 있는 힘이 생긴 것이다.

좀체 가시지 않는 편견

살아가면서 경제력은 반드시 필요한 부분이고, 경제력을 얻기 위해서는 일을 해야 한다. 안타깝지만 직업으로 판단 받는 사회에 우리는 살고 있고, 대부분의 사람들은 직업을 가져야만 살아갈 수 있다. 하지만 높은 편견의 벽 때문일까? 장애인, 특히 정신장애인은 낮은 취업률을 보이며 직업 활동과 관련해 굉장히 열악한 현실에 처해있다. 최근 이슈화된 정신장애와 관련된 여러 사건들로 인해 불안한 시선들을 보내기도 한다.

우리가 뉴스에 나왔대요!

"우리가 또 뉴스에 나왔대요. 옆집 사람을 때렸다고 하더라고요."

"또 난리 나겠네, 병원에 입원시켜야 된다고."

"폭력을 쓴 그 사람이 나쁜 거지, 왜 정신장애인이 나쁘다고 하는 거지?"

뉴스에 나온 정신장애인에 대한 부정적인 보도를 접하고 아침부터 다들 논쟁이 심하다. 정신장애인에 대한 이미지가 나빠진 탓을 하는 사람도 있고, 그런 사람들을 돌봐주지 않은 정신건강센터와 사회에 아쉬움을 표현하는 사람도 있고, 각자 사정이 있었을 것이라며 걱정해 주는 사람도 있다. 실제로 정신장애인의 범죄 비율은 낮지만 '20대 이모씨, 층간소음으로 윗집 사람 폭행'보다는 '정신장애인, 이웃집 폭행'이라는 제목이 사람들의 흥미를 더 끌기에 좋다.

전자에는 '층간소음이 문제야.'라는 반응이라면 후자는 '이래서 정신장애인이 문제야. 우리 집 근처에도 살고 있지 않을까?' 걱정하며 바라보는 시각이 다르다.

어떤 사정이 있었는지는 중요치 않다. 기삿거리가 되지 않는 보통의 흔한 일상도 '정신장애인'이라는 타이틀이 붙으면 이슈가 되는 것 같다. 안타까운 마음이 컸지만, 한편으론 그런 생각도 들었다. 사람들은 주변 사람들을 통해 들은 이야기와 자신의 경험을 믿으며 이로 인해 생긴 신념은 쉽게 변하지 않는다. 그렇기 때문에 담당자 또한 정신재활시설에 근무하며 정신장애인을 접한 경험이 없고, 매스컴을 통해 정신장애인을 경험했다면 같은 편견을 가지고 있었을지도 모른다.

사람의 성향은 모두 다르다. 정신장애인이어서가 아니라 모든 사람들은 각자 다른 성향을 지니고 있다. 그 중 누구는 폭력적인 성향을 가지고 있을 수도 있다. 하지만 폭력적인 성향의 한 사람을 보고 '모든 사람은 폭력적이야.'라고 이야기하지 않듯, 한 명의 당사자를 보고 '모든 정신장애인은 위험해.'라고 생각하지는 말아야 한다.

단순히 '정신장애인은 절대 위험하지 않아요.'라고 말할 수는 없다. 약물관리가 잘 되지 않을 경우, 사회적 연결고리가 없을 경우 충분히 예상치 못한 돌발행동이 있을 수 있다. 하지만 그 전에 정신장애인들이 고립되지 않고 사회의 지지 속에 있다면 이를 예방할 수 있지 않을까. 세간의 정신장애인과 관련된 여러 사건들을 보면 단순히 약을 끊어서 증상이 악화되는 것이 아니라 사회적으로 고립된 환경에 처해 있는 사람들이 많다. 약이 모든 것을 해결해 주기보다는 최소한의 약물과 주변 사람들의 지지, 사회적 관계가 중요하다는 생각이 든다.

"이러다 일자리 잘리는 거 아니야?"

"안 그래도 취업이 힘든데… 더 힘들어지겠네."

회원들은 취업을 우려한다.

"아니, 지원 씨가 착하고 일 잘하는 건 내가 제일 잘 아는데. 그럴 일은 없겠지만 요새 뉴스에 보면 조현병 환자가 그렇게 위험하다고 하더라고. 사고도 많고. 우리 직원들한테 혹시나 해가 되지 않을까 걱정이 되어 전화 했어요."

사업체 담당자가 걱정을 한다.

몇 년째 회원들이 성실히 근무하고 있는 회사지만, 자극적인 기사를 좋아하는 현대사회에 매스컴의 영향력은 굉장하다. 긍정적인 관계를 맺고 있는 사업체조차도 자극적인 기사에 걱정스런 마음이 드는 것도 이해하지만 몇 년을 같이 살며 일한 우리 회원들보다 기사 하나를 더 신뢰하는 것을 보고 내심 서운한 마음이 든다. 당사자들은 예민하게 다가오는 대인관계, 업무, 여러 가지 직장 스트레스 속에 있다. 그 안에서 개인 성장을 위해, 보람을 위해, 사회의 편견에 맞서기 위해, 경제적 이유처럼 다양한 이유들로 취업을 유지하기 위해 노력하고 있다. 이런 당사자들의 노력과 직장과 당사자 사이에서 센터의 노력이 처음으로 다시 돌아가는 것 같은 기분이 들었다.

"우리가 더 잘 하면 되죠. 더 잘하는 모습을 보여줘서 편견을 깰 거예요!"

오히려 당사자들은 각오를 다지며 서로를 위로한다.

저는 왜 일이 늘지 않죠?

“저보다 한참 늦게 온 후배가 저한테 반말로 일을 지시하더라고요. 나이도 10살이나 어린데… 그러면 안 되는 거 아니에요?”

재욱 씨가 속상함을 토로한다.

그렇다. 여기는 외국이 아니라 한국이다. 한국에는 존댓말이 있고, ‘나이’와 ‘입사일’을 기준으로 한 직장예절이 존재한다. 조직관계가 수평적으로 흘러간다고 하지만, 여전히 수직적인 상하관계의 문화에 익숙한 우리는 나보다 어린 직원이, 후배 직원이 업무를 지시하면 괜스레 자존심이 상한다. 그 태도가 공손하다면 상관없겠지만, 무시하는 말투라면 더욱 화가 난다.

일을 시작한 지 1년이 넘었지만 아직도 업무가 어렵다고 한다. 스스로도 못하는 걸 알고는 있지만, 저렇게 지적을 당하니 화가 나지 않을 수 없다. 정신과 약을 먹고 있지만 장애등록을 하지 않아 가족의 연계로 일반취업을 한 상태이다. 그런데 회사 측에서는 당사자의 미숙한 업무와 장애를 알고 임금까지 깎았다고 한다. 열심히 하는데, 왜 일이 늘지 않는지 본인이 가장 속상하다. 미숙한 업무로 선배들에게 잔소리를 듣기 일쑤, 이제는 후배들까지 무시한다. 잘해야 하는데, 잘하고 싶은데 마음처럼 몸이 따라주지 않아 스스로도 힘든데, 주변의 질책까지 더해지니 환청도 더 심해졌다.

“멀쩡해 보이는데 왜 그러는지 모르겠어. 이래서 어떻게 같이 일해?”

회사에서는 당사자의 장애를 이해하지 못한다. 눈에 보이는 장애가 아니기 때문에 더욱 이해가 어렵다. 당사자의 특성을 설명하고 상황에 대해 같이 이야기를 나누고자 했지만 회사는 센터의 개입을 원치 않는다. 사업체에서 일어난 일은 내부에서 해결하고 싶다는 것이다. 어린아이가 부모님에게 이르는 것처럼, 회사에서의 일을 센터의 직원과 상담하는 것이 이해가 가지 않는다고 한다. 가족들 역시 당사자가 힘든 상황임을 알지만 장애등록을 하지 않은 상황으로 재취업이 어렵기 때문에 회사를 계속 다니고 싶다며 개입을 원치 않는다. 지원할 방법이 없어 보였다. 어떤 개입도 할 수 없어 답답한 마음이었다. 환경을 변화시켜 줄 수 없기에 근본적인 해결도 어렵다. 이런 상황이 지속되면 당사자는 언젠가 폭발할 것 같고, 일을 오랫동안 지속하지 못할 것이라 생각했다. 당사자는 매일 전화해서 어려움을 토로한다. 담당자가 할 수 있는 일이 무엇일까? 당사자에게 물어보았다.

"전 뭔가 해주길 원하지 않아요. 이야기를 누가 들어주는 것만으로도 마음이 풀려요."

담당자는 나서서 이 상황을 해결해야 한다고 생각했지만, 당사자는 그냥 이야기를 들어줄 사람이 필요하다고 했다. 당사자의 상황을 이야기하고 취업회원들에게 도움을 요청했다. 담당자 혼자보다는 여러 명이 더 나을 것 같았다. 위로, 공감, 칭찬을 우선으로 하되 사회생활을 하면서 감당해내야 할 것들, 근로자로서 의무 따위에 대해서도 같이 이야기를 나누며 대처 방법을 고민했다. 그렇게 1년이 지났는데, 회사 환경은 여전하고 취업회원들과 같이 당사자의 고생을 들어주며 정서적 지지를 해주는 것밖에 한 일이 없는데, 생각보다 당사자는 잘 지내고, 1년 이상 취업을 유지하고 있다. 최근에는 환청도 많이 줄어들었으며 시간이 지나자 일에도 적응하여 독립적으로 업무수행이 가능해졌다며 자신감을 보인다. 또 임금도 올랐다. 같은 어려움을 고민하고 있는 취업회원들과 자조모임을 통해 서로 고민을 나누고, 나만 겪는 일이 아니라며 위로를 받았다고 한다. 당사자의 이야기에 무조건 사업체에 직접 개입해서 담당자가 무언가를 해결해 줘야 한다는 의무감을 내려놓을 수 있었다.

이쯤에서 준수 씨가 근무하며 겪은 환청 사례를 소개한다. 이 사례를 통해 정신장애인의 취업 상황을 이해할 수 있으면 좋겠다.

[그림 3-1] 준수 씨의 환청

열심히 일을 하고 있는데, 갑자기 팀장님의 목소리가 들린다.

"준수야, 왜 그거 밖에 못하니? 다른 사람들처럼 더 열심히 해야지."

계속 나만 다그친다. 근무 중 고객으로부터 좋지 않은 소리를 들었다. 이상하게 그 후로 온몸이 바늘로 찌르는 것 같이 고통스럽다. 너무 힘들어 서 있을 수조차 없다. 팀장에게 알리고 잠시 휴식을 취하려고 했다.

"멀쩡해 보이는데, 아프다고? 왜 그러니? 꾀병 아니야?"

"난 그런 얘기 한적 없는데 잘못 들은 거 아니야?"

팀장님께서는 아프다는 내 말을 믿지 않으셨고, 나에게 말을 건 적이 없다고 하셨다.

억울했다. 분명 팀장의 목소리를 들었는데. 분명히 나는 온몸이 터질 것 같이 아픈데… 남들이 겉으로 보기에는 내 고통을 이해할 수 없나보다. 나는 일이 하기 싫어 꾀병을 부리는 사람으로 비춰지고 있다. 같은 일이 반복되면 더 이상 근무가 어려워질 것이다. 해결책을 찾아야겠다 싶어 센터 회원들에게 내 증상을 공유했고, 내 증상이 환청이라는 것과 신체화라는 것을 알게 되었다. 회원들과 같이 당사자연구를 했다. 당사자연구는 자신의 고생을 연구하는 것이다. 당사자연구를 통해 어떤 상황에 고생이 오는지, 그 패턴을 찾고 고생이 오는 이유를 알아내어 대처 방법을 찾는 것이다. 팀장님에게 가서 내가 '환청'을 들은 것 같다고 이야기를 했다. 그러자 팀장님이 화를 내셨다.

"내 목소리가 환청으로 들렸다구? 난 잘해줬는데 왜 나를 나쁜 사람 만들어?"

나중에 알아보니 팀장님은 '환청'은 무조건 안 좋은 것이라고 생각했다고 한다. '증상'은 치료해야 하는 것, 없애야 하는 것으로 생각했기 때문에 정신건강의 증상 중 하나인 환청은 나쁜 상황에서만 들리는 것이라고 생각해서 내가 팀장님을 싫어한다는 오해를 했다고 한다.

"팀장님. 전 팀장님께 인정받고 싶어요. 일을 잘한다고 칭찬받고 싶고, 예쁨 받고 싶어요. 그래서 잘하라고 채찍질 하는 팀장님의 목소리가 계속 제 귓가에 들려요."

"신체화는 몸을 아프게 함으로써 일이 하기 싫을 때 일을 쉴 수 있도록 도와주었죠. 저를 돕는 방법이었어요."

당사자연구를 통해 알게 된 내 감정을 솔직하게 얘기하고 도움을 요청하였고, 내가 팀장님을 싫어한다는 오해도, 꾀병이라는 오명에서도 벗어날 수 있었다.

동료의 힘

"은섭이가 통근버스를 안 탔어! 어떡하지?"

"은섭이가 통근버스를 놓쳤어요! 늦잠을 잤나 봐요."

은섭 씨가 통근버스를 타지 못했다는 전화만 아침에 5통을 받았다. 일어날 때까지 울리는 알람처럼 은섭 씨가 출근할 때까지 울린다. 아마 한 시간쯤 지나면 은섭 씨가 출근하지 못한 것을 센터의 모든 회원들이 알게 될 것이다. 우리 센터의 회원 모두가 정보통이기 때문이다. 한 명이 1분만 지각해도 걱정을 하며 난리가 난다. 그 덕에 나는 빠르게 상황을 파악하고 은섭 씨를 회사로 출근할 수 있게 지원해 줄 수 있다.

어느 날에는 기분 관리가 되지 않아 출근을 하지 않겠다는 준기 씨를 1시간 여간 전화로 설득하여 다시 출근하게 한 것은 사례담당자나 사업체 팀장님이나 그 누구도 아니다. 바로 함께 근무하는 동료 재욱 씨였다. 재욱 씨는 준기 씨를 응원해 주었다.

"우리 같이 일 시작했잖아. 끝까지 책임감 있게 함께 해야지."

15년 만에 취업훈련을 앞두고 불안감으로 망설이던 수정 씨에게 손을 내밀어 취업으로 첫 발걸음을 내딛게 해 준 것은 바로 절친한 동료 장우 씨였다.

직장 상사와 마찰이 생겼을 때도 "해원이는 팀장님을 미워해서 그런 게 아니에요. 예쁨 받고 싶고, 사랑받고 싶어서 그런 거예요." 라며 두둔해준 사람도 같이 근무하던 동료였고, 일이 힘들어 점심도 거르고 울고 있던 당사자에게 유일하게 음료를 건네준 것도 동료였다.

"같은 고생을 하고 있기 때문에, 우리는 서로를 잘 알아요. 나도 힘들 때에 동료들에게 많이 지지를 받았어요."

아무리 당사자 편에 서서 고생을 이해하려고 하지만 실제 그 고생을 함께 나눈 동료들에 비할까. 회원들은 서로 고생을 나누고, 공감하며 연대를 통해 힘을 얻고 있다.

우리가 여행을 떠난 이유

취업회원들이 나들이나 워크숍을 갈 때면 외치는 말이 있다. 굉장히 오래전 유행한 H카드사 광고 문구인데, '열심히 일한 당신 떠나라!' 다양한 업무스트레스에서 잠시나마 해방되어 인생을 즐기라는 말이다. 광고자체는 결국 '돈'을 쓰라는 이야기였지만, 많은 직장인들은 열심히 일한 사람에게 주는 보상인 것처럼 이 문구를 인용하여 휴가를 떠났다. 최근엔 단순히 물욕을 채우는 것이 아닌, 내 집 마련, 노후 준비보다 자신의 행복을 가장 중요시하는 소비 형태를 뜻하는 '욜로', 일과 여가생활의 균형을 중시하는 '워라벨' 같은 말이 생겨나고 있다. 쉬지 않고 일만 하는 시대는 지났다. 적당히 일하면서, 적당히 나를 위한 삶을 즐길 줄 아는 것이 현명한 직장인이다. 그래서 우리도 떠나기로 했다, 동료들과 함께!

"매일 반복되는 일상에서 벗어나고 싶어요."

"다른 직원들이 휴가기간이다 해서 삼삼오오 모여 여행을 계획하고 있는 게 부러워요."

"불금이다, 불토다 하며 퇴근 후, 회식을 하는 것도 부러웠어요. 직장인이라면 기본적으로 다 한다는 그 회식에도 참여해 본 적이 거의 없거든요."

퇴근해서 친구들과 시원하게 마시는 맥주 한 잔이, 여름휴가다 겨울휴가다 해서 쉽게 떠나는 여행이, 어떤 사람들에게는 '쉬운 일'이고 '대수롭지 않은 일상'일 수 있겠지만 당사자들에겐 아니다. 회원들은 주말 자조모임을 통해 볼링, 당구 같은 여가활동을 같이 즐기고 있지만 반복되는 일상과 행동, 생각에서 벗어나 새로운 자극이 필요하다. 그래서 함께 떠나기로 했다. 그것도 아주 멀리!

나도 여행을 좋아해 1년에 몇 차례씩 여행을 떠나곤 한다. 작년엔 16일 휴가를 몽땅 여행에 바쳤다. 소중한 휴가를 하루라도 더 아껴 여행을 떠나야 했기에 아프지도 못했다. 여행이 주는 자유로움은 재미없이 반복되는 일상에서 떠난다는 것 자체로 행복이다. 여행이 나를 버티게 해주는 힘이 되었던 것처럼 회원들에게도 힘이 되기를, 여행이 주는 자유로움과 즐거움을 느낄 수 있기를 바랐다.

우리는 매월 10만 원씩 모으기로 했다. 여행을 계획하고, 기다리며 설레는 그 모든 과정이 이미 여행의 시작인 것이다. 그렇게 첫 회비를 넣는 그 순간부터 우리들의 여행은 시작되었다. 대부분의 회원들은 해외여행이 처음이다.

"저희 어디가면 좋을까요?"

"텔레비전에서 봤는데, 발리가 그렇게 좋데요!"

"저 근데 그때 휴가 낼 수 있을까요? 아프면 어쩌죠?"

첫 모임부터 일정과 여행지가 정해지지도 않았는데 벌써부터 기대와 걱정이 난무한다. 그렇게 1년간 모은 돈이 120만 원이나 되었다.

"일본 디즈니랜드 어때요?"

"푸른 바다와 아름다운 석양빛의 하와이요! 아님 발리? 몰디브?"

"왜 우리랑 신혼여행을 가려고 해. 거기는 나중에 와이프랑 같이 가고, 미국은 어때?"

정해진 비용과 휴가일정을 고려하며 다음날 근무에 지장이 없도록 일정을 짜야 했기에 선택지가 많지 않지만 첫 여행인 만큼 다들 하고 싶은 것도 많았고, 가고 싶은 곳도 많았다. 이러다 7명 모두 흩

어져 개별여행이 될 판이었다. 각자 가고 싶은 장소와 이유를 이야기하며 비행기 시간과 가격을 따졌다. 최종 후보에 오른 곳은 필리핀 세부, 일본 오키나와, 베트남 다낭이었다.

고민 끝에 푸른 바다가 펼쳐진 최고의 휴양지 필리핀 세부로 정했다. 하지만 형주 씨가, 필리핀 교민이 IS(이슬람 테러단체)에 의해 납치되었다는 뉴스를 듣고(필리핀 변두리 지역이었다) 납치당할 것에 대한 불안감으로 필리핀은 절대 못갈 것 같다고 했다. 급하게 여행지를 변경했다. 다시 회의를 거쳐 선택한 곳은 베트남 다낭과 호이안이었다. 테러의 위험에서도 안전하고, 물가도 저렴하며 회원들이 노래를 부르던 푸른 바다도 볼 수 있는 곳이다. 회원들이 휴식여행을 원하기도 했고, 새로운 문화를 접해볼 수 있으면서 무리하지 않는 곳으로 안성맞춤이었다.

여권을 만들기 위해 차려입고 증명사진을 찍고, 휴가를 내서 도청도 방문했다.

"제 여권 좀 맡아주시겠어요? 잃어버릴까 무서워서요."

형주 씨는 출발하기 두 달 전부터 여권을 분실할까봐 맡아줬으면 좋겠다고 했다.

"카메라는 이미 내가 챙겼어. 사진은 내가 찍어줄게."

한 달 전부터 짐을 다 싸놓았다고 자랑하며 회원들에게 늦기 전에 얼른 짐을 싸야 한다고 정태 씨가 재촉했다. 이때까지 정태 씨는 여행사진을 찍을 생각으로 카메라를 제일 먼저 챙겼지만, 배터리를 챙겨오지 않아 사진은 한 장도 찍지 못하는 일이 벌어질 것이라고는 상상도 못했다.

청주에서 인천공항으로 떠나던 날, 다들 1주일 유럽여행이라도 가듯 큰 캐리어를 끌고 왔는데, 그중에서도 유독 큰 캐리어가 있었다. 바로 지원 씨의 것. 혼자 끌 수도 없어 이동 시마다 남성 회원들의 도움을 받았다. 옷을 많이 싸오셨나? 기념품을 많이 사실 건가? 캐리어 속의 비밀은 얼마 지나지 않아 밝혀졌다. 식사시간만 되면 슥 올라오는 익숙한 음식냄새, 매콤하고 고소한 이 냄새는 바로 지원 씨의 캐리어에서 났다. 캐리어에는 김, 고추장, 과자, 자반, 없는 것이 없었다. 음식이 입에 맞지 않아 행여나 회원들이 밥을 굶을까 염려하여 싸오셨다고 한다. 회원들은 예민하지 않은 입맛 덕분에 베트남 음식을 잘 드셨지만, 지원 씨의 성의를 생각해 한국음식을 다시 되돌려 보내면 안 된다는 일념으로 김에 쌀국수를 싸먹고, 반쎄오[1]에 고추장을 뿌려먹고, 퓨전음식을 창조하며 열심히 먹었다.

설레는 마음으로 떠난 여행이다. 준영 씨는 방금 식사를 했음에도 계속 책자를 보고 승무원에게 음식과 물품을 한 번에 하나씩 주문한다. 더 이상 먹기 힘들었던지 주변 동료들에게도 음식을 사주었다. 비싼 물가였지만 준영 씨는 가격에 개의치 않았고 즐거워했다. 하늘 위에서의 주문이 신기해서인지, 예쁜 승무원이 친절해 좋았는지 모르겠지만 준영 씨는 마냥 싱글벙글하였다.

올해 48세, 정태 씨는 가는 관광지마다 기념품을 구입하려고 했다. 베트남에 가면 누구나 사온다는 커피, 말린 과일, 전통음식 따위였다. 부모님과 직장 동료들에게 줄 선물들이야 그렇다고 칠 수 있지만 도가 넘었다. 비행기 안에서는 비행기 모형 장난감, 바나힐[2]

1) 쌀가루 반죽에 각종 채소, 해산물 따위를 얹어 반달 모양으로 접어 부쳐낸 베트남 음식이다.

2) 다낭 최대의 테마파크이다.

에서는 손가락인형, 어느 시장에서는 코끼리인형으로 정태 씨의 인형사랑은 끝이 없었다. 인형을 모으는 취미가 있었던 건지, 물가가 싸다고 하지만 관광지의 터무니없는 바가지에 정태 씨의 주머니 사정을 생각해 회원들이 말리기도 했다.

다낭은 한국보다 2시간 늦다. 하지만 이곳에서 시차는 존재하지 않았다. 나도 보통 여행을 하면 2~3만보는 거뜬히 걷는 체력이었는데, 왠지 모르게 피곤해지는 느낌이 들었다. 회원들은 잠도 없었고, 쉬 지치지도 않았다. 분명 '휴식여행'을 원하신다고 했는데, 다들 왜 이렇게 부지런한지, 아침엔 한국 시각에 맞춰 일어나고, 저녁엔 다낭 시각에 맞춰 잤다. 우리의 밤은 잠들지 않았고, 늘어지게 자다가 자유롭게 일어나 느긋하게 아침식사를 하는 여유도 없었다. 음식이 채 준비되기도 전부터 줄을 섰고, 덕분에 일찍 시작한 하루는 길었다. 한국에서 열심히 계획했던 일정은 모두 1~2시간씩 앞당겨졌고, 차량 호출이나 관광지 예약시간을 변경하며 일정을 조율하느라 정신이 없었다.

마지막 날 돌아오는 비행기와 집으로 가는 공항 리무진 안에서 한마디도 없었던 걸 보면 모두 피곤했을 테지만 최대한 오래 이 시간을 즐기고 싶었던 것 같다. 관광지의 볼거리와 매일 마사지를 받으며 다리의 피로와 마음의 안정을 얻은 덕분에, 지인 씨가 찾은 베트남 맛집 덕분에, 형주 씨의 능통한 영어실력 덕분에, 지원 씨의 한국음식 덕분에 우리는 왁자지껄했던 첫 해외여행을 무사히 마칠 수 있었다. 짧은 시간이었지만 잠시나마 회원들이 힐링되었기를 바란다.

"지인 씨랑 저랑 통하는 게 많더라고요. 8년간 했던 얘기보다 여행 가서 이야기를 더 많이 한 것 같아요."

"다음엔 저희 둘이 여행하기로 했어요, 남자들만의 여행!"

24시간씩 며칠간 붙어 다니며 잠도 같이 잤으니 정이 들 수밖에 없었다. 몇 년째 같이 센터를 다닌 동료지만, 여행을 통해 처음으로 서로를 이해하게 되었다고 한다. 이번 여행으로 용기가 생긴 형주 씨와 정태 씨는 다음번에는 사나이들의 우정여행을 간다 하고, 다른 회원들은 다시 회비를 모으며 벌써부터 다음 여행지를 기대하며 들떠 있다.

[그림 3-2] 우리가 여행을 떠난 이유

마음 놓고 땡땡이 칠 수 있는 회사

일본 홋카이도 남쪽 끝자락에 있는 마을인 우라카와에는 마을과 함께 살아가는 정신장애인 공동체, 베델의 집이 있다. 병과 발작, 말썽과 다툼이 가득한 베델의 집은 일반적인 주장과 계획에 맞춘 사회복귀나 자립을 지향하지 않는다. 병을 치료하는 것, 환각이나 망상을 없애는 것, 훌륭한 사람이 되어서 의젓하게 제 몫을 하는 것이 아닌 병이 있든 없든 '그대로도 괜찮다.'는 생활 방식을 지향한다. 있는 그대로 자신을 받아들이며, 문제가 있으면 사람들끼리 서로 부딪치면서 해결해 나가려는 시도를 한다. 또한 그들은 스스로 회사를 만들어 활동하며 '마음 놓고 땡땡이 칠 수 있는 회사'를 모토로 한다. 회원들은 베델의 집의 '지금 이대로도 괜찮아.'라는 말처럼 정신장애 당사자가 변하는 것이 아닌, 우리의 있는 모습을 그대로 받아주고 일할 수 있는 환경을 변화시켜 주는 사업체가 있다면 그곳이 바로 '유토피아'일 것이라고 말한다.

일을 하다 보면 하루 출근하고 그만두는 사람, 동료들과 싸워서 전화를 하는 사람, 잦은 변덕으로 인해 일을 했다, 그만 뒀다 반복하는 사람, 여러 부류의 사람들을 볼 수 있다. 힘들 때도 있고, 화가 나기도 한다. 본인을 위해 일하는 건데 그럴 때마다 안타까운 마음이 든다. 사업체로부터 당사자에 관해 좋지 않은 이야기를 들은 날이면 더욱 마음이 무겁다. 하지만 가장 힘든 건 아마 당사자들일 것이다. 끝없는 자신과 싸움, 증상으로 인한 고생, 매일 부정적인 시선들 속에서 근무하고, 사회에 적응해서 살아가는 것이 얼마나 힘이 들까. 하지만 회원들은 그 속에서도 우리를 버티게 해주는 힘, 그것은 바로 동료들이라고 말한다. 취업회원과 인터뷰하며 얻은 내용 중에서 아직도 내 머리에서 맴도는 말이 있어 소개한다.

> 때로는 취업장이 전쟁터와 같이 느껴질 때도 있어요. 하지만 동료들과 의지하면서 하나씩 일을 배워가고, 사회 속에서 역할을 수행해 가는 과정은 망상, 환청, 강박 같은 비현실 속에 있던 나를 현실로 이끌어주는 통로가 되었어요. 작은 역할이지만 내 역할을 충분히 해내며 성장할 수 있는 계기가 되었고, 사회도 나를 필요로 했다는 것을 느끼면 성취감이 배가 돼요.

새 로 운 사 회 복 지 실 천 당 사 자 연 구

4
소란스럽지만 평범한 나날들

박누리

살아가다 보면 이러쿵저러쿵 다양한 일들을 겪게 된다. 때로는 좋은 일이 있을 수 있고, 때로는 나쁜 일이 될 수도 있다. 당면한 그 순간에는 무언가 특별하고 새로운 것만 같은 날들이 지나고 보면 아무것도 아닌 평범한 일이 되기도 한다. 누구나 이런 하루하루를 살아간다. 50명이 함께 하는 센터의 하루도 마찬가지다. 소란스럽고 크고 작은 사건사고가 계속되지만 지나고 보면 늘 있는 센터의 하루에 지나지 않다. 소란스럽지만 평범한 나날들 속에서 다양한 에피소드를 겪으며 우리는 조금씩 함께 성장해 나간다. 7가지 에피소드를 소개하는데, 여기에 언급된 이름은 모두 가명이다.

좋은 사람이고 싶어요

영순 씨와 신경전을 했다. 나들이마스터를 다녀온 후에 사례회원 자조모임[1)]을 하는 일정이 계획되어 있는데, 나들이마스터 출발 전에 확인하니 영순 씨는 다녀와서 일자리사업[2)] 업무인 주방정리를 해야 한다고 했다.

"나들이마스터 갔다가 자조모임 있다고 했는데 주방 정리를 왜 지금까지 안 하셨어요?"

"성식 오빠랑 쉬고 있었어요."

다른 회원들의 설거지가 끝나면 바로 주방정리를 해야 하는데, 계속 쉬고 있다가 시간을 놓쳐버린 것이다. 외부활동이 있을 때는 일정을 확인하고 미리 일을 끝내놓았어야 했는데, 영순 씨가 일을 늦게 마치면 그만큼 회원들의 일정이 다 밀린다는 것을 설명했다.

"그럼 저는 쉬지도 못해요?"

갑자기 씩씩대며 화를 내기 시작했다.

"왜 저한테 화를 내세요?"

"일자리사업을 하면서 힘들어서 쉬는 건데 제가 일을 안 하는 것도 아니잖아요!"

1) 사례회원 자조모임은 월 1회 당사자들이 주도하여 다양한 활동을 계획하고 진행하도록 한다. 당사자가 주도적인 역할을 수행할 수 있는 기회를 마련하여 주체적인 참여경험으로 회복을 지원한다.

2) 장애인복지일자리사업은 취업 취약계층인 장애인에게 일자리 제공을 통한 사회참여와 소득보장을 지원하는 사업으로 일자리 제공기관으로 위탁받아 현재 9명의 회원이 참여하고 있다.

내게 괜히 화를 내서 나도 화가 나기 시작했다. 여태 계속 쉬고 있지 않았냐고 하니, 영순 씨는 계속 화를 내기만 했다.

"그럼 일자리사업에 제때 참여하지 않았다고 팀장님께 전달해야겠네요."

말이 안 통하는 상황에 나도 짜증이 나서 업무소홀로 일자리 담당자에게 말하겠다고 한 뒤 나들이마스터를 다녀와서 출발 전까지는 주방정리를 끝내야 한다고 말했다.

그러고 나서 이동하기 위해 회원들과 버스정류장에서 기다리고 있는데, 성식 씨에게 계속 꿍얼꿍얼 불평하는 모습을 보였다. 버스를 타고 가던 중 영순 씨가 옆으로 다가왔다.

"왜 그걸 팀장님한테 말해요? 제가 일을 안 했어요? 이따 하면 되잖아요."

영순 씨가 눈을 흘기면서 목소리를 높이기 시작했다.

"일을 아예 안 했다는 게 아니라 성식 씨와 쉬면서 놀다가 정해진 시간에 안 하신 거잖아요."

"저 일 했어요. 마무리만 조금 하면 되는 거예요."

분명 설거지가 끝나고도 계속 쉬다 일을 안 했으면서 주특기인 말 바꾸기를 시작하기에 거짓말 하지 말라고 하니, 영순 씨는 버스 안에서 자꾸 큰소리로 화를 냈다. 공공장소이고 다른 사람들도 있어 조용히 해야 한다고 이야기했더니, 말은 안 하지만 성난 황소처럼 씩씩 대셨다. 영순 씨의 화난 감정은 만화카페를 이용하면서도 이어졌다. 화 그만내고 진정한 후에 조용히 대화하자고 해도 듣지를 않았다.

"대체 제가 뭘 그렇게 잘못해서 저한테 화를 내시나요?"

"일을 안 하는 것도 아닌데 팀장님한테 얘기한다고 했잖아요."

"그래요, 제가 잘못했네요. 알았어요. 팀장님한테 얘기 안 할게요. 그럼 됐나요?"

마음이 지쳐서 더 이상 이야기를 하고 싶지 않아 팀장님한테 전하지 않겠다고 하니, 그제야 수긍하면서 성식 씨와 어울리며 시간을 보냈다. 이후 갑자기 밝아진 모습을 보이며 나에게 아무렇지 않게 말을 걸고 친근하게 다가오려는 모습을 보이니 마음이 상해서 일부러 영순 씨에게 퉁명스럽게 대했다.

며칠 후 영순 씨와 이야기를 하며 그 날 왜 그렇게 화를 냈는지 물으니 팀장님한테 이야기한다고 하니 자기가 나쁜 사람이 될 것 같아서 불안했다고 한다. 영순 씨를 나쁜 사람으로 만들려는 게 아니라 영순 씨가 화만 내기에 주어진 업무를 제대로 하실 수 있도록 담당자에게 전달하는 것뿐이라고 이야기했다. 그래도 영순 씨는 불안해서 화를 내게 되었다고 한다. 나에게 화풀이하는 영순 씨가 미웠지만 항상 좋은 사람으로 보이고 싶은 마음이 충분히 이해가 되었다. 나도 가족들과 다툴 때 내가 잘못했다는 걸 알면서도 인정하면 내가 나쁜 사람이 되는 것 같고, 무조건 좋은 사람으로 보이고 싶은 마음 때문에 나는 잘못한 게 없다는 식으로 우기면서 화를 내기 때문이다. 처음 신경전이 벌어졌을 때 내 잘못을 인정하고 사과했으면 간단히 끝났을 일을 오히려 내가 먼저 화를 내다가 큰 싸움으로 번졌던 적이 여러 번 있었다.

"미안해, 다음부터 잘 할 게."

사실 이 한마디면 되는 것을 내가 잘 못했다는 걸 인정한다는 게 참 어렵다. 사람이 문제가 아니라 문제가 문제인 것을 받아들인다는 건 회원들에게도, 나에게도 아직 익숙하지가 않은 것 같다. 영순 씨에게 다음부터 화내지 않고 마음을 솔직하게 표현하면서 잘 지내보자고 했다. 아직 갈 길이 멀지만 조금씩 같이 노력해야겠다.

닮은 꼴 찾기

회원들과 지내다 보면 닮은 점을 찾게 될 때가 있는데, 순희 씨와 미진 씨를 보면서 나와 닮은 점을 발견했다. 바로 가족에 관한 것이다.

한번은 순희 씨가 흥분하셔서 이야기를 들어드린 적이 있는데, 가족관계로 많이 힘들어 하고 있었다. 1년여 전 어머님이 돌아가시고, 아버님과 생활을 시작하면서 갈등이 많았다고 했다. 어머님이 계실 때도 상담하면서 아버님에게 불평을 표현하긴 했지만 중재자인 어머님이 안 계시면서 불협화음이 폭발한 것 같다. 어머님에 대한 그리움까지 모두 아버님에게 불만으로 이어지는 모습을 보니, 순희 씨도 안타깝고 가족들도 참 속상하겠구나 싶었다.

“아빠는 나만 무시하고 동생들 말만 들어요.”

아버님은 아버님 나름대로, 순희 씨는 순희 씨 나름대로 자기만의 어려움이 있어 그런 것일 텐데, 순희 씨는 아버님으로부터 상처가 있다 보니 작은 갈등도 크게 받아들이고 있었다. 나도 마찬가지였다. 오랜 기간 가족들과 떨어져 지내다가 엄마랑 같이 살게 되면서 생활방식이 참 많이 달라 처음엔 갈등이 잦았다. 나는 내 입장에서 이야기하고, 엄마는 엄마 입장에서 이야기하다 보니 의견이 좁혀지지 않을 때가 많았다. 정말 별것 아닌 일로 일주일이 넘게 말도 하지 않고 지낸 적도 있었다. 지금은 서로 다른 부분을 조금씩 인정해 가면서 갈등이 처음보다는 조금 줄었다. 내가 오랜만에 엄마와 함께하는 생활이 익숙하지 않았던 것만큼 순희 씨는 아버님과 둘만의 생활이 처음이라 서툴고 어려운 것 같다.

미진 씨와 닮은꼴을 발견한 때는 가정방문 갔을 때였다. 사례회원[3]으로 지낸 지 3년 정도 지나 미진 씨가 이제 마음을 조금씩 열어주는 부분들을 어머님에게 설명해 드렸다. 웃음이 많아지고 눈도 잘 마주친다던지, 증상이 폭발[4]했을 때 스킨십을 하면서 대화를 하면 안정이 되는 것들을 얘기했는데, 집에서는 전혀 그렇지 않다고 하시면서 어머님이 놀라워 하셨다. 어머님은 미진 씨와 관계를 좁혀보고자 조금씩 손도 잡고 안아주려고도 하는데 그럴 때마다 미진 씨는 피하면서 하지 말라고 화를 낸다고 한다. 이야기를 듣고 내가 미진 씨의 등을 쓰다듬으며 어떠냐고 하니 괜찮다고 하는데, 어머님이 하려고 들면 거부하였다.

"미진 씨, 제가 미진 씨 폭발했을 때 악수하거나, 안아주거나 하면 괜찮아요?"

"네, 괜찮아요."

"그럼 어머님이 스킨십 하는 것은 어때요?"

"이상해요, 안 했으면 좋겠어요."

어머님은 미진 씨의 발병 초기에 상태를 잘 몰라서 나으라고 일부러 크게 화를 내며 무섭게 대한 것이 상처가 된 것 같다며 미안하다고 했다. 미진 씨에게 어머님이 만지면 예전 일들이 생각나느냐고 물으니, 그건 아니라고 했지만 알게 모르게 상처로 남아 어머님

3) 직원별로 담당하고 있는 회원으로 센터에서는 직원별로 7~8명씩 회원을 담당하여 사례관리를 진행한다.

4) 여러 가지 곤란에 직면했을 때 자기대처 방식이다. 자기를 돕는 방법 중 하나로 벽을 치거나 큰 소리를 지르거나 하는 방법이 일반적이지만, 효과가 일시적이고 뒤처리도 어려워 다음 폭발의 동기가 되는 경우도 많다(이진의 역, 2016, 『베델의 집 렛츠! 당사자연구』, 무카이야치 이쿠요시 엮음, EM커뮤니티, 32쪽).

에게 벽을 만드는 것 같았다. 이런 미진 씨를 보면서 또 내 모습이 떠올랐다. 나도 어릴 적 가족들과 떨어져 지내는 동안 사랑받지 못했다는 마음에 아직도 어린아이처럼 퉁명스럽게 대하고 그냥 지나갈 수 있는 작은 일도 이전에 속상했던 일들과 연관을 지어 이야기하면서 다투기 때문이다.

순희 씨, 미진 씨를 보며 가족관계로 인해 어려워하는 모습이 참 나랑 닮았구나 싶었다. 순희 씨에게는 아버님과 사이를 중재하기 위해 이것저것 좋은 얘기는 많이 했지만 사실 나도 작은 갈등 때문에 가족들과 크게 싸우기도 한다. 미진 씨에게도 어머님에게 부드럽게 표현하면서 앞으로 손도 잡고 데이트도 하면서 조금씩 친해져 보자고 했지만 나도 잘 안 되는데 회원들은 얼마나 어려울까. 회원들이 노력해서 가족들과 무언가 나아진다면 나도 가족들과 더 좋아질 수 있겠다는 용기가 조금 생기기도 했다.

"이렇게 해보면 좋지 않을까요?"

"이런 방법은 어떠세요?"

회원들을 돕기 위해 이야기한 방법들을 나도 조금씩 연습하다 보면 함께 좋아질 수 있겠다는 생각이 든다. 센터에서 생활하며 문득 문득 나와 닮은 점을 발견하고, 그곳에서 회원들과 함께 노력하면서 나도 나아지게 되는 것 같다.

혼자 해도 즐겁지만 같이하면 더 좋다

회원들과 자조모임에서 영화 관람을 마친 후에 저녁을 먹으러 가는데, 순희 씨가 스킨이 다 떨어졌다며 화장품을 사야 한다고 했다.

"저녁식사하고 보러 갈까요?"

"저는 토니모리로 가야 하는데, 토니모리를 아시나요?"

순희 씨에게 매장이 반대방향에 있으니 식사 후에 가자고 말했다. 저녁을 먹고 순희 씨가 직접 길을 찾아볼 수 있도록 일부러 토니모리 매장을 정확하게 알려주지 않고 같이 찾아보자고 했는데, 순희 씨가 주변을 살피기보다는 자꾸 고개를 수그리고 걸었다. 매장을 찾으며 시내구경도 할 겸 주변을 둘러보면서 걸으면 좋을 것 같다고 하니 그제야 앞을 보고 걸어갔다.

"어, 토니모리 저기 있어요."

순희 씨는 화장품 매장을 나보다 먼저 찾아 자연스럽게 안으로 들어갔다. 필요하면 도와드리지만 먼저 스스로 화장품을 살 수 있게 뒤에서 지켜보기로 했다. 마침 사람이 없어 매장 직원이 바로 와서 어떤 제품을 찾느냐고 물어보았다.

"스킨이요. 퍼스트 뭐…."

순희 씨가 기존에 쓰던 제품을 정확히 알지는 못하지만 대충 기억하는 것들을 이야기했다.

"퍼스트 에센스요? 이 제품 맞죠?"

순희 씨가 맞다고 하자, 직원이 제품의 여러 가지 장점들을 설명했다. 직원의 설명을 듣고 나서 가격을 봤는데, 할인이 끝나 가격이 오른 것을 보고 머뭇거리며 비싸다고 했다.

"그럼 이것보다 더 좋은 제품인데 지금 행사해서 저렴한 제품을 추천해 드려도 될까요?"

"네, 어떤 건가요?"

순희 씨는 직원이 다른 제품을 설명하니 또 열심히 들으면서 궁금한 것들을 물어봤다. 순희 씨가 말도 느리고 많이 더듬거리면서 같은 질문을 반복해도 직원은 답답한 내색 없이 친절하게 대답을 하였다. 다른 직원도 함께 옆에서 살펴보며 부연설명을 자세하게 해주었다.

"선생님, 선생님이 조금 쉽게 설명해 주실 수 있나요?"

그러다가 조금 어려운 설명이나 순희 씨와 소통이 원활하지 않을 때는 직원이 먼저 나에게 도움을 부탁하기도 했다. 순희 씨가 스스로 제품을 찾고 질문하는 것을 같이 지켜보다가 직원들이 어려워하는 부분은 내가 이야기하면서 화장품 고르는 것을 도왔다. 여러 가지 비교 끝에 제품을 고르고 나서 마지막으로 계산하는데 이번엔 순희 씨가 가지고 있는 돈을 확인하더니, 돈이 부족한지 또 한참을 망설였다. 그래서 현재 가장 필요로 하는 화장품을 물어보니 스킨이라고 했다.

"순희 씨, 그럼 스킨은 이번에 사고 아직 집에 남은 화장품은 다음에 살까요?"

"스킨과 로션은 꼭 써야 하니까 선크림은 다음에 사고, 로션도 할인을 해드릴게요. 그럼 돈이 맞을까요?"

직원과 같이 순희 씨에게 꼭 필요한 것을 살 수 있도록 도와수니 그제야 금액이 맞는지 계산을 마쳤다.

"쇼핑 잘 하신 것 같아요?"

"네. 필요한 거 잘 샀어요."

매장을 나와서 물어보니 잘 샀다고 하여 이번에 못 산 제품은 다음에 또 와서 사자고 했다. 누군가에게는 혼자서도 간단하게 끝날 수 있는 쇼핑이지만 순희 씨의 화장품 쇼핑을 위해 서로 도움을 주고받는 모습이 여러 모로 좋았다는 생각이 들었다. 혼자 해도 즐겁지만 함께하는 쇼핑이 역시 최고다.

사회복지사가 없어도 잘 할 수 있다

센터에 와서 우쿨렐레 프로그램[5)]을 진행한 지 3년이 넘었는데, 그 이전부터 참여했던 기영 씨는 담당자인 나보다 우쿨렐레를 다루는 것이 더 능숙하다. 2018년까지는 강사에게 격주로 강습받은 후에 강사가 없는 날에 우리끼리 연습하는 시간을 가졌는데 2019년에는 온전히 회원들하고만 프로그램을 진행하게 되었다.

회원들과 함께하는 우쿨렐레 프로그램을 어떻게 진행해야 할지 고민하다가 센터 내외 행사 시 회원들에게 맡기는 여러 가지 역할을 조금씩 늘려 나가는 것처럼 나보다 오래 배운 기영 씨에게 우쿨렐레 프로그램 부담당 역할을 주고 함께 진행해 보면 어떨까 하는 생각이 들었다. 바로 기영 씨에게 물어보니 역할 맡는 것을 흔쾌히 수락해 주었다.

처음에는 프로그램 보조진행으로 연주에 조금 미숙한 회원들에게 기법과 악기 다루는 방법을 가르쳐주거나 곡의 전주를 담당해서 시작부분을 연주하게 했다. 조금 어색해 하면서도 자기 역할을 열심히 수행하려는 모습을 보였다. 보조진행에 익숙해졌을 때쯤 우쿨렐레를 하는 날에 휴가를 사용하게 되어 한 주 쉬어 가는 것이 어떻겠냐고 물어보았다. 기영 씨는 안 하는 것보다 담당자 없이도 프로그램을 하는 게 낫다고 혼자서 진행을 해보겠다고 했다. 담당자가 없

5) 긴장이완프로그램 우쿨렐레 음악활동으로, 동료와 함께하는 우쿨렐레 합주 활동으로 대인관계를 향상하고 악기 연주를 통해 건강한 여가 활용을 배울 수 있도록 지원한다.

이 프로그램을 진행하기는 처음이라 조금 걱정이 되었다. 돌아와서 다른 직원들에게 들으니 자연스럽게 진행을 잘 해주어 다른 직원들도 개입하지 않고 회원들끼리 프로그램을 잘 마쳤다고 했다.

"기영 씨, 우쿨렐레 잘 하셨다고 들었어요. 이제 저 없어도 충분하겠어요!"

"아니에요, 그래도 선생님이 있어야 해요."

기영 씨에게 고맙다고 하니, 그래도 담당자가 있어야 한다며 웃었다. 그 후로도 계속 우쿨렐레 보조를 잘 맡아서 함께 프로그램을 진행해 나갔다.

어느 날 프로그램을 진행하면서 보니 내가 있으면 기영 씨가 역할을 수행하는 데 살짝 주춤하는 모습이 보였다.

"이 부분은 기영 씨가 맡아서 해보시면 어떨까요?"

"선생님이 있으니까, 선생님이 진행해 주시는 게 훨씬 나은 것 같아요."

기영 씨에게 물어보니 본인이 하는 것보다 담당자가 하는 게 나은 것 같다고 하며 기영 씨의 역할이 나로 인해 가려지는 것 같았다. 그래서 다시 함께 논의하여 프로그램 초반에는 담당자 없이 기영 씨가 주도하여 회원들과 우쿨렐레를 자유롭게 진행하다가 중간부터 나와 함께 진행해 나가는 것으로 했다. 그러고 나서 다음 우쿨렐레 프로그램 시간에 어떻게 하는지 보았더니, 정해진 시간보다 먼저 회원들과 악보며 악기 준비를 마치고, 부르고 싶은 곡이나 연습하고 싶은 곡들을 자연스럽게 연주하며 진행하는 모습을 보였다.

우쿨렐레 프로그램에 기영 씨가 주도적인 역할을 맡고 나서 몇 개월이 지나니 내가 따로 이야기하지 않아도 시작 전에 미리 준비하고, 회원이 진행함에도 프로그램이 참 자연스러웠다. 사회복지사가 주도해서 제공하는 서비스는 점점 옛말이 되어간다. 당사자들의 크고 작은 역할을 늘려나가서 사회복지사가 없어도 더 잘 하는 것들이 많아지면 좋겠다.

25인분의 가정방문

가정방문[6]을 진행했다. 사회복지사가 당사자들의 집에 가는 것이 아닌, 당사자들이 사회복지사의 집을 방문하는 것이었다. 센터에서 일해 오면서 언젠가 해보고 싶다고 계속 생각해 왔던 것 중 하나였다.

회원들의 가정을 방문하면 어떤 회원들은 기꺼이 좋아하기도 하지만, 어떤 회원들은 개인적인 공간을 들여다본다고 민망해 하거나, 사회복지사가 오는 것을 불편해하는 가족들의 눈치를 보기도 한다. 숙제검사를 하듯이 미리 집 청소를 해놓고 가족들에게 안 좋은 말을 하지는 않을지 걱정하기도 한다. 그래서 가정방문을 한다는 것이 조심스럽고 내가 뭐라도 된 것처럼 대접받는 다는 게 미안하기도 했다. 그러다 센터에서 오래 근무한 직원 선생님들이 담당 회원들과 집에서 자조모임을 진행하시는 것을 보고 나도 언젠가 우리 집에 회원들을 초대해야겠다는 생각을 했다.

회원들을 초대하기 위해서는 내게 큰 용기가 필요했다. 가족들은 어떻게 생각할지 걱정되었고, 회원들과 함께 살아가면서도 내 사적인 공간에서 회원들과 만나는 중에 혹시나 문제가 발생하지 않을까 염려되기도 했다. 뿐만 아니라 회원들이 집에 오면 뭘 해야 하나 싶기도 했다. 회원들도 내가 가정방문을 한다고 할 때 이런 생각일까

6) 가정방문 서비스를 연 1회 이상 실시한다. 가정 내 생활을 파악하여 당사자에 대한 이해를 증진하며, 가정방문을 통해 회원과 가족의 욕구를 파악하고 개별화 지원계획을 수립하여 알맞은 서비스를 지원한다.

싶었다. 그렇게 '해야지, 해야지.' 생각만 하다가 3년이 흘러 이제 더 이상 미룰 수 없다는 마음으로 가족들과 외식하는 자리에서 툭 던졌다.

"나 다음 달에 회원들을 우리 집에 초대할까 하는데…."

"……."

잠시 정적이 흐르다 엄마가 말했다.

"그래, 내가 밥 해줄게."

"언제 올 건데?"

"몇 명이 오려고?"

그동안 내가 집에 와서 하는 얘기 중에 반 이상이 센터생활 이야기라 가족들도 어느새 익숙해진 건지, 고민한 것이 무색하게 바로 수긍하며 회원들이 집에 오는 것을 크게 신경 쓰지 않았다.

"그런데 갑자기 집에는 왜?"

그러다 언니가 문득 물었다.

"그냥, 내가 매번 회원들 집에 찾아가니까 우리 집에도 초대하고 싶어서."

"아, 그래. 근데 오면 뭐하지?"

"그냥 이야기 나누다가 점심 먹고 충주 관광도 좀 하고 그럴까 생각 중인데, 회원들이 무슨 이야기를 할지는 나도 몰라. 근데 이건 내 생각이고 아직 회원들께 안 물어봤어. 물어보고 정해지면 다시 알려줄게."

그렇게 가족들의 동의를 구하고 난 뒤 자조모임 회의에서 회원들께 알렸다.

"제가 그동안 가정방문을 하면서 언젠가 저희 집에도 초대해야겠다는 생각을 했었는데, 올해 마지막 자조모임으로 저희 집을 방문하는 건 어떠세요?"

"와! 좋아요."

"저희는 좋죠. 그런데 어머님이 괜찮대요?"

"네. 미리 물어봤는데 괜찮대요."

회원들과 가정방문 날짜와 시간을 정하고 나서 다시 말했다.

"그런데 제가 가정방문 가면 집도 살펴보고 가족들에게 궁금한 거 질문도 하면서 이야기 나누잖아요. 그러니까 회원들도 저희 엄마한테 궁금한 거나 질문할 거 준비하셔야 돼요."

"누리 선생님 어렸을 때 어땠냐고 물어봐야지."

회원들이 흔쾌히, 그리고 기쁘게 받아들여 주어서 다행이었다. 어떤 회원은 기대된다고 하고, 어떤 회원은 직원의 집에 초대받은 게 처음이라 설렌다고 했다. 정해진 날이 되기까지 엄마는 엄마대로, 회원들은 회원들대로 준비를 했다. 엄마가 회원들에게 제대로 식사를 대접해야 되지 않겠느냐고 몇 번이나 말해서, 나는 회원들이 좋아하는 음식을 배달시킬 거라서 그냥 잡채 하나만 해달라고 했다. 회원들은 나도 모르게 서로 상의하신 뒤에 천 원씩 걷어 엄마에게 드릴 생활용품을 준비하였다고 했다.

대망의 가정방문 날이 왔다. 센터 차를 끌고 회원 일곱 분과 충주로 가면서 우리 집에 관한 이야기, 어렸을 때 이야기를 했고, 모두 즐거워했다. 충주에 들어서서는 집으로 가는 길에 있는 학교나 성당, 나와 관련된 것들을 하나하나 이야기해드렸다.

그리고 집에 도착했다.

"안녕하세요."

“어서 오세요. 잘 오셨어요.”

“여기 선물이에요.”

“그냥 오셔도 되는데… 감사합니다.”

“아니에요, 집에 초대해 주셔서 감사해요.”

인사를 나누고 방도 보여드리고 벽에 걸린 사진을 보여드렸다. 배달시킨 치킨과 피자가 오기 전 과일과 잡채를 먹었는데, 꽤 양이 많았던 잡채가 30분이 채 안 되어 동이 나버렸다.

“엄마, 잡채 벌써 다 드셨네. 몇 인분 한 거였어?”

“25인분을 한 건데….”

엄마한테 다음에는 50인분을 준비하자고 했다. 앨범을 보며 어릴 때 이야기를 나누기도 하고, 탁자 위에 있는 천주교 성상을 보고 지현 씨가 자기도 성당을 다닌다고 해서 서로 세례명을 알려주기도 했다. 시시콜콜 센터에 대한 수다도 떨었다.

“선생님, 선생님 착하다고 어머니한테 말해줄까요?”

문득 영순 씨가 말했다.

“영순 씨… 그 말은 이미 제가 안 착하다는 의미 아닌가요…. 그리고 저희 엄마 저 성격 나쁜 거 다 알고 있어요.”

영순 씨 덕분에 한바탕 다 같이 웃은 뒤 송년회 때 싸가지 없는 직원에 뽑힌 일을 이야기했다.

“그래도 어머님이 있는데….”

“괜찮아요. 이미 알고 있어요.”

기영 씨의 말에 엄마가 대수롭지 않게 이야기하자 다시 한 번 웃음이 터졌다. 배달시킨 치킨과 피자가 도착하고 이미 25인분의 잡채를 먹었지만 다시 처음인 것처럼 식사를 하고 난 뒤에는 같이 커피를 마시며 티비도 보고 이야기도 나눴다. 그러다가 충주 관광도 해야 하니 그만 일어나자고 해서 가정방문을 마쳤다.

"안녕히 계세요. 초대해 주셔서 감사해요!"

"잡채 맛있게 잘 먹었어요."

"아니에요. 다음에 또 오세요."

집을 벗어나 탄금대 구경까지 마치고 센터로 돌아가는 길에 가정방문이 어땠냐고 물으니 다들 좋았다고 했다. 나는 즉시 다음에 또 오자고 했다.

[그림 4-1] 25인분의 가정방문

회원들을 집에 초대하기까지 3년이 걸렸는데 막연한 걱정과 불안감으로 미루다가 내 딴에는 큰 용기를 내어 실천했지만 막상 하고 나니, 별거 아니어서 허탈하기도 했다. 지인들을 집에 초대하는 것과 다를 게 없이 잠시 놀다 간 것뿐 특별한 이야기를 나누지도 않았고, 특별한 일이 있었던 것도 아니었다. 그동안 왜 그렇게 어렵게 생각했나 싶기도 했다. 집에 회원들을 초대한 것 자체는 특별할 수 있지만 이마저도 한 해 두 해 하다 보면 그냥 평범한 일상의 하나가 될 것 같다. 그래도 이번 가정방문은 나에게 '막상 해보면 별거 아니네!'라는 작은 용기를 심어준 의미 깊은 시간이었다.

저한테 왜 이러세요?

센터에서 일해 오면서 처음으로 힘들다는 생각에 화장실에서 울음을 터뜨린 적이 있었다. 바로 2017년 장애인복지일자리사업 담당을 맡았을 때였다. 그 해에 회원 5명이 일자리사업에 참여하고 있었는데, 미진 씨도 그 중 하나였다. 미진 씨는 당시 30대 초반이었고, 일자리사업 참여가 첫 취업이었다. 미진 씨의 욕구보다는 어머님의 권유로 시작하게 되었고, 또 첫 취업이다 보니 센터에서 프로그램 참여만 하다가 설거지도 해야 하고, 청소도 해야 하고, 자잘한 일들이지만 중간 중간 신경을 쓰며 일하는 것을 힘들어했다. 나도 당시 입사한 지 막 1년이 되었을 때이고 일자리사업 담당도 처음 맡았을 때여서 회원들이 일자리사업에 참여하는 것을 담당자로서 어떻게 해야 할지 혼란스러운 부분이 많았다.

회원들은 월 56시간 일하고 한 달 40만 원 정도의 급여를 받는데 점심식사 준비와 정리, 설거지, 센터 청소, 동료 상담가 활동[7] 따위를 하루 한두 시간 정도 업무로 배정했다. 5명이 공평하게 업무를 수행할 수 있도록 업무별로 걸리는 시간을 계산하고, 하루에 어떤 업무를 몇 개까지 하는지, 시간이 오래 걸리지만 비교적 쉬운 업무와 시간은 짧지만 고강도인 업무를 하나하나 따져 보고 최대한 서로 균등하게 분배했다. 또 팀으로 하는 일은 회원의 성향별로 갈등

7) 동료 정신장애인이 서로 대등한 입장에서 회복의 경험을 상담하고 지지하는 과정을 통해 자립생활을 지원하는 프로그램이다.

이 생기지 않도록 동선을 짜면서도 서로 도와주며 일 할 수 있도록 해야 했다.

"저만 왜 힘든 일이 많아요?"

"같이 해야 하는데, 저 회원이 안 오니까 제가 다 해야 하잖아요. 바꿔주세요."

"재랑은 너무 느려서 못 하겠어요."

"저는 꼼꼼히 하려고 하는데 자꾸 옆에서 잔소리해서 화가 나요."

"저는 하루에 할 일이 너무 많은 거 같아요."

그럼에도 만족해하는 회원이 있고, 불만족해하는 회원이 있었다. 그래서 한 달을 일하고 나면 다음 달에는 서로 일을 바꿔서 할 수 있도록 하고, 상·하반기 별로 참여자 평가회를 통해 회원들과 함께 고충이나 개선 사항을 나누면서 최대한 일자리사업 참여를 원활히 할 수 있도록 했다.

미진 씨는 불만족해하는 회원 중 하나였는데, 배정된 업무에 대한 불만이라기보다는 일하는 것 자체를 힘들어했다. 그전까지 미진 씨는 센터 프로그램에 참여하다가도 갑작스럽게 집에 귀가하곤 했는데, 어머님은 집에서 혼자 있는 시간이 길어지면 불안정해진다며 센터 프로그램을 마칠 때까지 참여하길 원했다.

"저 이제 집에 갈래요."

"미진 씨, 재미없어요? 조금만 더 쉬다 가면 어떠세요?"

"아니요. 안녕히 계세요."

어머님의 부탁에 미진 씨가 집에 가려고 할 때마다 붙잡고 설득했지만 통하지 않았다.

"선생님, 저 집에 가요."

"아, 미진 씨. 다음 시간에 재밌는 거 한다는데 저랑 같이…."

"……."

"미진 씨, 미진 씨?"

미진 씨는 다음 시간에 간식이 있는 경우가 아니면 절대 흔들리지 않았다. 미진 씨가 가고나면 어머님께 귀가했음을 알리는 것이 반복되는 일상이었다. 그런 미진 씨가 일자리사업에 참여하게 된 것이었다. 하루 한두 시간 배정된 시간표에 따라 일을 해야 하는데 프로그램 참여 이후에도 해야 하는 업무가 있어 무조건 프로그램에 끝까지 참여해야 했다. 미진 씨에게는 이것이 가장 큰 고충이었고 불만이었다.

"저 이제 집에 갈래요."

"미진 씨, 일자리사업 참여자 회원들은 일을 다 마치고 가야 해요."

"그냥 가면 안 돼요?"

"그럼 시간이 인정되지 않아서 있어야 해요."

"네, 알겠어요."

별 말 없이 끝까지 수행을 할 때도 있었지만 대부분 이전처럼 집에 일찍 가고 싶어 했다.

"선생님, 저 집에 가요."

"아, 미진 씨. 업무 다 끝난 건가요?"

"……."

"오늘 일 다 했어요?"

"아니요."

"그럼 일 마치고 가야겠네요."

"한 번만 봐주면 안 돼요? 내일 할게요."

"같이 하는 일이라 다른 회원이 힘들어 해서 안 될 거 같아요."

"한 번만 봐주세요. 집에 가고 싶어요. 내일 와서 할 게요."

"미진 씨, 저번에도 그렇게 얘기하고 안 했잖아요."

남은 업무를 해야 한다고 이야기하면 어떤 때는 수긍하며 일을 마치고 귀가하기도 했지만 어떤 때는 한 번만 봐달라고 하며 고집을 부리곤 했다. 이전에도 몇 번 그냥 집에 가도록 한 적이 있기 때문에 안 된다고 하니 한숨을 크게 쉬고는 결국 일을 마치고 갔다.

이렇게 밀고 당기고가 반복되던 중에 결국 미진 씨가 폭발하고야 말았다. 그날도 마찬가지로 미진 씨는 집에 가고 싶다고 이야기를 했다. 하지만 전 날 미진 씨가 일을 마치지 않은 상태로 말없이 귀가했기 때문에 나는 당연히 남은 업무를 안내하고, 마치고 갈 수 있도록 이야기하던 중이었다.

"한 번만 봐주세요. 선생님."

"미진 씨, 어제도 그냥 가셨잖아요. 오늘은 진짜 안 돼요."

"집에 가고 싶어요. 한 번만 봐주세요."

"안 돼요, 이번에는 하고 가셔야 해요."

"한 번만 봐주세요, 저 힘들다고요! 저한테 왜 이러세요?"

"미진 씨, 급여를 받기 때문에 책임감이 있어야 해요."

"저한테 왜 이러세요? 선생님, 왜 저 힘들게 해요? 저 힘들다고요, 집에 가고 싶다고요!"

미진 씨가 흥분하면서 크게 화를 내며 소리치기 시작했다. 한참 실랑이를 했지만 도저히 대화가 안 되어 그냥 집에 가라고 했다.

"하… 알겠어요. 그럼 집에 가세요."

"네, 안녕히 계세요."

집에 가도 된다고 이야기를 하자마자 바로 나가는 모습을 보고 허탈감과 함께 서러움이 밀려왔다.

'내가 그렇게 잘못했나? 내가 미진 씨를 힘들게 하는 건가? 내가 정말 나쁜 사람인가? 가고 싶다고 하면 그대로 내버려 두어야 하나? 그럼 다른 회원들의 불만은? 급여를 받는 건데 책임감 있게 할 수 있도록 하는 게 맞지 않나? 미진 씨는 해내기 힘들다고 하고, 미진 씨의 어머님은 하게 해달라고 하고 내가 어떻게 해야 하지?'

별별 생각이 다 들었다. 조금 전 미진 씨의 일도 그렇지만 그동안 일자리사업을 담당하면서 회원들의 불만과 불평을 중재하고, 때로는 강하게 밀어붙이고 때로는 타이르면서 맞춰주려고 했던 부분들이 떠올랐다. 너무 서럽고 심적으로 힘들어서 울음이 날 것 같아 화장실로에 갔다. 화장실 문을 꼭 닫고 좌변기에 앉아 대성통곡을 했다. 회원들이야말로 나한테 왜 이러는가 싶었다.

한참 울다가 진정하고 화장실에서 나와 얼굴을 씻었다. 나 혼자 마음으로 삭힐지, 누군가에게 털어놓을지 생각하다가 사무실에 들어와서 선생님들에게 말했다. 나름대로 회원들을 위해서 한다고 했는데 "저한테 왜 이러세요?" 하는 말을 들으니 내가 너무 잘못하고 있는 것 같아 서러워서 울었다고 했다. 직원 선생님들이 "속상했겠네." 하고 위로해 주고 잘하고 있다고 얘기해 주니 기분이 조금 풀어졌다.

다음 날 팀장님이 일자리 회원들과 회의를 하며 내가 어려워하는 부분을 이야기했다. 단순히 센터의 일을 도와주는 게 아니라 노동에 대한 정당한 급여를 받는 것이기에 회원들이 하고 싶은 대로 모든 것을 맞춰줄 수 없으며 책임감을 가지고 수행해야 한다는 것을 설명했다.

"선생님, 우리 때문에 힘들어서 울었다면서요?"

"맞아요. 회원들 때문에 저 엉엉 울었어요. 아이고, 힘들어서 못 하겠네요."

"미안해요, 선생님. 앞으로 잘 해봐요."

"선생님, 울지 마요. 괜찮아요."

"고마워요. 같이 잘 해봐요."

회의를 마친 회원들이 나를 위로해 주었다. 그리고 설거지나 점심관련 업무는 점심식사 담당자가, 동료 상담가 업무는 동료상담 프로그램 담당자가 부담당을 맡게 했다. 업무의 종류가 많아 일자리사업 담당자 혼자 관리하는 것이 힘든 부분이 있어 분리하여 지원하기로 했다.

사실 어떻게 보면 별거 아닌 일로 몰래 울어 놓고는 '나 힘들어서 울었어요.' 하고 칭얼거린 것이 창피하기도 했다. 하지만 말하고 나니 직원들도, 회원들도 함께 위로해 주고 도와주려고 하여 고마웠다. 지금은 일자리사업을 담당하지 않지만 나를 처음으로 울게 했던 이때가 '그때 그랬지.' 하고 문득 떠오를 때가 있다. 가끔 회원들과 수다를 떨다가 웃으면서 이야기하기도 한다.

"선생님, 저한테 왜 이러세요?"

"그러게요. 제가 왜 이럴까요? 그런데 미진 씨는 저한테 왜 이러시나요?"

미진 씨는 지금도 힘들 때면 왜 이러냐고 묻는다. 그럼 나도 미진 씨에게 되묻는다. 함께 알아가는 재미가 있다.

싸가지 없는 직원 1위 등극

송년회가 있는 날이었다. 이번 송년행사[8]는 오전과 오후로 나뉘어 진행되었다. 오전에는 회원들이 주도하여 노래자랑을 하는 시간을 가졌고, 오후에는 2019년 한 해를 되돌아보고 회원들과 함께 자유롭게 센터에 대해 이야기를 나누며 2020년을 준비하는 시간으로 진행되었다.

먼저 희진 씨가 준비한 것으로 올해 찍었던 사진들을 보며 그때 있었던 일을 돌아보기도 하고, 우스운 사진을 보고 다 같이 웃기도 했다. 그 다음에는 미리 회원들에게 송년행사에서 나누고 싶은 이야기로 조사된 동료에게 바라는 점, 센터나 직원에게 바라는 점, 사업이나 프로그램에 대한 제안, 논의하고 싶은 계획 따위를 이야기했다. 누군가는 가만히 듣기만 하고, 누군가는 의견을 적극적으로 이야기하기도 했다.

"이번에는 센터나 직원에게 바라는 점에 관해 이야기를 나누어 보겠습니다."

박슬기 선생님이 먼저 회원들에게 조사된 의견을 알려주었다.

"의견으로는 '서로 존댓말 쓰고 예의 갖추자.', '다수결 외 소수의견도 존중하자.', '자부담 줄이자.', '나들이마스터 때 간식을 먹고

8) 기획사업으로 한 해 동안 고생한 청주정신건강센터 당사자들과 직원들이 1년을 되돌아보고 서로 격려해 주는 따뜻한 시간을 보내고, 다음 해의 발전된 센터 모습을 기대할 수 있도록 송년의 밤 행사를 진행한다. 특히 이 행사는 '배려하고 존중하는 청주정신건강센터'라는 표어를 달고 진행된다.

싶다.', '사물함 늘리자.', '착해지면 좋겠다.', '친절하게 상담해 주면 좋겠다.'라는 의견이 나왔습니다."

"먼저 '서로 존댓말 쓰고 예의 갖추자.'에 대해 이야기해 보겠습니다."

"예전에 호칭을 직원과 회원 모두 '선생님'으로 통일하고 회원들끼리도 서로 존댓말을 사용하기로 했는데, 잘 안 지켜지는 것 같아요."

"친하게 지내다 보면 편한 호칭이나 말투를 사용하는 부분이 있어서 그런 것 같아요."

예전 자치회의[9] 중 건의사항 시간에 직원들이 회원들에게 선생님이라는 호칭으로 부르는 것이 불편하다고 의견을 냈다. 이에 누구나 자기 인생의 선배이기 때문에 모두 함께 선생님이라는 호칭을 사용하고 존댓말을 쓰기로 결정되었다. 하지만 비슷한 나이대 회원 중에는 서로 친구처럼 지내는 분들도 있어 정확하게 지켜지지 않아서 의견이 나온 것이었다. 회원들은 다시 이야기를 나누며 원하는 사람들은 친하게 지낼 수 있으나 그 외에는 존댓말을 사용하고 서로 조심하자고 했다.

"다음은 '다수결 외 소수의견도 존중하자.'입니다. 의견을 이야기해주세요."

"나들이마스터 선정할 때 가고 싶은 곳이 다른데, 찬성하는 사람이 적어서 갈 수가 없어요."

자치회의 프로그램에서 다음 주 나들이마스터 진행 장소를 선정하는데, 보통 3가지 추천장소가 나오면 다수결로 하다 보니 1위, 2

9) 자치회의는 매주 월요일 진행한다. 회원들이 자치회의 시간을 통하여 센터 운영에 참여하여 이용자 중심의 센터가 되고자 하며, 당사자가 주체적으로 회의를 진행하고 의견을 주장하며 프로그램에 대한 결정권을 가짐으로써 당사자주의를 실천하고자 한다.

위 장소만 선정되는 점이 있었다. 회원들의 성향이나 활동별로 선호가 달라 상대적으로 소수 회원들의 의견이 계속해서 떨어지는 일이 발생되어 이참에 회원들과 어떻게 하면 좋을지 상의했다. 결과로는 소수의 회원들끼리도 활동할 수 있도록 하는 것이 나왔다. 단, 차량지원이 어려워 4명 이상일 경우 센터가 버스카드를 지원해서 자체적으로 프로그램을 진행하는 것으로 합의했다. 이후 목욕을 좋아하는 회원들끼리 팀을 이루어 목욕비가 저렴한 청주푸르미스포츠센터[10)]로 버스를 타고 가서 나들이마스터를 자유롭게 즐기고 오게 되었다.

"다음으로는 '자부담을 줄이자, 나들이마스터 때 간식 먹고 싶다.'는 의견이 있습니다."

"활동하면 배고파서 간식을 먹고 싶을 때가 있어요."

"일하는 회원들은 괜찮은데 돈 안 버는 회원들은 자부담이 어려워요."

"다 들어드리고 싶은데 우리 센터가 가난해서 죄송합니다. 이해해주세요."

금전적인 부분과 관련된 의견에 대해서는 회원들의 의견을 다 반영하고 싶지만 예산의 한계가 있기 때문에 관장님이 우스갯소리로 가난해서 죄송하다고 하니 다함께 웃음을 터뜨렸다. 회원들에게 활동비와 간식비까지 지출하기에는 예산이 부족한 점을 안내하고, 자부담은 그 자리에서 재조사를 하니 지금까지의 자부담 정도면 괜찮다는 의견이 다수로 나왔다. 하지만 조금의 자부담도 어려운 회원

10) 청주시에서 운영하는 곳으로 실내수영장, 목욕탕, 헬스장, 찜질방이 함께 있다. 저렴한 금액으로 운영되어 청주시민들이 자주 이용하는 곳이다.

이 있을 수 있어 최대한 자부담을 줄이거나 없는 프로그램을 계획할 수 있도록 조금 더 신경을 써서 진행하겠다고 했다. 다만 센터에서 회원들이 원하는 모든 것을 대신 제공해 드릴 수는 없음을 안내했다.

"사물함 의견에 대해서는 담당선생님이 안내를 하겠습니다."

"네, 사물함을 늘리자는 의견이 나왔는데, 지금 있는 사물함 중에서도 아직 비어 있는 사물함이 있습니다. 원하는 회원들은 저에게 신청해 주시면 됩니다."

사물함 관리 담당을 내가 하고 있어 회원들에게 아직 사용하지 않는 사물함이 있음을 안내드리고 보증금 5천 원으로 대여할 수 있다고 하였다. 그리고 드디어 직원에게 바라는 점을 이야기하는 시간이 되었다.

"직원에 대한 의견으로 '착해지면 좋겠다, 친절하게 상담해 주면 좋겠다.'는 의견이 나왔습니다. 하실 말이 있으면 자유롭게 이야기해주세요."

"……."

"아니, 어떤 직원이 가장 나쁜 직원이에요? 제일 싸가지 없는 직원이 누구에요?"

사안이 사안인지라, 회원들이 머뭇거리며 조용해졌다. 계속 아무도 말이 없자 관장님이 분위기를 가볍게 만들려고 장난 끼 섞어 이야기했지만 대답은 없었다.

"그럼 이 의견은 누가 쓴 건가요? 의견을 쓴 사람이 말해 주세요."

그때 용감한 은희 씨가 손을 들었다.

"제가 썼어요."

"아, 은희 씨가 썼군요. 그럼 은희 씨가 친절해지면 좋겠다는 직원은 누구인가요?"

"박슬기 선생님이랑, 박누리 선생님이요."

"그럼 두 선생님을 앞으로 모셔서 이야기를 나눠봅시다."

평소에도 몇몇 회원들한테 무섭다는 이야기를 들어왔던지라 그저 '올게 왔구나.' 하는 생각으로 앞에 나갔다.

"은희 씨가 친절하지 않다고 생각하게 된 이유가 있을까요?"

"예전에 반찬 만들기를 할 때 저는 할 수 있는 게 없어서 기다리고 있었는데, 박슬기 선생님이 아무것도 안 한다는 식으로 얘기해서 기분이 나빴어요."

"박누리 선생님하고는 무슨 일이 있었나요?"

"그냥 회원들한테 말할 때 딱딱한 거 같아요."

"네, 은희 씨의 말을 들어봤는데 두 선생님에게도 변명의 기회를 줘야 하겠죠? 박슬기 선생님과 박누리 선생님의 이야기도 들어보겠습니다."

"먼저 은희 씨가 얘기한 반찬 만들기에 대해서 얘기하자면, 은희 씨는 할 수 있는 게 없다고 했는데, 제가 봤을 땐 다른 걸 충분히 할 수 있어서 계속 지켜본 뒤에 적극적으로 참여하라고 이야기를 했던 거 같아요. 저는 은희 씨가 충분히 노력할 수 있다고 생각했는데 하지 않아서 아쉬웠던 것 같아요. 그리고 제가 원래 말투가 좀 차갑고 직설적이긴 해요. 기분이 나빴다면 죄송합니다. 하지만 이유 없이 그렇게 하지는 않습니다. 회원들도 충분히 하실 수 있다고 생각하고 기대하기 때문에 요구하는 경우도 있고, 너무 반복적으로 얘기하시면 저희도 힘들기도 합니다. 직원의 고충도 있으니까 함께 노력하면 좋을 거 같아요."

"네, 제가 이 자리에 있는 것이 놀랍진 않네요. 박슬기 선생님처럼 저도 말투가 직설적이어서 좀 싸가지가 없어 보이긴 합니다. 그건 저도 인정하고 고치려고 노력하는 점이에요. 그런데 여러분, 제가 몇 번 이야기한 적이 있는데, 저는 거울 같은 사람이에요. 저에게 친절하면 저도 친절하고 저에게 불친절하면 저도 불친절할 수 있습니다. 저를 착하다고 하는 회원들이 있고, 저를 무섭다고 하는 회원들이 있는데, 그 이유는 저로 인한 것일 수도 있지만 회원들로 인한 것일 수도 있어요. 사회복지사라고 해서 무조건 착할 순 없잖아요? 저같이 악역을 하는 사회복지사도 필요하다고 생각합니다."

박슬기 선생님과 내가 한 이야기를 듣고 고개를 끄덕이는 회원도 있고 특별한 반응을 보이지 않는 회원도 있었다. 우리가 변명한 시간이 끝나고 관장님이 다시 이야기를 했다.

"네, 선생님들도 충분히 고충이 있을 것 같네요. 그럼 반대로 박슬기 선생님과 박누리 선생님이 친절하다고 생각하는 회원들이 있나요?"

"저요. 지금도 충분히 친절한 것 같아요."

"네, 선생님들 잘 해주세요."

"솔직히 선생님들도 사람인데 힘들고 화날 수 있을 것 같아요. 회원들도 잘해야 해요."

다행히 우리의 편을 들어주는 회원들이 있었다.

"지금 보면 불친절하다는 회원도 있지만 친절하다는 회원도 있네요. 회원들과 직원들이 서로 배려하고 존중해야 나아질 수 있습니다. 은희 씨는 선생님들과 회원들의 이야기를 들어보니 어떠세요?"

"같이 노력해야 할 것 같아요."

"선생님들은 들어보니 어떤가요?"

"네, 상처받으셨다면 죄송하고 좀 더 부드럽게 이야기하도록 노력하겠습니다."

"저도 말투를 부드럽게 고치도록 노력하겠습니다. 그리고 앞으로도 싸가지 없는 직원 1위를 유지하도록 노력하겠습니다."

장난스럽게 이야기한 말에 다 같이 웃음이 터졌다. 싸가지 없는 직원 1위에 등극했지만 어쨌든 결말은 훈훈하게 마무리할 수 있었다. 직원들도 더 노력해야 하지만 불친절하고 퉁명스러운 이유도 있을 수 있으니 회원들도 서로 이해하고 노력하자고 했다.

앞으로도 서로 배려하고 존중하며 함께 잘 살아보기로 한 약속을 지키도록 노력하는 한편, 친절하면서도 할 말은 다 하는 싸가지 없는 직원 1위를 지켜야겠다.

새 로 운 사 회 복 지 실 천 당 사 자 연 구

5
연인과 이들을 바라보는 사회복지사

김예지

이 글은 센터 공식 연인인 남편 사랑이 씨와 아내 이쁜이 씨의 인터뷰 내용을 토대로 연애사를 기록한 것이다.
우리 센터의 공식 연인인 두 회원이 약 3년간 헤어지고 만나고를 반복하며 사랑을 이어나갔다. 공식 연인이라고 한 것은 두 사람의 관계를 모든 회원과 직원이 지지해서이다. 가족들의 우려가 컸으나 두 연인이 인내하며 가족을 설득하여 마침내 결혼을 하였다. 이 두 사람의 사랑 이야기와 이들을 바라본 사회복지사로서 나를 돌아보았다. 두 연인은 여자 회원 이쁜이와 남자 회원 사랑이이다.

이 이야기는 청주정신건강센터 유튜브(www.youtube.com/cjmhc)에 올린 '원수 커플 일상 이야기'에서도 볼 수 있다.

사랑이의 마음

나는 겉으로는 화를 잘 내는 무뚝뚝한 남자인 듯하지만, 속으로는 한 여자만 바라보고 사랑하는 순애보이다. 20대 초반 풋사랑을 잠깐 해봤지만 나에게 진정한 사랑은 이쁜이가 처음이다. 나는 낯선 사람들과 대화하는 것을 불편해하고, 새로운 도전을 좋아하지 않는다.

수년간 친구로 지내던 이쁜이는 주변 사람들을 잘 챙겨주고, 항상 새로운 것을 시도해 보려고 한다. 나를 잘 챙겨주고 누구보다도 관심 가져주는 이쁜이에게 점점 사랑이 커졌다. 몇 년을 친구로만 지내던 중 꽃다리를 건너다 손을 스치게 되었고, 그 순간 나도 모르게 고백을 했다. 이쁜이는 잠깐 고민하더니 흔쾌히 내 마음을 받아주었고, 그렇게 우리의 연애는 시작되었다.

내 여자친구 이쁜이는 착하고 인정 많고 무엇보다 사랑스럽다. 내가 하고 싶은 것이 있다면 무조건 지지해 주고, 내 당뇨병을 걱정하면서도 라면을 사야 한다면 세일하는 마트를 알아봐주고, 담배를 끊으라고 하면서도 저렴한 수제담배집도 알아봐준다. 나를 정말 사랑해 주는 사람이다. 다만 마트 가는 것을 좋아하고, 먹는 것을 좋아해서 데이트 비용의 대부분을 음료수, 떡볶이, 짜장면을 사먹는데 사용하기도 한다.

한 번에 사용하는 것은 몇 천 원이지만 2년간 연애하는 동안 데이트비용을 따져 보니, 200만 원 정도 식비로 사용하였다. 그래도 아깝지 않다. 그만큼 오랜 동안 이쁜이와 함께 있었으니까.

나는 좌불안석증으로 한 곳에 오래 앉아 있지 못해 프로그램 참여가 어렵고, 장시간 버스 타는 것이 어려워 30분 이상 이동해야 하는 숲체험 교육 참여도 쉽지 않다. 하지만 이쁜이는 모든 프로그램, 외부활동에 다 참여하려고 한다. 나는 항상 이쁜이와 있고 싶은데, 내가 참여하지 못하는 프로그램에 참여한다며 나를 두고 갈 때면 속상하고 화가 난다.

"프로그램 참여하지 말고 같이 있자. 나랑 놀자!" 하면, "너도 같이 가자." 하며 내 어려움을 이해해 주지 않고 무작정 함께 가자고 한다.

나와 함께 가고 싶은 마음이 큰 건지, 프로그램에서 맛있는 것을 먹는다니깐 포기하지 못하는 건지 서운한 마음에 많이 다툰다. 나는 홧김에 "우리 헤어져. 내가 사준 반지 내놔!" 소리치면 "그래 헤어져 xx야!" 욕을 하며 화를 낸다.

사실 난 진짜 헤어지지 않을 것이라는 것을 알고 있어 이런 모습조차 사랑스럽고 귀엽다. 난 가끔 사랑을 확인해 보거나 이쁜이의 반응을 보려고 헤어지자는 말을 한다. 물론 농담으로 하는 결별선언이다.

"갑자기 왜 그래? 왜 헤어져? 헤어지지 말자!" 하며 붙잡을 때 이쁜이가 나를 얼마나 사랑하는지 알 수 있어 기분이 좋다. 이쁜이가 "알겠어. 헤어져 너 같은 xx는 필요 없어!" 하며 화를 내는 모습도 귀엽다.

최근에 기억도 나지 않는 사소한 일로 크게 다퉜다. 나와 약속이 있는데 이쁜이가 프로그램에 참여한다며 약속을 지키지 않아 다툰 것으로 기억한다. 그때도 난 "우리 헤어져. 반지 내놔!" 하였다. 다른 날과 달리 이쁜이는 반지를 던지고 말도 없이 가버렸다. 나도 그날은 화가 나서 반지를 팔아버렸다. 이렇게 다툰 일이 한두 번도 아니었기 때문에 금방 풀릴 줄 알았는데, 이쁜이가 눈도 마주치지 않고 말도 하지 않았다. 그래도 난 '무슨 일이 있나? 설마 싸워서 그런 거겠어?' 하며 대수롭지 않게 생각했다.

그 다음날 이쁜이가 없으니 심심하기도 하고, 주변에서 우리의 관계를 내가 생각했던 것 이상으로 심각하게 받아들이고 있었다. 이때부터 조금씩 불안감이 밀려왔다. '이러다 정말 헤어지면 어쩌지…' 하는 생각에 서둘러 미안하다고 사과를 했고, 이쁜이는 "다음부터 그러지마!"라고 하며 내 사과를 받아줬다. 이렇게 다시 우리는 포옹을 하고 아무렇지 않게 동네를 돌아다니며 데이트를 했다. 다

[그림 5-1] 센터 공식 연인 사랑이 씨와 이쁜이 씨

툼이 한두 번 있는 것도 아니고 밥 먹듯이 하다 보니 이번 다툼도 그냥 여러 다툼 중 하나였다고 생각한다.

연애 기간이 길어지며 이쁜이가 점점 출산, 결혼을 이야기하기 시작했다. 한 가정을 꾸려야 한다는 부담감과 사람들에게 결혼 한다고 말하는 것 자체가 부끄러워 지금처럼 지내는 것이 좋은데, 이쁜이가 계속 결혼 이야기를 꺼내니 어떻게 해야 할지 모르겠다. 때마침 임대아파트 신청기간이 되었고 혹시나 하는 마음에 일단 한번 신청을 했는데, 바로 선정되었다.

'이제 집도 생겼으니 정말 이쁜이랑 같이 살 수 있겠지?'

들뜬 마음으로 이쁜이에게 선정된 것을 알렸다.

"부모님한테 허락을 맡아야 해. 내가 결혼하고 싶다고 하면 아마 허락해 주실 거야."

이쁜이도 나와 같은 마음이라 이쁜이가 진작 우리 결혼을 부모님께 허락받은 줄 알고, 임대아파트를 신청했다. 그런데 아직 허락을 받지 않았다니 황당하기도 하고 화가 났다. 그래서 나는 홧김에 선정된 아파트를 취소해 버렸다.

이쁜이도 화가 났는지 "됐어 아무것도 하지 마! 너랑 안 살아." 하며 토라졌다. 화를 냈지만 이쁜이는 내가 포옹을 하자 화가 풀렸고, 또다시 우린 아무 일이 없었던 것처럼 데이트를 했다. 이쁜이는 화를 잘 내면서도 나를 잘 이해해 주고, 내가 사과를 하면 아무리 화가 나도 이쁜이가 다 받아주다 보니 더욱 서슴없이 화를 내거나 소리를 친다. 우리 사이엔 사랑이 있으니 모든 것이 용서되는 부분이 있다.

우리는 주로 시장과 저렴한 분식집이 있고 구룡산이 있는 우리 동네에서 데이트를 하는데, 매일 같이 데이트를 해서 이젠 단골집도 생겼다. 떡볶이나 잔치국수, 짜장면을 먹고 근처 구룡산을 산책하는 것이 우리의 데이트 코스이다.

그 중에 우리가 자주 가는 곳은 구룡산이다. 구룡산은 데이트 비용이 들지 않고, 높지 않은 산이라 힘들지 않게 산책을 하며 운동도 하고, 사람이 없을 때는 입맞춤하기도 좋아 최적의 데이트 장소이다. 우린 그렇게 매일 센터에서 만나 동네 분식집을 가고, 시장을 가고, 산책을 하며 데이트를 했다. 이쁜이는 내수읍이나 조치원을 비롯해 청주를 벗어나보고 싶어 하지만 난 좌불안석으로 멀리 이동하는 것이 불편하고, 그냥 집 근처가 편해서 우리 동네를 크게 벗어나지 않는다.

'이 정도는 이쁜이도 나를 이해해 주지 않을까?'

나는 어디를 가든 크게 상관하지 않는다. 이쁜이만 내 옆에 있으면 된다.

얼마간 시간이 흘러 또 다시 임대아파트 신청기간이 되었고, 이번엔 이쁜이가 정말 같이 살고 싶다며 적극적으로 부모님께 허락을 받을 것이라고 하여 속는 셈 치고 임대아파트를 신청했다. 역시 운이 좋게도 선정이 되었다.

이번에는 종전과 달리 이쁜이가 적극적으로 부모님께 허락을 구했고, 그동안 결혼을 반대하시던 이쁜이 부모님께서도 호의적이셨다. 이쁜이 부모님께서 나에게 전화를 하여 앞으로 계획을 물으셨다. 나는 떨리는 목소리로 말했다.

"이쁜이와 살고 싶어요. 임대아파트에서 수급비와 일자리사업에서 받은 월급으로 잘 살 수 있어요."

"그래 한번 잘 살아봐라."

부모님께서 결국 허락하셨다.

'정말 우리가 결혼을 하는구나.' 하는 생각에 기쁘고 감정이 벅차올랐다. 앞으로 데이트를 하지 않아도 24시간 내내 함께 할 수 있고, 보고 싶을 때 바로 볼 수 있는 점이 제일 좋을 것 같다. 평생 결혼하지 못할 거라 생각했는데, 나와 결혼해 주는 이쁜이가 고맙고, 행복하다.

주변에서는 언제 결혼식을 할 거냐고 질문을 많이 했지만 나는 결혼식을 할 마음이 없다. 양가 부모님과 센터 동료들이 우리의 결혼 소식을 알고 축하해 주는데 굳이 돈을 쓰며 예식장을 빌리고, 남들 앞에서 쭈뼛쭈뼛 신랑 입장하는 것이 부끄러워 결혼식을 하지 않기로 했다. 이쁜이가 결혼식을 고집하는 바람에 이전에 센터 회원이 결혼한 청주종합사회복지관의 무료예식을 알아보기도 하였으나 몇 년 전부터 무료예식 서비스가 중단되었다고 했다. 사회복지사 선생님도 주민센터와 시청에 알아보았는데, 무료예식 서비스가 없다고 했다. 이쁜이 앞에서는 어쩔 수 없는 상황이라 안타까움을 보이긴 했으나, 내심 다행이다 싶기도 했다.

결혼은 현실이라 다툼도 많아진다고 하지만 음식 잘하는 내가 식사와 주방일을 하고, 이쁜이가 설거지, 빨래, 청소를 하면 결혼생활에 큰 어려움은 없을 것 같다. 막막하기만 했던 결혼이 현실로 되자 수월하게 진행이 되었다. 집 보증금은 조금씩 저금한 돈으로 신청하였고, 혼수는 장모님이 준비해 주신다고 하여 크게 신경 쓸 것이 없었다.

며칠 전 장모님께서 사위 옷을 사주겠다고 하여 쇼핑몰을 함께 방문했다. 이쁜이가 갑자기 교회를 간다며 중간에 가버리는 바람에 나는 참 어색하게 장모님과 쇼핑을 했다. 외투부터 신발까지 사주셔서 감사한 마음과 앞으로 잘해야겠다는 생각이 들었지만, 원래 부끄러움이 많고 소극적인 성격인데다 장모님 앞이라 더욱 긴장이 되어 살갑게 감사하다는 말을 하지 못했다. 장모님과 편해지기 위해서는 앞으로 시간이 좀 더 필요할 것 같다.

나는 이쁜이와 함께 살며 가족과 지인들에게 결혼을 인정받은 상황에서 혼인신고까지 할 마음은 없었다. 어느 날 아침밥을 먹던 중 이쁜이가 "우리 언제 혼인신고 할까?" 물음에 "그냥 하지 말자. 혼인신고가 뭐가 중요해."라고 했다.

"결혼을 하면 당연히 혼인신고를 해야지. 혹시 나랑 헤어질 거야?"

이쁜이는 화를 냈다. 꼭 그런 것은 아니지만 '굳이 혼인신고를 해야 하나 그냥 우리만 잘 살면 되지 않나?' 하는 생각이 앞서 있었다. 계속 혼인신고를 요구하는 이쁜이의 마음을 이해하기 어려웠다. 우리 이쁜이는 본인이 원하는 것을 이룰 때까지 끝까지 이야기하는 경향이 있다. 이번에도 눈만 뜨면 이야기하는 이쁜이를 난 이길 수 없어 사회복지사 선생님께 혼인신고 방법을 물었고, 즉시 구청에 가서 혼인신고를 하였다. 이쁜이는 세상을 다가진 듯이 좋아했다. 이렇게 좋아하는 것을 왜 진작 해주지 않았을까 하는 생각에 괜히 미안해졌다.

신혼재미가 이런 것인가 보다. 하루하루 밥을 지어 함께 먹는 것 자체가 즐겁다. 오늘은 이쁜이가 좋아하는 어묵탕을 끓여줬고, 내일은 이쁜이가 고기를 못 먹으니 야채카레를 만들 예정이다. 간단한 반찬을 만들기도 하지만 장모님께서 반찬을 주셔서 그 반찬으로 식사를 하고 있다. 간소한 식단이지만 우리가 좋아하는 음식으로 함께 식사하는 것 자체가 맛있고 행복하다.

가끔 이쁜이가 좋아 '꿀꿀이', '피그'라고 부르는데, 이쁜이는 매우 싫어한다. 난 그냥 좋아서 농담하는 건데 왜 이렇게 발끈하는지 모르겠다. 내가 놀리면 이쁜이는 욕을 하면서 화를 내는데, 이 모습마저 재미있고 사랑스럽다.

결혼하고 며칠은 내 옆에 누가 자고 있다는 것이 불편해 잠도 설쳤는데, 이젠 익숙해져서 이쁜이 없이 혼자 자라고 하면 어색해서 못 잘 것 같다. 청소는 둘이 살다보니 크게 지저분하지 않아 일주일에 1번 정도 하고, 세탁기 사용법은 잘 몰라서 속옷과 양말은 손빨래 하고, 겉옷은 본가에 가서 빨아오고 있다. 집안일이 조금 어렵긴 하지만 사회복지사 선생님이 가정방문을 하여 청소와 빨래 방법을 알려주셔서 조금씩 배우고 있는 단계이다.

이쁜이와 살다보니 서로 다른 부분이 점점 눈에 들어온다. 나는 재활용 쓰레기가 있을 경우 쓰레기통을 따로 두지 않고 그때마다 나가서 버리는데 이쁜이는 한꺼번에 모아서 버리라고 한다. 나는 급한 성격으로 생각이 날 때 바로 해야 직성이 풀리는데, 이쁜이가 원하는 대로 쓰레기를 버리지 않고 참으려고 하니 답답함이 불안으로 이어지기도 한다. 또 나는 세탁한 양말을 접지 않고 짝을 맞춰 가지런히 수납장에 보관하는데, 이쁜이는 양말도 제대로 벗지 않은 채 빨래를 해서 뒤집어진 채로 뒤죽박죽 수납장에 놓는다. 아무리 알려주고 설명해도 바뀌지 않아 지금은 그러려니 하고 각자의 빨래를 개며 지내고 있다.

결혼하고 한 달이 지나면서 어느 정도 결혼생활이 익숙해졌다. 여전히 서로 욕을 하며 큰 목소리로 다투는 건 변함이 없지만 아직까지 큰 다툼은 없다. 결혼생활이 행복하지만 점점 서로 다름에 현실적으로 부딪치는 어려움이 있다. 특히 이쁜이의 금전관리로 갈등이 많이 생긴다. 이쁜이는 마트에서 조금이라도 저렴한 것이 있으면 불필요한 물건도 구입하고, 특히 1+1상품이면 그냥 지나치지 못한다. 오늘도 라면이 집에 쌓여 있지만 세일한다는 이유로 또 사왔다. 이번 주에 4만 원을 용돈으로 줬는데 며칠도 안 되어 사먹는 걸로 돈을 다 썼다고 한다. 나는 어떻게든 돈을 아끼려고 노력하고 있는데, 이쁜이가 충동구매 하는 것을 볼 때면 화가 나 큰소리를 내기도 한다. 사회복지사 선생님은 용돈을 조금씩 주라고 하는데, 용돈을 조금 주자니 불쌍한 마음이 들어 주마다 4만 원, 5만 원씩 주는 바람에 갈등이 반복적으로 발생한다. 용돈을 많이 주는 나도 문제이긴 하지만 이쁜이를 사랑하기 때문에 어쩔 수 없다.

이쁜이는 매일 나와 함께 교회에 가자고 고집을 부린다. 어쩔 수 없이 교회에 가고 있으나 나는 하나님을 믿지 않고, 교회 사람들을 만나는 것이 불편해 오히려 더욱 스트레스를 받는다. 교회에 남자 교인이 적어 힘쓰는 일이나 청소를 할 때에는 교인들이 나를 부르라고 한다는 것이다. 이쁜이는 기도반장이면서 예수님의 장모이기 때문에 교회에 꼭 가야 한다고 하지만, 난 힘도 없고 하나님을 믿지도 않아 교회에 가기 싫은데, 내 말은 들어주지 않고 자기 고집만 부리니 답답하다. 그래도 다투지 않고 잘 지내기 위해 최대한 이쁜이의 기분을 맞춰주려고 노력하고 있다.

연애할 때는 '우리 헤어져!'라는 말을 자주 했는데, 요즘은 '우리 이혼해!'라는 말을 하곤 한다. 그럴 때마다 이쁜이는 욕을 화며 화를 내지만 그냥 습관처럼 나오는 말이라 나도 어쩔 수가 없다. 처음에는 '우리 이혼해!'라는 것이 부부간에 하지 말아야 하는 말인지 몰랐다. 우연히 우리 대화를 들은 사회복지사 선생님이 놀라며 이쁜이가 상처받을 수 있으니 절대 하지 말라고 하였다.

난 20살 초반 잠깐 이성을 만나보긴 했지만 제대로 된 연애 한 번 해본 적 없이 이쁜이를 만나 결혼했지만 아직까지도 여자의 마음을 잘 모르겠다. 결혼을 하면 조금은 알줄 알았는데 알면 알수록 더욱 모르겠는 것이 여자의 마음인 것 같다.

결혼을 하니 이쁜이와 함께 있어 좋지만 같은 아파트에서 살고 계신 부모님이 마음에서 떠나지 않는다. 최근 엄마가 당뇨로 쓰러진 적이 있어 혹여나 또 쓰러지지 않을지 걱정하는 마음에 매일 한 번씩 본가를 방문하여 부모님의 건강을 챙기고 있다. 결혼하기 전까지는 부모님의 소중함을 크게 느끼지 못했는데, 따로 살다보니 부모님을 걱정하는 것이 이만저만 아니다. 이쁜이가 "오늘은 엄마 보러 안 가? 다녀와!"라고 하면 그 소리가 반갑고, 고맙다. 난 바로 본가에 가서 엄마의 건강을 챙긴다. 식사를 했는지 묻고, 당이 떨어지면 안 되니 사탕이 있는지 확인하고는 바로 돌아온다. 사실 본가에 가서도 크게 하는 것은 없지만 그래도 눈으로 확인하고 와야 안심이 된다.

결혼생활이 2~3달 지나자 이쁜이는 아기를 갖고 싶다며, 임신을 원하지만 나는 아이를 낳아 기를 자신이 없어 반대하고 있다.

"결혼을 했으니 당연히 아기를 낳아야 하는 것 아니야?"

이쁜이가 간절히 원하는 것이라 나도 가끔 마음이 흔들릴 때가 있다. 요즘 지나가는 아기들을 보면 귀엽고 사랑스러워 아기를 갖고 싶은 마음이 조금씩 커지고 있어 나도 내 마음을 잘 모르겠다. 우리 둘이 잘 살면 되는데 조금씩 아기 욕심이 생긴다. 과연 내가 아이를 낳아 잘 기를 수 있을까?

사회복지사 선생님은 약물부작용이 우려된다며 주치의 선생님에게 결혼 사실을 알리는 것이 좋겠다고 했다. 하지만 난 말하는 것이 부끄럽다. 사회복지사 선생님이 권하였다.

"주치의 선생님도 알고 계셔야 더 건강한 부부생활을 할 수 있어요."

"주치의 선생님이 여자예요. 말하기 부끄러워요."

"말하고 안 하고는 사랑이 씨에게 달려 있어요. 그에 따라서 만족감이 달라질 수 있어요."

사회복지사 선생님의 말에 난 어떻게 답해야 좋을지 고민스러웠다. 이 사실을 이쁜이에게 말했더니, 이쁜이는 당당하게 응했다.

"그래 말하자. 나도 말하는 것이 부끄럽긴 하지만 우리 2세를 위해서 내가 말할게."

외래날 이쁜이는 나와 함께 병원을 방문하였다. 이쁜이가 주치의 선생님에게 우리의 결혼생활을 솔직하게 모두 이야기하였더니 주치의 선생님은 축하해 주셨다.

"결혼을 축하해요. 왜 진작 말해주지 않았어요. 늦게 알게 되어 미안해요. 약물을 낮춰 드릴게요. 혹시 증상 때문에 힘들다면 바로 이야기하세요. 즐거운 결혼생활 되길 바랄게요."

주치의 선생님의 따뜻한 말씀을 들으니 '내가 괜한 걱정을 했구나. 미리 말할걸.' 하는 생각과 앞으로 즐거운 부부생활이 더욱 기대가 된다. 그리고 무엇보다 우리 이쁜이는 나보다 용감하다. 서로 부족한 걸 채워주는 우리는 역시 천생연분인 것 같다.

이쁜이의 마음

내 꿈은 남편을 내조하고, 토끼 같은 자식을 낳고 싶은 현모양처이다. 내 꿈을 이루기 위해 신랑감을 찾고 있던 중, 회원들이 '꿀꿀이'라고 놀릴 때마다 나대신 회원들을 혼내주는 사랑이를 보며 점점 마음이 가기 시작했다.

그렇게 몇 년간 친구로 지내면서 단둘이 육거리시장을 가거나 마트 쇼핑을 하며 함께 하는 시간이 많아졌다. 그러던 어느 날 사랑이와 꽃다리를 걷던 중 얼떨결에 손을 잡게 되었고, 사랑이가 '나랑 사귀자.'며 갑자기 고백을 했다. 나는 내심 좋았지만 '그래도 난 여자니깐 한번은 튕겨줘야지….' 하는 생각에 잠시 뜸을 들인 후 사랑이의 마음을 받아줬다.

내 남자친구 사랑이는 귀엽고 내가 부족한 부분을 잘 채워준다. 회원들이 나를 놀릴 때 나 대신 화내는 모습을 보면 듬직하지만, 나에게도 화를 잘 내고 변덕이 심해서 헤어지자는 말을 자주 한다. 나는 정신과 병원에 한 번도 입원하지 않았고, 남에게 싫은 소리 한번 듣지 않고 공주처럼 지내왔는데, 사랑이가 내게 소리를 지르고 화를 낼 때면 무섭기도 하면서, '누구도 나에게 소리를 지를 사람이 없는데, 나를 제일 아껴주고 사랑해 줘야 하는 남자친구가 소리를 질러도 되나? 남들이 뭐라 해도 남자친구가 나를 보호해 줘야 하는 것 아닌가?' 이런 생각에 속이 상한다.

사랑이는 한 번도 나를 때린 적은 없지만 요즘 데이트 폭력이 많다고 하던데, 사랑이도 화나면 언젠가 나를 때릴 것 같은 불안함이 불쑥 불쑥 찾아온다.

나는 센터에서 진행하는 프로그램에 참여하여 이곳저곳 놀러 다니고 싶고, 동네마다 있는 마트를 순회하며 저렴한 과자나 음료수를 사서 회원들에게 나눠주고 싶은데, 사랑이는 아무 곳에도 가지 말고 자기랑 놀자고 한다. 조치원의 3,000원짜리 짜장면을 먹으러 가고 싶고, 상당산성의 비지장도 먹으러 가고 싶고, 텔레비전의 '생생정보통'에 나오는 맛집도 가고 싶다. 그러나 사랑이는 멀리 가는 것이 귀찮다며 데이트를 해도 동네 주변을 산책하는 정도라 답답할 때가 많다. 그래도 언제나 내 옆에 있어줘서 좋고, 더운 여름에도, 추운 겨울에도 항상 내손을 잡고 걸어주는 것이 고맙다. 난 길을 가다가 내 남자인 것을 알리기 위해 서슴없이 포옹을 하거나 입맞춤도 하고 엉덩이를 만지기도 하는데, 사랑이는 가끔 불편해한다. 하지만 사랑이도 길을 걷다 입을 맞추거나 포옹을 하기 때문에 나는 주변 사람을 의식하지 않고 내가 하고 싶은 대로 스킨십을 하는 편이다. 주변에서는 스킨십을 자제하라고 만류하지만 아마 부러워서 그러는 것 같다.

며칠 전 외부활동 프로그램에 참여하려고 하는데, 사랑이가 갑자기 화를 냈다.

"너 나랑 놀기로 했잖아!"

사랑이랑 미리 데이트 약속을 했다는 것을 까먹었다. 아직도 약속했던 내용이 잘 기억은 나지 않는다. 점점 머리가 나빠지는 것 같다. 이전에는 똑똑했는데 나이도 먹고, 약도 먹어 뇌세포가 죽는 것 같다. 나는 "조금만 기다려! 프로그램 끝나고 놀자."라고 했고, 사랑이는 "됐어. 넌 항상 이런 식이야. 우리 헤어져!"라고 했다.

또 헤어지자고 하니, 짜증이 난다. 한두 번도 아니고, 헤어지자고 할 때마다 속이 상하고 슬프다. 사랑이가 그냥 홧김에 하는 말이라는 것을 알지만, 이러다 진짜 헤어질까봐 겁이 난다. 무엇보다 오늘은 여자친구인 나를 너무 막 대하는 것 같아 화가 나고, 자존심도 상했다. 속상한 마음을 누군가에게 말하고 싶은데, 말할 사람이 없다. 내 고민을 들어주는 사람은 그나마 엄마인데, 결혼을 반대하는 엄마한테 다툰 이야기를 하면 헤어지라고 할 것이 뻔해 방에서 혼자 숨죽여 울다 사회복지사 선생님한테 전화를 했다. 큰 목소리로 통화할 수도 없다. 부모님이 들으시면 안 되니깐….

사회복지사 선생님이 전화를 받았다. 말하기도 전에 울음부터 나와 한참을 울었다. 하루 종일 참았던 속상함이 치밀어 올랐다.

"사랑이랑 정말 헤어질 거예요. 연애가 무슨 장난인줄 아나 봐요. 툭하면 헤어지자는데 나를 너무 만만하게 보는 것 같아요."

난 정말로 이별을 준비하였다. 사회복지사 선생님과 상담을 하며 연애경험을 함께 나누다 보니 나만 힘들게 연애하는 것이 아니라는 것을 알게 되어 화가 났던 마음이 조금은 풀렸다. 사랑이로부터 전화가 왔지만 전화를 받으면 사랑이의 잘못된 행동을 이해하고 받아주는 것이 될까봐 수신거절을 했다.

다음날 잠도 잘 이루지 못해 부은 얼굴로 센터에 가기 싫었지만 꾹 참고 센터에 갔다. 나를 걱정하는 사회복지사 선생님과 센터 밖을 거닐며 상담을 했고, 난 사랑이와 관계를 단호하게 말했다.

"매번 헤어지자고 하는 것이 너무 화가 나요. 사랑이랑 헤어질 거예요."

그렇게 센터에서 사랑이를 봐도 투명인간처럼 못 본 척하며 하루를 보냈다.

'어제까지만 해도 참 즐겁고 행복했는데…. 어떻게 우리가 이렇게 되었을까?'

센터 프로그램이 끝나면 매일같이 손잡고 데이트를 했는데, 하루아침에 남보다 못한 사이가 된 것이 속상해 가만히 있어도 눈물이 났지만 애써 참으며 버텼다.

이틀이 지나고도 괴로웠지만 센터에 나갔다. 사랑이가 잠깐 나를 불렀다. 떨렸다.

'무슨 말을 할까? 혹시 정말 헤어지자고 하면 어쩌지….'

나에게 사랑을 고백했던 꽃다리를 걸으며 사랑이가 사과를 했다. 나는 망설일 틈도 없이 바로 사랑이의 사과를 받아주었다. 며칠을 맘고생하며 '사랑이 마음을 받아주지 말아야지.' 다짐했지만 사랑이가 없으니 너무 허전하고 외로웠던 마음에 머리보다 마음이 앞서, 앞으로는 그러지 말라며 사과를 바로 받아줬다. 화해를 하자 사랑이가 나를 안아주었고 그동안 속상했던 마음이 눈 녹듯이 사라졌다.

3년간 연애를 하며 점점 아이를 낳아 화목한 가정을 꾸리고 싶은 내 꿈이 커져만 갔고, 꿈을 이루고자 사랑이에게 결혼을 하자고 했다. 여자라면 당연히 출산이라는 꿈이 있지 않은가? 지나가는 아이들만 봐도 저절로 고개가 돌아간다. 나는 지금 40대 중반으로 임신 가능성이 낮기 때문에 조금이라도 빨리 결혼을 해서 임신을 해야 한다. 시간이 얼마 남지 않았다. 마음이 급한 나머지 부모님의 허락을 받지 않고 사랑이에게 임대아파트를 신청해서 선정이 되면 결혼생활을 함께 하자고 했다. 사실 부모님께서는 사랑이와 결혼을 걱정하며 반대하신다.

"너 네 방 청소도 제대로 못하는데, 결혼을 어떻게 하려고 그래.

밥은 할 줄 알아?" 엄마가 다그쳤다.

"나도 청소하면 잘할 수 있어. 밥도 이전에 해본 적 있어. 김치볶음밥도 할 줄 알고, 라면도 끓일 수 있어. 사랑이가 요리 잘해서 사랑이가 밥을 하면 내가 설거지 하면 돼!"

그러나 엄마는 그냥 지금처럼 친구로 지내면 좋겠다고 누누이 말씀하셨다. 아직 결혼을 허락받지 못한 상태에서 사랑이는 신청한 임대아파트가 선정되었다며 한껏 들뜬 얼굴로 내게 말했다. 나는 혹시나 하는 마음에 부모님께 다시 한 번 허락받고자 하였지만 오늘도 완강히 거부하셨다. 물론 나를 걱정하는 마음에 결혼을 반대하는 것은 알지만 그래도 서운함은 어쩔 수 없다.

사랑이에게 부모님의 결혼반대로 함께 살 수 없음을 이야기해야 하는데 어떻게 말을 꺼내야 할지 고민이 되었다. '부모님이 결혼을 반대한다 하면 왜 미리 말하지 않았냐며 또 화를 내겠지? 혹시나 나를 때리거나 그러진 않겠지?' 하는 두려움이 앞섰지만, 어쩔 수 없기에 사실을 알렸고, 사랑이는 역시 화를 내며 나와 헤어지자고 했다. 사랑이와 함께 살고는 싶은데, 부모님이 반대하는 상황에서 내 맘을 몰라주는 사랑이가 서운하다. 오늘도 그렇게 다투고 우리는 또 아무렇지 않게 연애를 이어나갔다.

시간이 흘러 또 다시 임대아파트 신청기간이 되었고, 난 사랑이에게 2차 프러포즈를 하였다. 사랑이는 나에게 부모님 허락을 받았는지 물으며 반신반의한 채 임대아파트를 신청했고, 하늘도 우리의 결혼을 응원하는지 바로 선정이 되었다. 나는 용기 내어 엄마에게 결혼을 해도 되는지 재차 물었다. 이번에는 엄마가 좀 호의적이셨다.

"사랑이와 정말 결혼을 하고 싶어? 앞으로 둘이 어떻게 살 거니?"

나는 확신에 찬 목소리로 말했다.

"임대아파트에서 수급비와 일자리사업 월급으로 충분히 잘 살 수 있어요."

내 진심이 느껴졌는지 엄마도 마침내 결혼을 허락하셨다. 허락받은 다음날부터 부모님께서 신혼집에 도배를 해주셨다. 그리고 냉장고, 텔레비전, 식기류 같은 혼수를 준비해 주셔서 속전속결로 신혼 살림이 해결되었다. 엄마는 교회에서 혼인서약을 할 수 있게 자리를 마련해 주셨고, 목사님과 교인들의 축복 속에 우리는 진정한 부부가 되었다. 결혼을 반대하시던 부모님이 이젠 나와 사랑이를 온전히 믿어주시니 더욱 잘살아야겠다는 책임감과 고마운 마음에 부모님과 함께 있을 때 더 잘해드릴 걸 하는 아쉬움도 남았다.

나는 교회에서 혼인서약도 하고, 함께 살고 있으니 당연히 혼인신고를 할 생각에 사랑이에게 물었다.

"우리 혼인신고 언제 할까? 어디서 하는지 알아?"

사랑이는 시큰둥했다.

"굳이 해야 해? 지금처럼 그냥 지내도 되지 않아?"

결혼을 했으면 혼인신고를 하는 것이 당연하지 않나? 남들은 다들 결혼하고 혼인신고 하던데…. 혼인신고도 하지 않고 산다면 동거이지 않나? 나는 옛날 사람이라 그런지 동거라고 하면 괜히 죄 짓는 것 같고, 남들 앞에서 내 남편이라고 당당하게 소개하지 못할 것 같았다. 내가 당연하다고 생각하는 것을 사랑이가 당연하지 않게 받아들이니 서운한 마음에 큰 소리로 따졌다.

"왜 나랑 아무 때나 헤어실 거야? 혼인신고를 해야지, 왜 안 해!"

사랑이는 마지못해 내 뜻을 받아줘 구청에서 혼인신고를 하였다.

나에게 혼인신고는 내 인생의 큰 이벤트라서 서류작성만으로 간단하게 끝이 나니 조금은 허무했지만, 혼인신고서를 보니 우린 정말 정식 부부가 되었고, 앞으로 당당하게 남편을 소개할 수 있을 것 같다. 결혼식도 하고 싶지만 비용이 많이 들어 하는 것이 망설여졌다. 사회복지사 선생님이 무료 예식장을 알아보기도 했지만 몇 년 전 무료 예식 서비스가 사라졌다고 한다. 회원들이 결혼식을 언제 할 거냐고 물을 때마다 하고는 싶지만 여건이 되지 않아 못하는 것이라고 말을 해야 하니, 속이 상한다. 일생의 단 한 번뿐인 결혼식에 웨딩드레스 입고 축하도 받고 싶은데, 사랑이는 간단하게 사진 한 장 찍자며 대수롭지 않게 여긴다. 센터에서 숲체험 교육 때 야외결혼식을 해준다는데, 사랑이는 이마저도 부끄러워 싫다고 한다. 어쩜 이렇게 내 마음을 몰라주는지 서운하다.

친정집에서 짐을 싸서 온 첫날밤, 마냥 좋을 줄 알았는데, 마음 한 구석에 아픔이 있었다. 집에 계시는 연로하신 부모님 걱정과 출가를 했다는 생각에 마음이 좋지 않아 밤마다 혼자 며칠을 울었다. 내가 좋아서 한 결혼이지만 다시는 친정 부모님과 함께 살지 못한다고 생각하니, 그동안 못 챙겨 준 것이 마음에 걸린다. 걸어서 30분 거리에 친정집이 있고, 그 근처에 내가 다니는 교회가 있다. 난 교회방문을 핑계 삼아 매일 친정집을 찾아가 엄마 얼굴을 보고 온다. 그래야 안심이 되어 사랑이와 마음 편하게 지낼 수 있다.

친정집에 갈 때면 뭐라도 챙겨가고 싶어 냉장고를 뒤적뒤적 거린다. 엄마가 혼수로 사준 전자레인지가 있다. 친정집의 전자레인지는 고장이 나서 사용을 못하고 있는데, 전자레인지 사용도 잘 안 하는 내가 새 것을 갖고 있어 마음이 불편했다. 마침 사랑이가 전자레인지는 필요 없다고 하니 잘됐다 싶었다.

‘다시 친정에 가져다 드려야지.’

사회복지사 선생님이 우리 가정을 방문한 날에 센터의 차로 친정집에 전자레인지를 다시 가져다 드렸다. 이젠 부모님께서 편하게 찬밥을 데워먹거나, 냉동만두를 드실 수 있을 것이다. 이제야 불편했던 내 마음이 한결 편해졌다.

결혼을 하고 가장 좋은 것은 아침에 눈을 떴을 때 사랑이가 내 옆에서 나를 지켜주고 있다는 것이다. 결혼 전 밤마다 나를 찾아와 괴롭히던 남자 환촉 때문에 무섭고 불쾌했지만 걱정하실 부모님 생각

[그림 5-2] 현모양처를 꿈꾸는 이쁜이 씨

에 말도 못하고 혼자 방에서 기도하고 싸우며 힘든 시간을 보냈는데, 사랑이가 내 옆에 있으니 신기하게도 나를 찾아와 괴롭히지 않는다.

사실 결혼을 하니 내 스스로 할 수 있는 것도 사랑이에게 의지하는 부분이 많다. 혼자 잘 가던 교회도 이젠 혼자가면 심심하고, 집안일도 어렵다고 하면 사랑이가 해주니, 은근슬쩍 부탁하는 경우가 많아져 다시 어린애가 된 기분이 든다.

요즘 내 걱정은 사랑이의 건강이다. 내가 믿고 의지하는 남편 사랑이가 한 평생 나를 지켜줬으면 좋겠는데, 혈당이 너무 높아 혹여나 잘못되진 않을지 걱정된다. 라면과 야식을 즐겨먹는 사랑이를 볼 때면, '아프면 안 되는데… 갑자기 아프면 어쩌지….', '내가 혼자 잘 살 수 있을까?' 사랑이도 걱정이지만 나도 걱정되는 것이 솔직한 내 속마음이다.

결혼생활이 좋은 일만 일어나는 것은 아니다. 사랑이가 가끔 나한테 '피그!', '꿀꿀이!'라고 할 때면 정말 속상하고 화가 난다. 나는 여자로서 남편에게 예뻐 보이고 싶은데, 내 몸매를 놀릴 때면 자존심이 상하고 상처를 받는다. 나도 여자인데… 앞에서는 욕을 하며 강한 척 화를 내지만 사랑이가 잘 때 혼자 몇 번이나 울었는지 모른다. '나를 사랑하긴 하는 건가?' 가끔 여자로서 비참할 때가 있다. 이럴 땐 솔직하게 말해야 하는데, 나도 모르게 화가 나 '우리 이혼해!', '야 xxx야!' 욕을 하며 욱하고 티격태격 싸우다 내 마음을 이야기하지 못한 채 끝나는 경우가 대부분이다.

'내 속마음을 이야기하면 사랑이가 다시는 장난을 치진 않겠지? 내 마음을 이해해 줄까?'

사랑이는 내가 금전관리를 못한다며 화를 낸다. 나는 마트에서 물건을 싸게 팔거나, 1+1할인 상품일 경우 꼭 구입을 해야 한다. 구입하지 않으면 계속 머릿속에 생각이 맴돌아 어떻게 해서든 사야 직성이 풀린다. 지금 당장 필요한 것은 아니지만 언젠가는 필요할 것이라서 불필요한 소비라고는 생각하지 않는다. 사랑이가 앞으로 용돈을 일주일에 만 원만 준다고 했지만 난 크게 걱정하지 않는다. 내가 애교를 부리면 사랑이는 용돈을 더 줄 것이라는 것을 나는 알고 있다.

이제 결혼생활에 적응했으니, 내 오랜 꿈인 임신을 준비하려고 한다. 아이를 낳을 수 있는 신체적 능력이 얼마 남지 않았다. 며칠 전 46세 여배우도 출산을 했다는 뉴스를 보며 다시 한 번 내게도 희망이 생겼다. 부모님은 절대 아이를 낳지 말라 하셨고, 주치의 선생님은 피임을 잘하라고 하셨다. 사랑이도 아이를 낳으면 입양을 보낸다며 누구도 내가 임신하는 것을 원하지 않았다.

나라에서는 저출산 문제로 아이를 낳으라고 권하면서 왜 나에게만 아이를 낳지 말라고 하는지 모르겠다. 결혼을 했는데 아이가 없으면 사람들이 '저 부부 뭐 문제 있는 거 아냐?'라며 수군댈 것이 뻔하다. 우리 부부는 문제가 있는 것이 아니니 꼭 아이를 낳을 것이다. 난 다시 주치의 선생님께 임신을 해야 하니 약물을 변경해 달라 하였고, 주치의 선생님은 임신에 영향이 적은 약물로 바꿔주셨다. 사랑이도 약을 먹고 있으니 주치의 선생님에게 결혼 사실과 임신계획을 알려야 하지만 사랑이는 부끄럽다며 말하는 것을 꺼려해 내가 직접 사랑이 주치의 선생님께 우리 결혼 사실을 알렸다. 사랑이는 부끄럽다며 우리의 결혼 사실을 우물쭈물하며 말하기를 망설였지만 난 원래 솔직한 편이라 모든 것을 부끄럼 없이 이야기하였다.

"왜 진작 말해주지 않았어요? 늦게 알게 되어 미안해요."

주치의 선생님께서는 우리 편을 들어주었다. 센터 외에 우리 부부생활에 관심을 갖고 호의적으로 대해준 사람은 처음이었다. 약물도 조절 받았으니 정말 임신이 머지않았다. 설레고 떨린다.

기저귀, 분유 값은 나라에서 지원해 줄 것이고, 10년 전 조카들을 집에서 보살핀 경험을 떠올리며 아이가 있는 담당사회복지사 선생님과 엄마의 도움을 받으면 아이를 낳아 잘 기를 수 있을 것 같다. 나는 가끔 유모차를 끌고 마트에 가는 내 모습, 방에서 이불을 함께 덮고 아이들과 함께 오순도순 이야기하는 모습을 상상한다. 내 꿈이 펼쳐질 날이 얼마 남지 않았다.

[그림 5-3] 아이를 꿈꾸는 이쁜이 씨

사회복지사의 마음

우리 센터에는 어디서나 서슴없이 포옹과 입맞춤을 하며 서로 죽고 못 사는 공식 커플이 있고, 나는 그 남녀를 담당하는 사회복지사이다. 시시때때로 스킨십을 시도하며 임신과 출산을 꿈꾸는 이쁜이 씨와 기분에 따라 어디서나 헤어짐을 외치며 커플링을 돌려달라는 사랑이 씨의 사랑싸움을 2년째 지켜보고 있다. 한때는 연애싸움에 잘못 껴들었다가 두 연인의 애정은 오히려 단단해지고 결국 나 혼자만 남는 낙동강 오리알 신세가 되기도 했지만, 지금은 결혼과 임신의 정보를 서로 나누며 가끔 신혼생활의 부러움도 느끼며 이 부부를 응원하고 있다.

어느 날 친구로 지내던 두 분이 사귀게 되었다며 나에게 알렸다. 서로 좋아하는 감정이 있는 것은 알고 있었으나 이렇게 갑자기 사귀게 될 줄은 몰랐다, 오늘부로 연인 사이라니 '역시 남녀 사이는 아무도 모르는 것이야.' 하는 생각으로 진심을 다해 축하해 드렸다. 사귀는 첫날부터 이 연인은 보는 사람이 불안할 정도로 티격태격 싸웠고, 싸움을 중재할 때마다, "사랑싸움이에요. 저희 진짜 싸우는 거 아니에요. 사랑하니깐 그러는 거예요."라고 하는 것이었다.

나는 머쓱해져 "알겠어요. 사랑 나누세요." 하며 자리를 비켜주는 것이 대수였다.

"반지 내놔 우리 헤어져!"

정말 영영 안 볼 사이처럼 반지를 던지며 서로 뒤도 안 돌아보고 각자의 길을 갔다가, 다음 날이면 다시 손잡고 웃으며 함께 센터에 나오는 것이 일상이었다.

만남과 헤어짐을 반복하는 이 연인이 오늘도 나에게 헤어졌음을 알렸다. 이전 같았으면 즉각 개입하여 상담을 진행했겠지만 이런 일이 한두 번도 아니니 '이러다 또 다시 만나겠지. 상담이 무슨 소용인가.' 하는 생각에 점점 상담을 미루고 대수롭지 않게 여겼다.

'그래도 나는 사회복지사이니… 상담을 하긴 해야지….' 하며 심정을 물었다.

"이쁜이 씨 오늘 헤어졌다면서요. 괜찮으세요?"

"걘 툭하면 헤어지자고 해요. 이번엔 진짜 헤어질 거예요. 더 이상 말하지 마세요."

역시나 여느 때처럼 단호하게 답하였지만 난 믿지 않았다. '말은 저렇게 해도 어차피 다시 만나겠지….'라는 생각으로 이해와 공감 없는 짧은 상담을 마쳤다. 조금은 찝찝하지만 그래도 난 상담을 하긴 한 것이다.

그날 밤 이쁜이 씨로부터 전화벨이 울렸다. 항상 마트세일, 동네 소식, 공연정보를 알려주려고 전화를 하기에 오늘도 그러겠거니 하며 전화를 받았다. 전화기 넘어 숨소리가 심상치 않았다. 불안했다. '혹시 무슨 일 일어난 것 아닌가? 어떡하지. 오늘 상담이 잘못되었나?' 온갖 불안한 일을 상상하였다.

내가 한 상담은 두 가지로 나뉜다. 당사자들과 상담하고 상담실을 나오는 순간 정서적 교감에서 오는 뿌듯함을 느낄 때와 장시간 상담은 했지만 어떤 이야기를 나눴는지 모르겠는 찝찝함만 가득할 때이다. 그랬는데 오늘은 찝찝함만 남는 상담이라 더욱 불안함이 커졌다.

불안의 끝을 달릴 때쯤 다행히도(?) 사랑이 씨가 자신의 전화를 받지 않는다며 속상한 마음에 흐느끼며 말을 이어나갔다. 순간 난 안도감과 함께 '아, 이쁜이 씨도 나와 같은 여자였지.'라는 생각에 머리를 한 대 맞은 느낌이었다.

이쁜이 씨를 바라보는 시각을 바꾸자 그녀가 느꼈을 이별의 고통이 얼마나 컸을지 짐작이 되어 어떻게 하면 이별의 아픔을 달래줄 수 있을지 생각이 깊어졌다. 그동안 내 연애사는 어땠는가. 나도 싸우고 화해하기를 반복하면서도 매번 언제 화해할까? 내가 먼저 화해를 해야 하나? 괜한 자존심으로 싸움을 이어가며 나 혼자 화내고 슬퍼했다. 내가 느꼈던 이 경험을 이쁜이 씨도 똑같이 겪고 있는데, 왜 나와 분리해서 생각했던 것일까?

난 당사자들과 삶을 나누는 동료 같은 사회복지사가 되고 싶다고 했지만 그동안 이쁜이 씨를 나와 같은 여자라 생각지 못하고 회원으로만 대했다. 그동안 적당한 거리에서 누구나 할 수 있는 위로의 말을 전하는 명색만 상담을 나눴던 것이었다.

그동안 내가 했던 위로는 진실한 위로가 아니었다는 생각에 그간 내 태도를 반성하며 마음속으로 몇 번이나 죄송하다고 사과를 했다. 10분 남짓 울고, 웃으며 말 그대로 친구처럼 통화를 했고, 그 짧은 시간 동안 7년간 우리의 거리가 단숨에 좁혀졌다. 내가 꿈꿔왔던 삶을 나누는 동료 같은 사회복지사가 이런 거구나 싶었다.

다음날 이쁜이 씨는 퉁퉁 부은 얼굴에 한껏 처진 어깨로 센터를 찾아왔다. 안쓰러운 마음에 센터 밖을 거닐며 현재의 심경과 재회에 대해 이야기를 나눴고, 그녀는 이별은 슬프지만 재회에는 단호한 태도를 보였다. 이번은 여느 때와 달랐다. 정말 헤어지려나 싶었다. 나는 뭔가 조언을 하거나 해결하려고 하는 것보다 그냥 이쁜이 씨의 이야기를 들어주었다. 절대 다시 만나지 않겠다고 단호했던 이쁜이 씨는 며칠 후 사랑이 씨와 손을 잡고 웃으며 아무렇지 않게 센터에 나왔다.

사실 감정이입을 하며 함께 한 상담시간이 허무하긴 하지만, 그래도 다행이다. 다시 생각해 보면 난 연인과 다툼이 있을 때 제 얼굴에 침 뱉기라 생각하며 어디에 하소연도 못하고 혼자 끙끙 앓고 있던 때가 많았다. 하지만 이쁜이 씨는 나와 달랐다. 나보다 용기 있게 자신의 힘든 점을 서슴없이 이야기하였다. 나를 믿고 고민을 털어놓았다는 것 자체가 참 고마웠다.

"나 힘들다. 나 힘든 것 좀 알아줘."

남편에게 힘들다 말해도 남편으로부터 돌아오는 말은 항상 똑같았다.

"힘들면 안 하면 되잖아."

그럼 대화는 더 이상 이어지지 않는다. 내가 힘들 때 누군가에게 하소연하는 것이 문제의 답을 원하는 것인지, 힘든 나를 알아달라는 것인지 내가 직접 겪어 보고나서야 알게 되었다. 이전 같았다면 상담할 때 어떻게 해서든 문제 해결을 위한 조언을 하고자 문제에 초점을 맞춰 당사자의 말에 집중하지 못하며 오히려 중요한 것을 놓치는 경우가 많았다. 최근에서야 관장님 면담과 당사자연구를 통해 들어주는 힘이 크다는 것을 깨닫게 되었다. 정말 단순한 것이지만 아직도 내가 그 사람 입장이 되어 이해하고 들어준다는 것이 쉽지만은 않다.

헤어짐과 만남을 반복하던 두 연인이 결혼선언을 하였다. 이 두 연인이 연애를 시작할 무렵 나도 연애를 시작하여 서로 연애상담을 나누다 2년 전 내가 먼저 결혼했고, 진심으로 축하를 받았다. 이젠 내가 이 두 사람의 결혼을 응원할 차례가 되었다.

양쪽 가족들은 두 사람의 결혼을 걱정스러워하며 과연 잘 살 수 있을지, 염려하는 마음이 컸다. 나는 가족상담을 진행하며 결혼에 따른 가족들의 부담감을 덜어주려고 두 사람에게 힘을 실어주었고, 당사자의 임대아파트 선정 시기에 맞춰 양가 부모님이 승낙하여 결혼을 진행하게 되었다. 솔직히 완강히 반대하던 부모님께서 결혼을 허락해 주실 거라 생각하지 못했는데, 두 사람을 믿고 허락해준 부모님의 용기에도 놀란 점이 있었다. 그렇게 2020년 2월에 결혼생활을 시작하였다.

결혼 후 부부는 혼인신고 방법을 물었다. 사실 이때까지만 해도 혼인신고가 굳이 필요할까 싶었다. '혹여나 헤어지게 되면 어쩌지? 그냥 혼인신고 안 하고 둘이 잘 살면 되지 않을까?' 하는 마음이 컸다.

"요즘 부부들은 살아보고 혼인신고해요. 천천히 해도 늦지 않아요."

"결혼을 하면 당연히 혼인신고를 해야죠. 그래야 저도 떳떳해요."

이쁜이 씨는 망설임이 없었다.

요즘 결혼하고 살다 혼인신고를 하는 추세이지만 나는 그것보다도 혹여나 헤어지진 않을지 노파심에 혼인신고를 미루고자 했던 것이다. 결혼을 적극적으로 응원했지만 실제 법적 효능이 있는 혼인신고 앞에서는 한발 주춤했던 것이다. 나는 왜 결정적인 순간에 선뜻 나서지 못하는 것인가? 모든 것을 내가 책임져야 한다는 부담감인지, 혹여나 헤어졌을 경우 내가 어떻게 감당할 수 있을까 하는 여러 가지 생각이 충돌했다.

내가 혼인신고 할 당시를 떠올려 보면 신혼여행에서 돌아오자마자 바로 혼인신고를 하며 이제 정말 부부가 되었다는 생각에 감회가 새로웠는데, 내가 또 이 부분을 놓치고 있었던 것이었다. 이쁜이 씨도 나와 다르지 않다는 것을 항상 머릿속으로 생각하고 있으면서도 막상 실천에서는 잊는 경우가 있다. 이번에도 난 또 이쁜이 씨를 위해 상담하고, 서비스를 지원해 준다 하면서도 이쁜이 씨가 정말 필요로 하는 도움을 주지 못했던 것이었다. 나는 늦게나마 혼인신고 방법을 안내해 주었고, 그날 바로 이 부부는 혼인신고를 하고 정식 부부가 되었다.

신혼집을 방문하기 전에 이쁜이 씨에게 결혼 선물로 무엇을 받고 싶은지 물으니, 은수저 세트를 받고 싶다고 하였다. 나는 거북이가 그려져 있는 은수저세트를 들고 방문하였다. 신혼집과 같은 아파트에 거주하고 있는 회원들의 가정방문을 수없이 해왔지만 이곳은 달랐다. 내 눈에는 어느 집보다도 햇살이 가득하고, 아늑하며 따뜻한 온기가 느껴지는 집이었다. 결혼 후 가장 좋은 점이 무엇인지 물어보았다.

"항상 함께 있어서 좋아요."

부부가 동시에 답하였다.

나 역시 결혼 후 가장 좋은 점이 사랑하는 사람과 하루 종일 함께 있는 것이었다. 사랑하는 사람과 함께 있다는 것만으로도 안정감이 생기고 큰 힘이 된다. 정말 우리네 사는 얘기가 별반 다를 것이 없구나 싶었다. 나는 이 부부와 내 결혼생활을 공유하며 함께 정보를 주고받는다.

"선생님 남편도 청소를 잘해요?"

“선생님은 부부싸움 후 어떻게 화해하세요?”

“우리는 매일 사랑한다고 말하는데, 선생님 부부도 그렇게 하세요?”

“집안일은 어떻게 나눠서 하세요?”

“본가에는 며칠에 한 번씩 가세요?”

“선생님 남편 영양제는 잘 챙겨주고 있어요?”

“돈 관리를 누가하세요?”

두 사람은 내 결혼생활에 관심이 많다. 이쁜이 씨네 부부는 다른 부부생활에 관한 이야기를 들을 기회가 많지 않아 자신들의 부부생활을 잘하고 있는 것인지 항상 의문을 갖고 있었고, 내 부부생활을 통해 알아보고 싶은 것들이 많다. 나는 이 부부가 정말 원하는 것은 현실적인 결혼생활이라는 것을 알게 되었고, 누구나 할 수 있는 조언과 격려보다는 이쁜이 씨 부부의 입장과 눈높이에서 상담에 임하고자 노력하였다. 사실 상담이라 할 것도 없는 것이 그냥 우리가 사는 이야기를 서로 공유하는 것이었고, 그 속에서 어려움을 함께 고민하고 해결방안을 찾는 것이었다.

우리의 상담 장소는 책상과 의자가 있는 상담실이 아닌 이쁜이 씨네 신혼집이었다. 상담실에서 마주보고 하는 상담은 집중도는 높지만 책상의 거리만큼 관계적으로 거리감이 느껴져 속내를 털어내는 것이 쉽지만은 않다. 하지만 신혼집에서 상담은 달랐다. 함께 청소를 하며 대화를 나누거나, 식빵에 딸기잼을 발라먹으며 이야기를 하거나, 서로 누워 대화를 나누며, 이렇게 편한 장소에서 대화를 나누다보니 몸과 마음이 이완되어 한층 다양한 이야기를 주고받을 수 있었다. 사회복지사와 회원에서 점점 삶을 함께 나누는 동료가 된

듯 했다. 물론 이건 나만의 생각이지만.

하루는 관장님이 이쁜이 씨에게 물었다.

"왜 애지 선생님만 예뻐해요?"

"우린 친구처럼 지내요."

아직 완벽한 동료가 되진 못했지만 내 마음이 잘 전달된 것 같아 내심 뿌듯했던 순간이었다.

이쁜이 씨 부부와 대화를 나눴다. 오늘도,

"네가 먼저 그랬잖아!"

"내가 언제 그랬어? xx야!"

"뭐? 이 x아? 너랑 안 살아. 헤어져!"

"싸우지 마세요. 싸우셔도 상대방에게 상처 주는 말은 하지 마세요."

평소였다면 말렸겠지만 오늘은 그러지 못했다.

난 며칠 전 남편과 다툰 후 아직 냉전 기간이었다. 내 문제도 해결하지 못한 상황에서 싸움을 만류하는 것이 내 스스로 불편하면서도, 티격태격 싸워도 금방 화해하는 두 사람이 부러웠다. 나는 남편과 싸워 현재 냉전 중임을 알리며 물었다.

"매일 싸워도 금방 화해하는 비법이 뭔가요?"

"누가 이기는 것이 뭐가 중요해요. 부부끼리 자존심이 어디 있어요. 먼저 화해하면 그만이죠."

사랑이 씨가 응하니, 이쁜이 씨가 말했다.

"먼저 화해하세요. 어렵지 않아요. 제가 화해할 수 있도록 기도해 줄게요."

내 어려움을 이야기했을 경우 두 분은 진심으로 걱정하며 나에게 힘을 실어주었다. 나는 과연 이들처럼 정성을 다하여 본인 일처럼 걱정해주었는지 나를 돌아보게 되었고, 큰 힘을 얻을 수 있었다.

요즘 이쁜이 씨 부부의 가장 큰 고민은 임신과 출산이다. 이쁜이 씨는 결혼하기 전부터 아이를 낳아 화목한 가정을 이루는 것이 오랜 꿈이었고, 결혼을 계획하며 자신 있게 말했다.

"나도 이젠 아이를 낳을 수 있어!"

누구보다도 자녀를 갖는 높은 욕구에 기대감이 부풀어 올랐다. 하지만 현실적인 문제로 사랑이 씨, 부모님, 주치의가 반대하였다. 이쁜이 씨는 크게 실망하였지만 자녀를 갖는 간절함을 저버리진 못했다.

나는 작년 9월에 출산을 했고, 이쁜이 씨는 진심으로 축하해 주며 누구보다도 내 몸조리와 아이의 건강을 생각해 주었다. 그런 이쁜이 씨가 임신을 간절히 원하며 아무도 자신의 임신을 원하지 않는다며 속상함을 이야기하였다.

"결혼을 했으니 나도 토끼 같은 아이를 낳고 싶어. 결혼하면 당연히 아이를 갖는 거지."

"남들은 신혼생활도 즐기고 아이를 낳지만 난 임신할 수 있는 시간이 얼마 남지 않았는데. 왜 아무도 내 임신을 원하지 않는 거야?"

"결혼했는데 저 부부는 애기가 왜 없지? 뭔가 문제 있는 것 아니야? 라며 수군거릴 거 아냐."

모두가 맞는 말이다. 이쁜이 씨의 임신을 모두가 반대하고 있다. 이쁜이 씨의 임신에 나는 과연 어떤 말로 힘을 실어줄 수 있을지 고민스러웠다.

"이쁜이 씨 말이 맞아요. 다른 사람들의 말 신경 쓰지 마시고, 원하시는 대로 아이를 낳으세요."

그러면서 임신을 하면 어쩌지 하는 걱정이 되기도 한다. 부부가 아이를 낳아 어떤 어려움이 닥쳐 내게 책임을 물으면 어떻게 하나?

"선생님이 아이를 낳으라고 했잖아요. 막상 아이를 낳았더니 육아가 너무 힘들어요. 잠도 못자고, 모든 것을 아이에게 맞춰야 해요."

"사랑이 씨와 두 분이 알콩달콩 사는 것은 어떠세요?"

그래서 나는 아이 낳는 것을 단념하는 쪽으로 몰고 갔다. 결국 나는 이쁜이 씨의 말을 공감하는 척하면서도 일어나지도 않은 일에 지레 겁먹고 이쁜이 씨의 꿈을 무시했던 것이다.

이쁜이 씨의 말대로 부모님, 센터, 주민센터, 동네 시설 같은 자원을 이용하면 아이를 낳아 기르는 것이 불가능하지 않을 텐데, 난 또 무엇 때문에 용기를 내지 못하고 뒷걸음을 쳤던 것일까? 이쁜이 씨 부부의 혼인신고 때도 난 걱정부터 했지만 걱정한 것이 무색할 정도로 두 분은 잘 지내고 있는데, 괜한 내 잘못된 판단으로 부부의 더 큰 즐거움과 행복을 놓치고 있는 것은 아닐까.

지금은 내 기준에서 이쁜이 씨 부부를 바라보지 않고, 당사자의 입장에서 생각하고 대화를 하고자 노력하고 있다. 그래서 난 임신을 원하지 않는 사랑이 씨와 임신을 원하는 이쁜이 씨를 각기 응원하고 있다.

이쁜이 씨 부부와 함께 대화를 나누고 있으면 정말 많은 것을 배우고 교훈을 얻는다. 나는 부모님의 넘치는 사랑을 받으며 모자랄 것 없이 순탄하게 자라왔다. 그래서 주는 것보다는 받는 것에 익숙하며, 고난과 역경을 일부러 겪을 것은 아니지만 나에겐 그럴 만한 어려움이 없었다. 그래서 현장에서 일하는 데 어려움이 있다. 받는 것이 익숙한 나는 사회복지사로서 사례에 개입하거나 적극적인 서비스를 지원하는 데 소극적인 내 모습을 발견하지만 이쁜이 씨 부부와 상담을 할 때만큼은 어느 때보다 적극적인 나를 발견한다. 아마 그건 카타르시스일 수도 있고, 이쁜이 씨 부부 이야기를 통해 나를 들여다 볼 수 있어서가 아닐까? 주는 것이 부족한 나에게 인정 많은 이쁜이 씨는 나와 정반대의 모습을 볼 수 있다. 이쁜이 씨는 마트에서 저렴한 요구르트가 있을 경우 구입하여 회원들에게 하나씩 나눠주고, 바나나를 사서 직원들에게 주고, 집에서 만두를 만들면 몇 개 되지 않지만 직원들을 챙겨주는 모습을 볼 때면 '나는 왜 저렇게 하지 못했을까?' 하며 반성한다. 또 사랑이 씨에게 사랑을 받고자 좋아하는 음료수를 챙겨주거나, 평소에는 번쩍 잘 들던 물건도 무겁다며 도움을 요청하고, 먼저 전화가 오기를 기다리는 모습을 보면 '나에게도 저런 모습이 있지.' 하며 새롭게 깨닫는다.

타인을 도우려고 사회복지사가 되었지만 타인을 통해 결국은 나를 돌아보고, 나를 도울 수 있는 것이 진정 사회복지사의 매력이 아닐까 싶다. 이쁜이 씨 부부를 만나기 전까지만 해도 나는 단순히 당사자를 돕기 위해 경청하고, 내 기준에서 판단하고, 무엇인가 해결책을 제시해야만 할 것 같은 부담감을 안고 상담에 임해왔다. 그래서 감정노동으로 느껴지며 금세 소진되어 지친 내 모습을 발견하게 되었고, 당사자 역시 상담은 했지만 후련하지 않은 모습을 종종 보였다.

이제는 조금 달라졌다. 당사자를 돕기보다는 당사자의 이야기를 편하게 듣고, 당사자의 눈높이에서 그 문제를 바라보고자 노력하고 있다. 그럴수록 당사자도 부담 없이 이야기하며 한결 자연스럽게 상담이 진행되는 부분이 있었고, 진정으로 공감하며 더욱 풍부한 이야기가 다뤄졌다.

앞으로 다양한 당사자들의 이야기가 나를 기다리고 있을 것이다. 아직도 당사자의 입장에서 그들의 이야기를 듣고 함께 고민하는 것이 쉽지 않지만 그래도 이쁜이 씨네 부부를 통해 함께 살아가는 즐거움을 알게 되었고, 누군가를 진정으로 걱정하고 응원하는 것이 결국 나를 돕는 것임을 깨닫게 되었다. 다시 한 번 깊은 깨달음을 일깨워준 이쁜이 씨 부부에게 고마움을 전한다.

6
당사자연구 사례 1

박선아 박상일 송은주

이 장에서는 실제 당사자연구 사례를 소개하였다. 당사자연구 사례의 틀은 ① 머리말, ② 고생의 프로필, ③ 연구 목적, ④ 연구 방법으로 구성되고, 이후 내용은 사례나 연구자의 성향에 따라 달리할 수 있는데, 대체로 문제의 메커니즘, 고생패턴 찾기, 대처 방법 마련하기, 연구를 통하여 알게 된 점 같은 형식을 취한다. 이와 같은 형식은 일본에서 실시하고 있는 틀로, 여기에서도 이를 따른 것이다. 세 사례를 다루었는데, 사례마다 앞의 연구자가 회원 당사자이고, 뒤의 연구자는 정신건강사회복지사 지원가이다. 세 번째 사례는 송은주가 단독으로 진행한 것이다.

환청을 초대하여 주인공이 되고픈 마음

박선아, 송은주

당사자인 나 박선아는 센터에 등록하면서 당사자연구를 알게 되었고, 지원가 송은주 선생님과 병에 대해 이야기 나누며 함께 당사자연구를 하고 있다. 특히 증상일기를 기록하며 당사자연구에 적극적으로 참여하고 있다. 취업을 한 이후에도 당사자연구를 지속하고 있으며, 당사자연구를 통해 발견한 점과 스스로 성장한 내용을 동료 정신장애인들에게 알려주고 싶어 여기에 소개한다.

머리말

제 환청을 소개합니다. 머릿속이 텅 비었다고 상상한 후 그곳에 어디든 점을 찍고, 스티커를 붙여보세요. 제 환청이 들리는 방식입니다. 환청이 많이 들릴 때는 머릿속에 점이 많이 생겨 스피커 볼륨이 빵빵하게 켜진 상태가 됩니다. 재발했을 때는 아주 커다란 스피커가 머리 위에 설치되어 일상생활을 하지 못하고, 현실로 인식하게 됩니다. 또 다른 환청은 나에게 말을 거는 목소리입니다. 그 사람의 목소리가 목구멍을 타고 올라와 머리에 울리게 됩니다. 남자 목소리가 대부분입니다. 다행히 저에게 힘내라는 목소리가 대부분으로 환청을 의지하고, 즐깁니다. 가끔씩 욕이 들릴 때면 '내가 뭘 잘못했지….'라고 생각하며 하루를 되새겨 보거나 사람들 눈치를 보며 자책합니다.

저는 환청이 자기 울림이라고 생각합니다. 자기 울림이란 무의식, 내 안의 아주 깊은 곳의 내 목소리… 내 안에 있는 자신의 울림이죠. 그래서 저는 자기 울림이 들릴 때 마다 저의 내면을 파헤쳐 봅니다. 안 좋은 자기 울림이 들릴 때는, '내가 뭐 때문에 안 좋은 환청이 들리지? 기분이 안 좋은가? 무엇 때문에 안 좋지?', 좋은 자기 울림이 들릴 땐, '내가 오늘 무슨 일 때문에 기분이 좋았지?'라고 알아봅니다. 이 당사자연구는 환청이 내 안의 자기 울림이라는 것, 내 목소리라는 것을 깨달으며 자기 울림이 왜 생겼는지를 파헤치며 스스로에 대한 궁금증으로 시작되었습니다.

고생의 프로필

저는 폐쇄 병동에 강제로 두 번 입원했습니다. 28살 때 인천에서 부모님과 따로 떨어져 살았고, 처음 입원 당시에는 제가 다니던 센터 사회복지사가 제가 이상하다는 걸 아시고는 청주에 계신 어머니께 연락을 드려 129를 불러 입원시켰습니다. '나는 멀쩡한데 왜 이런 곳에 와야 하는 거지…. 억울해….'라는 생각을 하게 되었고, 129 아저씨들의 말에 따라 얼떨결에 입원을 해서 아무것도 모르고 갇혀 병원생활을 했습니다. 그때는 병식이 전혀 없었고 다시는 병원에 입원하지 않으리라 다짐하며 퇴원을 했습니다.

두 번째 입원은 철학 점을 공부하던 학원의 남자 선생님을 만났을 때입니다. 그전에도 환청이 있었고 제가 남들과는 조금 다른 사람이라는 망상이 있긴 했지만, 남자 선생님을 만난 후로 더욱 심해졌습니다. 남자 선생님은 제 사주를 봐주며 괜찮은 사람임을 저에게 직접적으로, 또는 간접적으로 알려주었습니다. 남자 선생님이 하는 말이나 글은 전부 저에게 하는 것만 같았습니다. 아무것도 내세울 것 없는 저를 알아봐 주는 것 같아서 더욱 믿고 따랐고 좋아하게 됐습니다. 수업시간에 저의 사주를 봐 주며 말했습니다.

"기다릴 것이다."

"만나게 될 것이다."

마치 저에게 하는 말 같았습니다. 선생님과 헤어진 이후에도 남자 선생님의 목소리로 환청과 망상이 끊이지 않았습니다.

"너는 세상을 구할 메시아다."

"우리는 다시 만날 것이다."

환청과 망상이 극도로 달했을 때 환시, 환촉, 환미까지 있었고 잘 먹지도, 잠을 자지도 못했으며 길거리에서도 남자 선생님의 목소리와 대화를 하며 실실 웃었습니다. 그러면서 저는 점점 말라 갔습니다. 그러다가 약물 부작용이 너무 힘들어서 임의로 끊게 되었고 한 달 반 정도 후 다시 재발해서 강제입원되었습니다. 입원을 하며 제게 들리는 소리들이 환청임을 알게 되었고, 내 의사와 상관없이 강제입원되었다는 생각에 너무 억울하고 속이 상해 병실에서 펑펑 울었던 기억이 납니다.

자포자기 심정으로 아무것도 하지 않고, 아무 생각도 하지 않고, 밥 먹고 잠자기를 반복했습니다. 무기력하게 지내다가 어느 날 환청을 간호사에게 말씀 드렸습니다. 그 당시 저는 제 환청이 사실임을 철석 같이 믿고 있었기 때문에 제가 멀쩡하다는 것을 알리기 위해 말을 했는데, 간호사는 아무 말 없이 듣고만 계셨습니다. 이후에 억울한 마음이 진정되고 건강도 되찾으며 마음의 여유가 생겨 간호사에게 질문해 보았습니다.

"제가 말씀드렸던 것이 다 환청이죠?"

"네, 맞아요."

환청이라는 간호사의 말을 듣고 이 병을 고쳐야겠다고 생각하였고, 환청이 궁금해졌습니다. 이후에도 환청은 남자 선생님의 목소리로 들렸습니다.

"사랑해, 잘 할 수 있어!"

"나머지는 오빠가 다 알아서 할게, 우린 만날 수 있어!"

응원과 기다리라는 소리가 들렸고, 그 선생님과 다시 만날 수 있고 그렇게 될 것이라는 망상은 더욱 강해졌습니다. 남자 선생님의 연락을 기다리며 환청에 행복했고 마음 졸였습니다.

환청은 사람 목소리가 대부분입니다. 혼자 있어도 어떤 특정한 사람의 목소리가 들려 대화를 하면 '너는 특별해!'라는 말이 들렸고, 처음에는 믿지 않았지만 점점 세뇌가 되어 뭔가 잘난 사람이 된 것처럼 행동했습니다. 환청의 내용은 남자 목소리로 '사랑해!'와 같은 애정 고백이 많았고, 응원의 목소리도 많았습니다. 혼자 있어도 누군가의 말소리가 끊임없이 들렸고, 여러 사람을 초대해서 대화를 나누는 것이 즐거웠습니다.

제 병명은 '더더더'입니다. 저를 인정해 주는 환청을 더더더 원합니다. 나를 알아주길 바라는 마음, 내가 주인공이고, 내게 관한 것들을 남들이 좋아하고 관심을 가져주는 내용으로 주변 사람들을 초대하여 환청으로 대화를 나누며 행복했습니다. 일상에서 만족스러운 대화가 있으면 그 이후에 머릿속으로 그 사람을 초대해서 대화 내용을 반복하며 더 듣고 싶은 내용, 인정받고 싶은 내용을 추가하여 환청을 즐깁니다. 그 상황을 상상하며 즐거워하고, 만족스러운 대화가 계속되길 바라면 환청에 빠져 즐겁다 못해 흥분합니다. 하지만 환청을 초대하여 즐기는 시간이 길어질수록 피곤하고, 현실에서 환청을 구분하는 데 어려움을 겪으며 주변 사람들을 통해서 확인하는 작업을 합니다.

연구 목적

저는 인정받고, 사랑받고 싶은 욕구가 강한 편입니다. 그래서 내가 듣고 싶어하는 사람의 목소리를 초대하여 반복해서 생각하고, 같이 대화를 나누며 그 세계를 즐깁니다. 제 환청은 대부분 긍정적인 내용이 많은 편입니다.

"널 지켜줄게. 널 사랑해!"

환청을 듣고 있으면 그 말을 현실이길 바라며 의지하게 되고, 그 세계를 믿게 됩니다. 특히 내가 관심 있는 사람들과 대화가 긍정적이었다면 그 대화에 꽂혀서 대화를 녹음해 계속 듣는 것처럼, 머릿속에 그 음성을 반복해 틀어놓고, 좋아서 즐거움에 흥분해 버립니다. 보통은 혼자 있거나, 밤 시간에 '쫌만 더, 쫌만 더!'를 외치며 만족할만한 대화가 될 때까지 환청과 대화에 집중합니다. 사랑받고, 관심을 받고 싶어 하는 상대와 대화 내용에 꽂혀 자꾸 반복하며 되새기고 흥분하여 잠을 자지 못하는 일들이 계속되었습니다. 이후 수면관리가 되지 않아 직장생활에 어려움을 겪었고, '이대로는 안 되겠다, 나는 왜 환청을 초대해서 즐기고 있을까?' 고민하며 당사자연구를 시작하게 되었습니다.

연구 방법

저는 증상과 관련한 어려움이 있을 때 마다 틈틈이 증상과 사건을 기록하며, 혼자서 당사자연구를 하고 있습니다. 직장 때문에 센터를 계속 방문하는 것이 어려워 혼자서 기록하고 생각하는 시간을 갖는 편입니다. 그리고 심리와 정신에 관한 책을 읽으며 제 증상과 맞춰 보기도 합니다. 일정한 틀이 있는 것이 아니라 제가 겪고 있는 환청, 일상의 어려움에 대해서 일기처럼 기록을 합니다. 그리고 시간이 될 때 센터에 들러 고생을 이야기하기도 하고, 상담을 받기도 합니다.

이번에는 당사자연구 시간에 센터 회원들 앞에서 환청에 대한 고생을 이야기하였고, 환청에 집중하며 흥분하는 제 자신을 더 깊게 파헤쳐 보는 시간이 되었습니다. 대부분 혼자서 당사자연구를 했었는데, 회원들과 소통하며 비슷한 고생에 대해서 응원을 받기도 하고, 이해를 해준다는 생각에 좀 더 자신감 있게 개방하며 환청의 새로운 부분을 발견하게 되었습니다.

동료와 함께 당사자연구를 하고 싶지만, 직장생활로 어렵습니다. 그래서 저는 환청이 반복해서 들리거나, 다른 의미가 있지 않을까 하는 궁금증이 생길 때마다 계속해서 증상일기를 쓰며 기록하고 있습니다. 일정한 형식이 있는 것이 아니라 구체적인 환청 내용, 나만의 대처 방법, 마음상태 따위를 있는 그대로 기록합니다.

증상일기를 통한 자기 성찰

당사자연구를 시작하며, 증상일기를 꾸준히 기록하고 있습니다. 환청의 내용, 의미, 기분을 기록하고, 시간이 되면 한번씩 상담을 합니다. 처음에는 단순하게 환청의 내용을 기록하였고, 이후에는 기록된 자료를 보면서 인식의 변화와 패턴을 발견할 수 있었고, 대처 방법도 실천하여 변화된 부분을 기록하며 증상일기의 내용들이 다양하게 변화되고 있음을 발견하게 되었습니다.

첫 번째 단계: 환청에 대한 의심

환청은 남성, 여성, 주변 동료, 이웃, 모르는 인물 다양하게 들려옵니다. 환청이 들려오면 누구인지 추측하기도 하고, 모르는 사람이면 물어보기도 합니다. 환청은 자신이 누구인지 대답해 줄 때도 있지만, 하고 싶은 말만 일방적으로 해서 내 추측이나 생각으로 정리하는 경우가 많습니다. 그래서 환청에 대해 알아보고자 내게 들려오는 환청과 그때마다 올라오는 내 감정 상태를 정리해 보았습니다.

환청 "니가 무식해졌다는 소리를 들었다."
"누구냐, 너."
감정 황당하고, 누구의 목소리인지 의심스러웠다. "누구냐, 너."는 누구 목소리인지 알지 못해서 내가 물어본 말이다. 내가 기다리는 남성의 목소리인 것 같은데, 무식해졌다고 부정적인 말을 내뱉으니 누군지 감이 안 온다. 난 나에 관해서 하나부터 열까지 확실히 알아내고 싶다. 첫마디의 말은 누구의 목소린지 알 수 없어 살짝 의심이 든다. 환청은 무의식이라고 하는데… 왜 들렸을까?

환청 "왜 쳐다보고 지랄이야!"

감정 날카로운 목소리로 나를 욕하는 것 같아서 속상했다. 성당에서 있었던 일이다. 나는 의식하고 싶지 않았는데, 어떤 여자가 외형적으로 뚱뚱하다 해서 눈이 갔다. 이후 그 여자 목소리로 환청이 들렸는데, 기억이 나진 않지만 날카로운 목소리였다. 나를 공격하는 환청이 들리는 걸 보니 내가 사람들 사이에서 움츠리고 있다는 생각이 들었다. 요즘 내 환청은 대화식으로 들린다. 누군가 뭐라 하고, 그 말에 내 목소리가 대답을 한다. '왜 내 목소리가 들리는 거지? 나는 아무 말도 하고 싶지 않은데… 내 목소리도 내가 들리지 않게 조절할 수 있나?' 누군가 나를 공격하는 것 같은데, 누구인지 모르겠고, 내 목소리는 아닌데.. 혼란스럽다.

환청 "(곰 세 마리 동요가 머릿속으로 들리면서) 그때 이랬을 거야!"

감정 노래 소리가 들리며 나한테 말을 하니 기분이 묘했다. 다시 재발하지 않을까 걱정이 되었다. 재발했을 때, 환청과 얘기하며 길거리를 돌아다닐 때, 이런 적이 있었다. 노랫소리가 머릿속에 깔리면서 사람들 목소리가 들렸다. 잠시 그때 기분이 느껴지며 함께 환청이 들렸다. 또 그때처럼 재발될까봐 걱정이 되어, 정신 똑바로 차리고 내 증상에 대해서 더 관찰을 해야겠다는 다짐을 했다.

두 번째 단계: 환청은 내 안의 목소리, 내가 만드는 것

이 단계에서는 환청에 따른 감정 이외에도 내가 겪는 고생과 대처 방법이 등장합니다.

환청 "나도 먹고 싶다."

감정 누군가 이야기를 하는 것 같아 실제로 확인하며 안심이 되었다. 센터에서 지역사회 적응 훈련으로 영화관에 가서 '연평해전'을 봤다. 내가 팝콘을 샀는데, 실습 선생님이 팝콘을 먹고 싶다며 내 왼편에 앉았고 오른편에 다른 회원이 앉았는데 어디선가 환청이 들렸다. 누구에게서 들린 환청일까? 그 사람에게 팝콘을 주고 싶다. 근데 누굴까 생각해 보다가 오른편에 앉은 다른 당사자에게 물어보았다.

"팝콘 드실래요?"

말없이 잘 먹는 모습이었다. 아무 것도 안 하고 가만히 있는데, 주변에서 뜬금없이 환청이 들리면, 누구의 목소리일지 주변을 둘러보며 누구일지를 예상하며 찾아본다.

"팝콘 줄까요? 아니면 먹고 싶어요?"

주변 사람들에게 질문을 하거나 확인을 하며, 여러 명과 함께 있을 때 환청이 들리면 안심이 되고, 마음이 편안해진다.

고생 내가 속으로 하는 말을 상대방이 듣고, 알게 되어 나를 미워할게 될 것 같은 의심이 든다.

감정 내 생각과 마음을 다 알고 있는 것 같아서 불안하고, 타인을 만나면 자꾸 신경을 쓰게 되어 힘들고 피곤했다.

대처 방법 타인에게 비난받을 행동이나, 욕을 하는 행동을 하지 않으려고 한다. 누군가에게 들은 비밀 이야기가 그 당사자들을 만나면 자꾸 떠오른다. 그래서 예전에는 비밀 이야기를 하면 자리를 피했다. 그래서 사람들과 깊은 얘기를 하지 못하게 된 것 같다. 입원과 퇴원을 하면서 알게 된 내 증상 중 하나는, 타인이 속으로 하는 소리를 내가 들을 수 있고, 내가 속으로 하는 말소리도 상대가 들을 수 있다고 생각한 점이다. 타인의 마음을 알게 되는 것은 나만 말을 하지 않으면 상관없지만, 내 생각과 마음을 상대방이 다 알아버리면 내 부정적인 마음도 다 들켜 버릴까봐 노심초사했고, 사람을 만날 때 신경이 많이 쓰였다. 내 마음을 읽거나 들키지 않을까라는 생각에 평소 부끄러울 만한 행동이나 남 욕하는 행동은 자제하려고 한다. 행동을 비난하는 환청이 들리면 스스로 떳떳하지 않기 때문에 불안하다. 그래서 바른 생활을 하려고 노력하고, 행동에 따라 비난하는 환청도 들리지 않아 편안해지지만, 몸이 피곤할 때도 있다.

환청 "설거지하기 싫으면 하지 마!"

감정 어머니를 도와드리려고 한 것인데, 오해를 받는 것 같아서 기분이 상하고, 타인을 오해하게 된다.

저녁에 엄마한테 말도 없이 설거지를 했는데, 환청이 들렸다. 엄마를 도와드리려고 한 행동이었는데, 하기 싫다고 오해를 받는 것 같아서 기분이 상했다. 예전에 내가 설거지를 할 때 소리를 크게 덜그럭 거리면서 하면 어머니께서는 설거지 하지 말라고 하신 적이 있었다. 과거 경험 때문인지 환청이 하는 말이 진짜 같아서 기분이 나빠지고, 엄마에게 확인할 수 없어 오해를 하게 된다. 환청이 들리면 과거에 비슷한 경험이 떠올라 환청을 믿게 되고, 기분도 상하고, 타인을 오해하게 된다. 환청이 더 혼란스러운 이유는 죽은 사람 소리도 들리고, 혼자 있는데도 타인의 목소리가 끊임없이 들리며 어느 순간 현실로 믿게 되기 때문이다. 나를 평가하고, 혼란스럽게 하는 환청보다는 내가 원하는 환청을 초대해서 함께 대화를 나누는 것이 더 좋을 때가 있다.

환청 "내가 못 먹는 감 죽어버려라."

감정 부정적인 환청으로 기분이 속상했다. 오랫동안 좋아했던 남자 선생님의 목소리로 부정적인 환청이 들렸다. 이렇게 부정적인 환청은 처음이었다. 내 욕망이 남자 선생님을 놓지 않고 있다는 것을 알았다. 선생님의 연락을 9년간 기다리며 이젠 외롭게 기다리지 말고, 선생님을 마음에서 정리하기로 했다. 내 감정 변화에 환청이 반응하고 들린다는 것을 알게 되었고, 내 욕망이 이러한 환청을 만들어 낸다는 것을 느꼈다.

환청 "또 자네, 또 자. 맨 날 자라."

감정 내 마음을 알고 있는 것 같아서 웃겼다. 그래서 그냥 계속 잤다. 점점 내가 환청을 만들어 낸다는 것이 느껴진다. 무슨 일을 하다가도 생각을 머리에 집중하면 조금씩 환청이 들린다. 어떤 느낌일 때 환청이 들리는지 조금 알 것 같다. 지루할 때 많이 들리는 것 같다. 그 외에도 무언가 집중할 때도 조금씩 들리지만, 환청에 대해서 생각하고 관찰하며 내가 환청을 만들어낸다는 것을 확실히 느끼게 되었다.

환청 “아가씨 멋있다.”

감정 뜬금없는 칭찬에 당황했다. 올케언니의 목소리로 환청이 갑자기 들렸다. 내가 언니에게 듣고 싶어 하는 말이었을까 생각해 본다. 오빠 식구가 추석을 맞아 집에 왔다. 저녁을 먹으려고 이것저것 준비하는데 들린 환청이다. 올케언니한테 인정받고 싶었던 것일까? 환청이긴 하지만 이런 환청은 듣기 좋다. 물론 내 무의식이지만 무의식이 아니라 진짜 언니가 해주는 소리였으면 좋겠다고 생각했다.

환청 “이젠 힘들지 않게 할게.”

감정 당사자연구를 하면서 내 감정, 환청을 들여다보고, 직면하는 것이 힘들다. 잠에 들려고 누웠는데, 환청이 들렸다. 이젠 나를 힘들지 않게 한다는 말인데…. 내가 요즘 당사자연구를 하며 힘들어 하니깐 들린 것 같다. 이젠 나를 속이지 않겠다는 말인가 의심스러웠다. 당사자연구를 하면서 내 환청들, 안 좋은 감정들은 다 파헤쳐 놨더니 뭐가 뭔지 모르겠다. 내 물건을 다 헤집어 놓고 정리가 되지 않아서 막막한 상태라는 표현이 맞을 것이다. 예전에는 환청과 내 감정을 들여다보는 연습을 하지 않았던 것 같다. 그래서 내 솔직한 감정과 환청을 부정하며 억눌러 생활하는 게 익숙해졌는데, 다시 그 의미를 들쳐 내어 살펴보는 연습을 하려니 힘들다. 그래서 혼자 당사자연구를 지속하기는 어려운 것 같다. 동료를 통해 공감과 이해로 자신감도 갖고, 용기를 얻어서 내 부정적인 모습에 도망치지 않고 내 본연의 마음과 모습을 발견할 수 있는 것 같다.

세 번째 단계: 나만의 대처 방법 터득

사건을 알아내어 나만의 대처 방법으로 터득해갑니다.

환청 "다 내가 알아서 해, 그냥 살아만 있어, 내가 안 필요해?"

감정 좋은 말을 해주어서 기분이 좋다. 요즘은 피곤해서, 자기 전에 환청과 대화를 하지는 않는다. 그리고 환청이 질문을 하여도 "괜찮아, 필요하지 않아."라고 말을 하며 크게 신경을 쓰지 않는다. 지금은 내가 안정적이어서 그런지 환청에 크게 휩쓸리거나 신경쓰지 않는 나를 발견한다. 무의식, 내 안의 목소리라는 것을 알고 난 이후에는 환청이 들리면 그러려니 하고 넘긴다. 증상일기를 쓰면서 무의식인 환청을 파헤쳐 보며 진짜 내 모습을 발견하는 것 같고, 더 나은 나를 알아가는 것 같다.

사건 주변 사람들과 관계에서 표현하지 못하고, 환청을 초대하여 계속 대화를 나누며 내 의견을 표현한다. 예를 들어 선생님을 오해했을 때, 변명하고 싶을 때, 타인과 갈등이 있을 때 상대를 초대해 대화를 나누며, 못다 한 이야기를 한다.

대처 방법 타인과 관계에서 어려움이 있으면 환청으로 초대하여 해명을 한다. 그러면 마음이 편안하고, 내 생각을 전달하고 이해를 받는 것 같아서 이 방법을 자주 사용하였다. 하지만 환청에 의지할수록 현실에서는 내 의견을 표현하지 못하고 있음을 발견하였고, 환청을 초대하는 횟수가 잦아짐을 알게 되었다. 그래서 당사자연구를 하면서 대처 방법을 현실에서 시도해 보기로 하였다. 환정을 초대하거나 의지하지 않고, 현실에서 내 생각과 감정을 표현하기로 하였다.

오늘 동료가 사과할 일이 있다며 햄버거를 사주겠다고 했다. 예전 같으면 타인이 힘들게 하는 것 같아 질문도 하지 못하고, 햄버거만 먹고 헤어졌을 텐데, 이번에는 용기를 내서 질문을 했다.

"햄버거 사주는 거 내가 우리 너무 가깝게 지내지는 말자고 했잖아, 그 말이 신경이 쓰여서, 없었던 걸로 하자는 의미인 거야?"

"아니야, 그건 누나 마음이야. 오랜만에 만나서 그냥 사주는 거야."

용기를 내서 말한 것에 대해 뿌듯함을 느꼈다. 감정표현은 아니지만 속마음을 조금씩 말할 수 있게 되었고, 지금 내가 할 수 있는 만큼 현실에서 적용해 봐야겠다.

환청의 메커니즘

메커니즘을 파악함으로써 내가 문제로만 여겼던 증상이 실은 나를 돕는 방법이라는 것을 알게 되며, 대처 방법을 찾는 데 발판이 됩니다.

나를 인정하는 환청에 의지하기

나를 부정적으로 평가하고, 혼란스럽게 하는 환청보다는 나를 인정해 주는 환청을 더 반깁니다. 예컨대 '너는 특별해! 너를 지켜줄게, 너를 사랑해.'처럼 나를 인정해 주는 환청이 들립니다. 그 말이 현실이기를 바라며 환청에 의지하며 믿게 되어 환청이 좋아서 그 즐거움에 환청이 찾아오길 기대합니다.

환청과 대화

인정받고, 사랑받고 싶은 욕구로 원하는 환청과 끊임없이 대화를 나누는 것이 즐겁습니다. 내가 듣고 싶은 말만 해주기 때문에 환청을 초대한 대화는 항상 즐겁습니다. 사랑받고 싶고, 인정받고 싶은 내 욕구를 채워주는 환청과 대화는 내가 표현하지 못하는 것을 이야기함으로써 인간관계에서 부족함을 위로해 주는 것 같습니다.

환청과 대화에 빠지는 삶

환청과 대화에서 인정을 받으면, 좋아서 혼자 '더더더'를 외치며 주인공의 상황을 상상하며 흥분합니다. 만족할 만한 대화가 나올 때까지 환청을 초대하여 대화를 나누면 흥분되어 밤에 잠을 자지 못합니다. 환청 세계에서는 제가 주인공이고, 우울하고 혼란스러운 상황을 피해 나를 지켜주는 것 같습니다. 그래서 환청과 대화를 계속 초대하고, 현실보다는 내가 만들어내는 세계에 더 빠지는 것 같습니다.

환청은 항상 나를 찾아오고, 힘들다고 생각을 했었는데, 내가 필요해서 초대하고, 환청을 즐기고 있다는 것을 당사자연구를 통해 알게 되었습니다. 내가 위로받고 싶을 때, 인정받고 싶을 때, 누군가와 대화를 나누고 싶을 때 초대하여 그것이 해소될 때까지 환청과 함께합니다. 환청은 내 안의 소리이자, 내가 만들어내는 또 다른 세계인 것 같습니다.

고생패턴 찾기

자신의 증상과 고생에서 발견되는 패턴, 그 연결 관계, 의미를 생각하며 나타나는 규칙성과 반복되는 구조를 파악하는 과정입니다. 연구 결과를 기록하면, 일정한 구조를 파악하는 데 유용하여 패턴을 찾는 데 도움이 됩니다.

추측하며 의심하기

'너는 좀 빠져라!' 같은 부정적인 환청이 들립니다. 예컨대 기분이 상하거나, 과거에 경험을 비추어 생각해 보거나, 확인해 볼 방법이 없을 때 혼란스럽습니다. 지금 상황과 환청을 따져 맞추며, 이러한 환청을 일으킨 사람을 추측하고 그 사람과 관계를 의심합니다. 막연하게 환청을 부정하거나, 무시하는 것이 아니라 환청이 누구의 목소리며, 왜 들렸을까를 짐작해 봅니다.

인정받고 싶고, 주인공이 되고 싶은 마음을 알아주는 환청

실제 상황에서 누군가와 대화를 통해 인정받는 느낌을 받을 때 대화가 만족스럽습니다. 예컨대 혼자 길을 걷거나 방에 있을 때 반복해서 그 상황을 생각하며 대화를 곱씹어 생각합니다. 밤에 자려고 누우면 그 상대를 머릿속으로 불러와 대화를 하며 능력 있는 주인공이 되어 흥분을 하며 즐거워합니다. 인정받고 싶은 마음의 갈증이 해소됩니다. 환청을 불러와 대화하는 주인공 놀이는 즐거움 이상이 되고, 결국엔 흥분하여 밤에 잠을 자지 못합니다. 불면증과 피곤함으로 환청을 초대하고 주인공 놀이를 멈추어야 한다고 하면서도, 이러한 환청과 대화가 인정받고 사랑받는다는 생각에 환청을 계속 초대하고, 주인공 놀이를 반복합니다. 이후 사랑받고, 인정받는 세계에 '조금만 더, 조금만 더!' 외치며 깊게 빠져 듭니다. 밤마다 반복되는 환청 초대에 수면관리가 잘되지 않아 직장생활에 어려움을 겪습니다.

대처 방법 마련하기

자신의 증상과 발생되는 고생을 자신만의 대처 방법으로 생각하고 연습하는 과정입니다. 여러 가지 곤란한 상황에 직면했을 때 '자기를 돕는 법'을 구체적인 방법으로 실제 생활에서 적용하며, 유용한 대처법을 명확히 하는 데 도움이 됩니다.

인정받고 싶은 욕구가 강한 내 모습 이해하기

저는 인정받고, 사랑받고 싶은 욕구가 강한 사람이라는 것을 알았습니다. 그래서 내가 듣고 싶은 소리를 계속해서 끌어들이고, 칭찬받으면 그 상대와 그 말을 계속 곱씹으며 그 말에 더 보태어 환청을 즐기고 있다는 것을 말입니다. 가만히 생각해 보면 인정받고 싶고, 관심 받고 싶었지만, 그러지 못했던 어린 시절이 떠올랐습니다. 그래서 "너는 메시아다. 넌 잘할 수 있다."는 환청과 타인의 인정은 제 마음을 흔들었고, 모든 환청과 망상이 내 욕망에서 올라오는 것임을 다시 한 번 깨달았습니다.

나를 알고 적을 알면 백전백승이라고 하듯, 제가 인정받고 싶은 욕구가 강하다는 것을 알고 나서야 내 환청과 망상이 이해가 되었습니다. 그리고 자존감이 얼마나 낮으면 이런 욕구가 환청으로 들릴까? 스스로가 안쓰럽게 느껴졌습니다. 주변에 내 고생을 알리며, 동료들이 먼저 인사해 주거나, 선생님들께서 관심을 가져주면 해소되는 부분이 있다는 것을 알게 되었습니다. 내 약점을 알고, 주변 동료에게 내 약함을 알리니, 긍정적인 관심을 받을 수 있어 약함을 공개하는 데 용기를 갖게 되었습니다.

현실에서 관심 받을 수 있는 활동 경험하기

용기를 내 센터에서 정신장애인 인식개선 홍보 행사에 참여해 당사자연구를 홍보했습니다. 정신장애인이라는 것을 드러내 놓고 비장애인들을 만나는 것이라 긴장도 되었고, 어색했습니다. 제 삶에 도움을 많이 받았던 당사자연구를 알려야 한다는 의무감에 열심히 했습니다. 많은 비장애인들의 응원과 당사자연구를 알게 되어 좋았다는 후기를 읽으니, 만족감과 뿌듯함을 느껴 도전하길 잘 했다는 생각이 들었습니다. 아울러 이런 활동으로 제 욕구를 채울 수도 있다는 것을 알았습니다. 인정받고 싶은 욕구가 타인을 통해 듣고, 평가받음으로써 자신감도 갖게 하고, 스스로 만족스럽다는 생각을 하게 되어 긍정적인 대처 방법이 된 것 같습니다. 환청이 아닌 다양한 활동을 통해 나를 알리고, 인정받는 자리를 통해 스스로 만족감을 경험할 수 있어 계속 도전해 보고자 합니다.

현실에서 특별한 내 장점 발견하고, 자신감 갖기

타인에게 칭찬을 듣고 나면 흐뭇해지고 자신감을 갖게 되며, 세상을 다 가진 기분이 듭니다. 인정을 받았다는 생각에 기분이 좋아지는 것 같습니다. 그래서 주변의 긍정적인 평가를 받으면 스스로 칭찬을 해주고, 내 장점과 강점을 기억하려고 합니다. 그러면 위기가 왔을 때 스스로 부정적으로 인식하지 않고, 타인을 오해하는 일이 줄어들기 때문입니다.

하지만 조심해야 할 부분은 칭찬에 집착하고 나면 흥분을 해서 잠을 자지 못하니 덤덤해지는 연습도 병행해야 한다는 것입니다. 그래서 주변 동료들과 상황과 기분에 대해 대화를 나누며 조절을 하고 있습니다.

연구를 통하여 알게 된 점

저는 인정과 사랑에 목말라 있었음을 알게 됐습니다. 분명 주변 사람들에게 인정을 받고, 사랑도 받고 있음이 사실입니다. 그러나 혼자 있거나 고독함이 극도로 올라올 때는 저만의 상상에 빠져 버립니다. 좋았던 상황에 보태어 더욱 저를 높이 추켜세웠고 사랑스러운 사람으로 만들었습니다. 모두에게 사랑과 인정을 받지 못한다는 건 알고 있으면서도 모두에게 좋은 사람이 되고 싶어 주변 사람들의 반응에 예민해져 갔습니다.

부모님께 받지 못한 사랑과 인정을 다른 사람에게서 채우려 했던 것 같습니다. 이런 관심들은 아무리 갈구해도 그때그때 보여주지 않기 때문에 실망할 때가 많습니다. 제 만족을 채우기 위해 현실적으로 사람들의 반응과 관심엔 도리어 무덤덤해지고 더욱 환청과 망상에 매달리며 즐겼습니다. 그래서 현실에서 한 발자국 떨어져 있는 느낌을 받곤 했습니다. 하지만 이제는 닫힌 마음을 열고, 스스로를 이해하며 환청과 망상에 더 당당해지려고 합니다. 내 감정변화에 반응하는 환청을 이해하고, 내 욕망에서 시작하고 있는 환청과 망상을 알게 되었기 때문입니다. 이로 인해 환청은 많이 줄어들었지만 여전히 몸이 힘들거나 피곤하면 자해 망상이 떠오르거나, 대인관계가 잘되지 않을 때는 환청이 현실처럼 인식되기도 합니다.

당사자연구를 통해 남들과 비교하며, 현실을 왜곡하기보다는 환청과 망상이 내 마음이라는 것을 이해하며, 나를 사랑하는 기술을 갈고 닦아야 한다는 것을 배웠습니다. 내 장점을 하나씩 찾아 인정하고 받아들이는 연습을 통해 현실에서 즐거움을 찾을 것이라고 생각합니다.

제가 좋은 사람임을 보여주고, 또 겸손한 것만이 아닌 자랑도 하면서 내 욕구를 조금씩 드러내려고 합니다. 이는 당사자연구의 홍보활동을 통해 저도 몰랐던 장점과 강점을 알았고, 관심을 가져준 동네 사람들의 칭찬과 격려가 자신감이 되어 나를 있는 그대로 알리는 즐거움을 느꼈기 때문입니다. 당사자연구를 하며 제 고생을 얘기하고, 들어주는 동료, 선생님이 있어 지속할 수 있었고, 앞으로도 더욱 연구하며 내가 겪고 있는 고생을 진심으로 즐기기를 소망합니다.

나를 보호하는 무리들

박상일, 송은주

나는 대인관계 어려움으로 당사자연구를 시작하였고, '관계가위병', '도깨비', '야금야금 생각을 쪼아먹는 병' 같은 다수의 증상과 고생을 반복하고 있다. 병에 관한 당사자연구를 하며 나를 이해하며 편안함을 갖게 되었고, 지금도 당사자연구에 매진하고 있다. 증상을 발표하면서 혼자만의 고생과 어려움인 줄 알았던 생각에서 벗어나 센터 동료와 타 기관 회원들도 나를 알아보고 응원해 주어 힘이 되고 있다. 내 증상을 개방하고 연구하는 데 용기가 생겨 더 열심히 당사자연구와 발표에 참여하고 있다.

머리말

제 중점적인 병은 두 가지입니다. 저는 다른 사람들에게는 들리지 않는 소리를 들을 수 있는 놀라운 능력을 가지고 있습니다. 편하게 말하면 환청입니다. 이 환청이 어떻게 시작되었고, 나에게만 들리는지는 아직도 연구 중입니다. 처음에 환청이 들렸을 때는 무섭고 두렵기만 했고, 누구에게도 말할 수 없었습니다. 말을 하면 저를 다 '이상한 사람'이라고 생각하기 때문입니다. 그래서 혼자 생각하며 환청이 저를 도와주기 위해 온 줄 알았습니다. 하지만 어느 순간부터 부정적인 말과 이해할 수 없는 소리들로 인하여 일상생활이 어려웠고, 어떤 때는 '악마의 목소리'라고 생각되기도 했습니다.

저는 환청 이외에도 저에게만 보이는 '도깨비'라는 친구가 있습니다. 무섭고, 강한 얼굴이 눈앞에 보여 '도깨비'라는 이름을 지어주었는데, 좀처럼 눈앞에서 떠나지 않고 24시간 저를 계속 주시합니다. 처음에는 너무 무서워서 무시하기도 하고, 화도 내고, 부탁도 했지만 알 수 없는 도깨비의 모습이 계속되었습니다. 누군가에게 말을 하거나 도움을 요청할 수 없어 혼자서만 생각하며 힘든 나날을 보냈습니다.

이외에도 '관계가위병'이 있습니다. 그냥 들어만 보아도 어떤 내용인지 다들 상상할 수 있을 것입니다. 대인관계가 미숙하여 상처받기 전에 먼저 관계를 단절하며, 저를 보호하는 병으로 많이 외롭습니다.

센터에 나와서 당사자연구라는 프로그램에 참여하면서 저 혼자 겪으며 숨겨왔던 고생과 경험을 개방하였습니다. 응어리가 조금씩 분출하기 시작하였고, 제가 병을 알아차리고, 스스로 깨우쳐가며 조금씩 회복 단계로 나아가고 있습니다. 변화하는 내 모습을 보면서 희열감을 느끼게 되었고, 이것이 원동력이 되어 당사자연구를 계속하고 있습니다.

고생의 프로필

1993년 초등학교를 졸업할 무렵 병이 시작되었습니다. 옆에서 누가 이야기하는 소리가 들렸지만 아무도 없었습니다. 이런 내 모습이 너무 무섭고 싫었습니다. 주변 사람들이 나를 피하는 것처럼 느껴졌고, 예지몽을 통해서 내가 찻길에서 죽는 꿈을 보기도 하였습니다. 환청은 구체적으로 나를 알고 있는 듯 이야기했습니다.

"너는 그래서는 안 돼, 그러면 니가 죽을 거야… 조심해야 해…."

나를 살리기 위해 지키는 천사같았고, 조심하라고 계속해서 속삭였습니다. 처음에는 믿지 않고 무시했지만, 천사의 속삭임이 계속되어 나는 그 말을 따르는 것이 내가 살 길이라 생각했습니다.

6학년 때 운동장에서 마라톤 경기를 할 때 일입니다. 내가 1등으로 달리다가 갑자기 환청이 들렸습니다.

"운동장 중앙에서 무릎 꿇고 기도해라, 그래야 네가 살 수 있다."

목소리가 끊임없이 귓속에서 맴돌았고, 이런 상황에서 환청에 따라 행동을 한다는 것이 너무 싫었지만 하지 않으면 죽을 수도 있다는 생각에 지시대로 했습니다. 내 돌발 행동에 주변 친구들과 선생님은 나를 이상하게 생각했고, 친구들이 나를 조롱하고 비웃는다는 생각에 관계 맺기가 어려워지기 시작했습니다.

얼마 후 사고가 일어났습니다. 자전거를 타고 가다 교통사고가 크게 났고, 그 충격으로 머리를 다쳐 왼쪽 뇌와 시각신경이 손상되었습니다. 이후 왼쪽 눈이 사시가 되고, 눈 맞춤이 되지 않았습니다. 눈 신경세포가 손상되어 눈동자 움직임이 부자연스러운 후유증이 생겼습니다. 사시 수술을 받은 후 눈 맞춤이 가능하지만 아직도 눈 깜박임이 느리고 자연스럽지 못합니다.

큰 사고를 당한 후, 외모의 변화와 대인관계 위축으로 내 삶은 매우 형편없게 되었습니다. 내 옆을 지켜주는 것은 환청이 유일했으며, 환청이 예시한 대로 큰 사고가 일어난 이후에는 환청이 주는 메시지를 더욱 믿게 되었고, 나를 보호하고 살리는 유일한 존재라고 굳게 믿게 되었습니다.

여기에 환청과 함께 도깨비 얼굴이 보이기 시작했습니다. 내가 위험에 처했을 때 예시해 주거나 도움을 주려하고, 내가 힘들거나 부정적인 일을 겪기 직전 눈앞에 나타나 우는 행동을 합니다. 도깨비의 신호를 보고, 나는 마음의 준비를 미리 할 수 있어 도깨비에게 의지하고 있습니다. 앞으로 다가올 내 아픔을 미리 예시해 주는 수호천사 같았습니다. 처음에는 무서운 얼굴에 겁도 났지만 그 무서운 도깨비와 친구가 되어보라는 동료의 말에 힘을 얻어 실행해 본 결과 도깨비는 무서운 존재가 아니라는 것을 알았습니다. 나에게 환청과 도깨비라는 친구가 함께하고 있습니다.

환청은 나를 보호하기도 하지만, 주변 사람들과 함께 있을 때는 타인이 하는 목소리로 들려서 저를 혼란스럽게 합니다. 학창시절에 교실, 버스 안, 집에서 더 심하게 들렸습니다.

"저 사람 멋있지 않아, 저 오빠 봐봐, 너무 멋있어."

주변 여자들의 관심이 저에게 집중되어 있다는 착각을 하게 합니다.

"수업시간에 공부 안 해도 돼. 나랑 놀아주면 안 돼?"

그렇게 말하며 내가 엉뚱한 행동을 하게 하기도 하고, 버스 안에서 어른들께 자리를 양보하면 주변 사람들의 목소리로 칭찬하는 것이 들립니다.

"너무 멋있어, 잘했어."

반복해 들리는 환청으로 저는 너무 괴로웠고, 내 생각과 환청 내용이 달라서 혼란스러울 때는 어떻게든 내 의지대로 생각하려고 했지만 안 되었습니다. 얼마 후에 매 순간 환청에 끌려 다니는 나를 발견하게 되었는데, 환청은 저를 무시하듯이 말합니다.

"거봐, 넌 안 돼, 안 된다고!"

그러면 저는 긍정적으로 생각하며 도전을 했다가도, 내가 잘못되었다는 환청의 말에 무너져 버리며 포기해 버리기를 반복하였습니다. 환청은 내 편이 되어줄 때도 있지만, 어떤 사건에 부딪힐 때면 너무도 부정적인 이야기를 하며 내 마음을 아프게 합니다. 내가 가장 두렵고 겁내는 부분을 정확하게 알고 심장을 도려내듯이 고통스런 말들을 반복합니다. 그러면서 저를 주저앉게 합니다.

내 인생에서 가장 힘들었던 일이 교통사고에서 머리를 다친 것인데, 환청은 이 사건을 언급하며 나를 힘들게 합니다.

"죽어버려, 넌 그때 죽었어야 해…. 도대체 네가 왜 사는지 모르겠다."

환청은 이런 말을 하며 저를 자꾸 죽음으로 몰아붙였습니다. 그러면 기분이 나빠지고, 머리가 아파 방안에서 나오지 않고, 하루 종일 울면서 혼자 시간을 보냈습니다. 너무 힘들 때면 막연하게 나도 다른 사람들처럼 평범하게 살아보고 싶다고 간절히 바란 적도 있습니다. 나는 아무 잘못도 하지 않았는데, 왜 이런 고통이 반복되고 무기력하게 살아가야 하는지 답답하고 힘들었습니다.

환청은 제 편이 되어줄 때도 있지만, 어떤 사건에 부딪히면 제 고통을 갉아 먹는 듯 부정적인 이야기를 끊임없이 하며 결국 포기하게 만듭니다. 그래서 환청에 끌려 다니는 삶을 변화시켜 보려고 제 병을 연구하게 되었습니다. 환청이 '나를 못 잡아먹어서 안달이 났을까?' 생각하는 중에 환청은 왜 계속 반복되고, 나를 지켜줄 것 같으면서도 심하게 괴롭히는가를 알고 싶었습니다. 병이 지배하는 삶이 아닌 스스로의 삶을 살아봐야겠다는 결심으로 당사자연구를 시작하였습니다.

연구 목적

막연히 두려운 존재였던 병을 알고 싶었고, 그 병으로 인해 끌려다녔던 삶에서 병을 이해하며, 병을 내 삶의 조력자로 만들면 좋겠다는 생각으로 연구하기 시작하였습니다. 환청은 왜 계속 반복될까? 도깨비는 어떤 의미가 있는 것일까? 병과 내 삶은 어떤 연관성이 있을까? 이러한 궁금증으로 질문하고, 기록하며, 선생님과 하는 당사자연구와 동료와 같이 하는 당사자연구를 병행하였습니다.

환청과 도깨비는 내 삶의 모든 것을 알고 있고, 나와 관계를 유지하고 싶어서 찾아온다고 생각합니다. 무엇보다 내 무서운 미래들을 미리 알려주어 내가 준비하고, 조심해서 예전처럼 큰 사고를 당하지 않도록 지키려고 하는 것 같습니다. 저를 지켜주는 수호자이자, 유일한 내 편이라 생각하며 병에 의지했던 것이 사실입니다. 유일하게 나를 걱정하고, 나에게 관심을 갖고, 내 이야기를 들어주는 존재였으니까요.

하지만 병에 의지할수록 꼭두각시처럼 무기력하고 포기하며 살아가는 저를 발견하게 되었습니다. 병에게 끌려가지 않고 잘 지내는 방법을 찾아보고, 일단 현실에서 부딪혀 보자고 생각했습니다. 그러면서도 과거의 큰 사고로 인하여 무언가를 도전하고 경험하는 것이 두려웠습니다. 실패하지 않을까? 거절당하지 않을까? 시작하기 전에 노심초사하고, 지레 겁먹어 도망치기 바빴습니다.

환청이 "조심해, 그만해." 결정을 내려주면, 나를 보호하기 위해서 결정을 내린 것이라 생각하며 환청 때문에 멈추고 맙니다. 사실은 새로운 도전이 너무 두렵고 겁이 났습니다. 일어나지도 않을 일들이 걱정되었고, 나를 비난할까봐 내가 책임지고 결정내리는 것이 힘들어 병 뒤에 숨어버렸습니다.

당사자연구를 하면서 병에 의지하는 것이 아니라, 스스로 결정하고 경험하며 제 삶을 살아가는 것이 중요하다는 것을 알았습니다. 동료를 통해 응원과 위로를 받을 수 있었고, 자신감으로 병을 대하는 것도 편안해졌으며, 제 삶이 변화될 것이라는 기대로 당사자연구에 매진하고 있습니다.

연구 방법

내 환청을 좀 더 생각해 보기로 했습니다. 누구의 소리였을까? 처음에는 타인이 나에게 하는 소리라고 생각했지만, 당사자연구를 하면서 내가 이야기했던 말들이 떠올랐습니다. "환청은 내 안의 목소리입니다."라는 말이 공감되기 시작하였습니다. 내 자신의 소리였습니다. 처음엔 날 아껴주고 내가 좋아하던 분들의 목소리로 시작하였다가, 차츰 내 마음에서 울리는 소리가 되어 누구의 목소리인지 분간하기 어렵게 반복해 들렸으며, 들리지 않아야 할 순간에도 끊임없이 나를 괴롭히는 소리로 나를 힘들게 하였습니다.

처음에는 그 환청을 믿지 않았는데, 환청이 말하는 대로 주변 상황들이 전개되는 사건들을 보면 도저히 믿지 않을 수 없었습니다. 예를 들어, 날 좋아하던 사람들이 나를 멀리 떠날 것이라고 미리 알려주면, 그 사람들과 관계를 조금씩 정리하며 거리를 둡니다. 그러면 타인과 관계에서 상처를 덜 받게 되고, 일방적으로 기절을 당한 것이 아니라 내가 그 사람과 관계를 정리한 것이라서 안심이 되기도 합니다. 환청은 나를 보호해 주기 위해서, 주변 상황들을 미리 나에게 알려주어서 준비할 수 있게 합니다. 환청으로 인하여 사람과 관계에서 상처를 덜 받고, 미리 준비함으로써 안심이 되고, 인간관계를 이어갈 수 있게 해줍니다.

사실 저는 사랑받고 싶고, 누군가를 사랑하고 싶습니다. 사랑에 매우 목마른 사람입니다. 대인관계에 매우 예민하고, 신경을 많이 쓴다고 할 수 있지요. 그래서 내가 좋아하는 사람이 나를 좋게 생각하지 않을 경우 그 상처를 견디지 못해서 관계를 가위로 잘라버립니다. 내 잘못이 아니라 타인의 잘못으로, 내가 먼저 거절한 것으로 생각하면 상처가 덜 아픈 것 같습니다. 환청과 '관계가위병'은 대인관계에서 사랑받고 싶어 하는 제 마음을 잘 보여주는 고생입니다. 이 고생은 관계를 정리할 때 저를 보호해 주는 역할을 하는 것 같습니다. 그래서 환청과 '관계가위병'에 의지하고, 신뢰하며 계속 함께 하고 있습니다.

환청은 사물소리로도 들립니다. 조용히 혼자 방에 있을 때 환청은 나에게 소름끼친다고 해야 할까요? 아님 악귀의 저주처럼 "끼익끼익, 덜컹덜컹" 이상한 소리를 내며 나를 공포로 몰아넣습니다. 텅 빈 방안에 아무도 없는데, 자꾸 이상한 소리가 들리니 소름이 돋고, 주변은 둘러보아도 혼자밖에 없습니다. 그러면 스스로 생각합니다.

'나를 공격하기 위함인가? 아니면, 나에게 저주가 온 것인가.'

그 의미를 생각해 보지만 이해할 수 없고, 더 혼란스럽기만 합니다. 또 기차소리가 "덜컹덜컹" 반복해서 들릴 때면 상상이 더해져, 내가 기찻길 바닥에 누워 내 몸 위로 기차가 지나가며 내가 죽지는 않을까? 걱정합니다. 오롯이 내게만 들리는 소리가 온몸을 감쌀 때면 아무것도 하지 못하고 너무 무섭고, 두렵습니다. 사물로 들리는 소리는 아무 의미가 없고, 끊임없이 반복되어 이유를 생각하기도 어렵습니다. 제발 더 이상 들리지 않기를 기도하며, 시간이 흐르기만을 바랄뿐입니다.

사람들과 함께 있을 때 타인의 목소리로 들리는 환청도 난감합니다. 버스에서 내 이름을 말하면서 키득키득 거리는 사람들을 보면 직접 가서 물어봅니다.

"혹시 저에 관하여 이야기하지 않으셨어요?"

"저희 아세요? 안 했는데요."

황당한 표정으로 차갑게 대답을 합니다. 그러면 주위 사람들에게 묻습니다.

"이 사람들이 하는 소리 듣지 못하셨어요?"

"그런 적 없는데요. 당신이 잘못 들은 것 같은데요."

환청을 확인하려다가 망신당한 경험이 있어 다른 사람과 함께 일 때 들리는 환청은 구분하기가 더욱 어려워 힘이 듭니다.

이럴 때는 '어디서부터가 사실이고, 어디까지 나는 믿어야 하는 거지? 아니면 내가 신기(神氣)가 있는 것은 아닐까?' 생각하며 나만 알고 있는 고통으로 힘이 듭니다. 생각해 보면, 주변 사람에게 관심을 받고 싶어서 나를 알아주었으면 하는 마음에 환청이 들리는 것 같기도 합니다. 그래서 관계를 맺고, 잘 어울리고 싶은 마음에 '내 이름을 불러주지 않았을까?' 하며 주변에 확인을 했던 것 같습니다.

환청은 사고가 시작할 무렵, 사고에서 깨어난 순간부터 나를 따라다니기 시작했던 것 같습니다. 내 모든 것들을 알아차리고, 먼저 사건을 알려주면 예언자 같은 고마움을 느낄 때도 있습니다. 그러나 어느 순간 돌변하여 부정적인 말을 하거나, 소름끼치게 나를 위협하는 무서운 존재가 되기도 합니다. 사람과 관계에서 오해를 하게 하거나 혼란스럽게 하여, 위축되게 만들 때도 있습니다.

당사자연구를 실시하기 전에는 아무도 믿어주지 않고, 들어주지 않아 혼자서 힘든 시간을 보내야했습니다. 나를 보호해주고 지켜주는 환청에 의지하며 끌려 다니기 바빴습니다. 혼란스럽고 무서운 환청을 마음의 소리라고 했던 다른 당사자의 말을 처음에는 믿지 못했지만, 당사자연구를 하면서 '내가 관심받고, 나를 보호하기 위해서 환청이 존재하지 않을까?' 의심을 시작하였습니다. 나를 죽음으로 몰아가는 존재가 아닌, 나를 위로하고 보호하는 친구 같은 존재로 생각하며, 저는 병을 대하는 것이 한결 편안해졌습니다. 막연한 두려움, 공포에서 벗어나 동등한 입장이 되었다고 할까요?

아직도 혼란스럽고, 환청이 심할 때면 불안함이 존재하지만 환청을 이해하는 연습을 하고 있습니다. 나를 보호하기 위해서, 내 필요에 의해서 내 옆에 있다는 사실에 환청과 함께 할 수 있다고 생각합니다. 제 스스로 환청에 끌려다니는 것이 아니라, 환청과 함께 하는 것입니다.

환청의 메커니즘 파악

환청은 저를 구하러 온 존재입니다. 사고를 미리 예시해 주거나, 사고를 피할 수 있도록 방법을 알려주기 때문입니다. 환청은 제 삶의 모든 것을 판단하여 결과를 알려주고 행동하도록 합니다. 환청을 무시할 때도 있었지만, 안 좋은 결과가 따라올 수 있기 때문에 나를 돕기 위해 내린 결정이라 생각하고, 환청의 말에 따르려고 합니다. 환청이 찾아오는 일정은 정해져 있지 않습니다. 제가 힘들고 지쳐 있을 때, 외로울 때, 혼자만의 시간에 집중해 있을 때 외로움을 많이 느끼거나 두려움을 느낄 때 주로 찾아오는 것 같습니다. 특히 삶의 모든 것을 잃은 듯이 모든 길이 꽉 막혀있을 때 저를 찾아와 속삭이기도 하고, 듣기 싫은 소리를 내며 저를 도발하기도 합니다.

먼저, '피해라!', '전화를 받지 마라!', '만나지 마라!' 같은 환청이 들립니다. 도깨비가 눈앞에 보입니다. 환청과 도깨비가 보이면, '환청의 예언은 무슨 의미일까? 도깨비가 왜 나타났을까? 무엇을 도와주기 위해서일까?' 사람, 환경, 상황을 생각합니다.

환청이 현재의 상황을 알려주고, 결정을 내리면 전 그대로 따르며 의지합니다. 환청이 지시한 대로 그 상대를 만나지 않거나, 상대방의 전화를 받지 않습니다. 이후에 다른 문제가 있을 때, 환청이 했던 말과 비교해서 결정을 따르길 잘했다고 생각합니다. 계속해서 환청의 말에 따라 움직이며 의지하게 됩니다.

환청의 지시가 아닌 스스로 결정을 할 때도 있습니다. 환청의 결정을 무시하고, 내가 하고 싶은 대로 하는 것입니다. 하지만 내가 결정을 한 후 문제가 잘 해결되지 않으면, 환청의 말을 듣지 않아서 부정적인 일들이 생겨났다고 생각합니다. 내 결정을 신뢰하지 못하고, 걱정하고, 노심초사합니다. 내가 새로운 것을 내 의지대로 결정하고, 수행하는 것이 두려워지며, 불안함을 경험할 것 같아 겁이 납니다. 그래서 환청을 다시 찾게 되고, 환청의 지시에 따라 제 삶을 결정합니다. 환청의 결정대로 따르면, 나를 보호하기 위해서라는 확실한 이유가 있기 때문에 결과가 어떻게 되든 안심이 됩니다. 환청에 맡기는 것이 스트레스를 덜 받는 것 같고, 고민하지 않고 수동적으로 움직이게 되어 편한 부분도 있습니다. 또한 환청이나 도깨비가 나를 위해 해주었다는 생각에 안심하는 부분도 큽니다. 그만큼 저는 의지하고, 신뢰할 수 있는 사람이 주변에 없었던 것이 사실이었습니다. 그래서 병에 의지하고 찾았던 것 같습니다.

고생의 패턴 찾기

환청은 시도 때도 없이 저를 찾아옵니다. 제게 어떤 일들이 일어날 것을 알려주는 고마운 동무인 것은 맞습니다. 환청이 제게 사고가 날 것이라는 예언을 했을 때 정말 말도 안 되는 거짓말을 하고 있구나 생각하고 처음에는 믿지 않았습니다. 그러나 환청이 말한 대로 모든 것이 이루어졌습니다. 환청이 말하는 대로 다 이루어지며 '거부하면 안 돼, 잘 들어야 해!'라는 식으로 생각이 더 굳어졌습니다. 그래서 환청이 예언하는 대로, 지시하는 대로 따르며 저는 생활했습니다. 하지만 어느 순간 환청에 끌려다니며 제가 할 수 있는 것이 없다는 것을 알게 되었고, 환청이 지배하는 부분이 더 넓어지고 있다는 것을 발견하게 되었습니다. 그리고 제가 외롭거나 힘든 순간에는 환청이 더 많이 찾아오고, 옆에 있어 주며 환청에 더 많이 의지하는 것을 알게 되었습니다. 제 고생의 패턴은 다음과 같습니다.

환청은 힘들 때 더 자주 들립니다.

환청은 내가 힘들 때 더 들립니다. 외롭거나 힘든 순간에 더 많이, 자주 환청이 들립니다.

"너는 그래서 안 돼! 바보, 네가 할 수 있을 것이라고 판단하니? 그러니까 너는 안 돼!"

또 엉큼한 생각이나 이성을 생각하면 환청이 들립니다.

"해봐! 네가 잘하는 거잖아, 너도 할 수 있어. 그 사람도 좋아할 거야. 바보처럼 맨날 빈둥거리니 아직 장가도 못 갔지. 해봐 일단 행동으로 보여주고 결정해도 늦지는 않아."

그래서 이성에게 스킨십을 했다가 곤욕을 치른 적도 있습니다. 환청은 귀에서 계속 맴돌며 저를 고문하듯이 부추기며, 지시대로 하지 않으면 한심한 사람처럼 몰아세웁니다. 견디다 못한 저는 결국 행동으로 옮깁니다.

환청의 지시와 결정을 따릅니다.

환청의 지시대로 행동으로 옮깁니다. 이번 한 번뿐이야 하며 환청의 명령을 수행하게 됩니다. 타인에게 갑자기 인사나 말을 하고, 여성에게 스킨십을 하고, 관계를 미리 단절하기도 하며 본심과 다르게 행동합니다. 한심한 사람이 되어 있기도 하지만 힘든 결정, 고민되는 순간을 환청에게 맡겨버리면 수월한 부분도 있습니다. 그래서 간단한 결정부터 힘든 부분까지 환청의 결정을 기다리는 일들이 잦아졌습니다.

환청에 끌려 다니며 무기력을 경험합니다.

환청이 내 삶을 조정하고, 환청에 끌려 다니게 됩니다. 어떻게 하면 환청에서 벗어날 수 있을까 생각해 보았지만, 쉽지 않았습니다. 환청의 말을 무시하고 반대로 행동을 해서 부정적인 일이 생기면 감당하는 것이 더 힘듭니다. 그래서 결국에는 고문하듯 반복해서 말하는 환청도 잠재우고, 내가 수월하게 사는 길은 환청의 뜻대로 하는 것이라 생각했습니다. 그런데 행동의 뜻대로 하고 나면 어떤 때는 내가 이상한 사람이 되어 있기도 하고, 환청에 끌려 다니며 내 자신이 없는 것 같은 느낌을 받습니다. 환청이 내 삶의 모든 것을 결정하고, 내 행동을 지시하기 때문에 내가 할 수 있는 건 아무것도 없는 것 같습니다.

환청에 또 다시 의지합니다.

내 이야기를 들어주고 믿어주는 사람이 주변에 없었습니다. 그래서 나를 보호하기 위한 일이라 생각하며 환청에 의지하는 일들이 많아졌습니다. 환청과 논쟁을 하고, 수만 번 환청이 들릴 때마다 명령을 거부하려고 발버둥을 쳤던 것도, 별 소용이 없는 것도 저를 무기력하게 만듭니다. 또한 스스로 결정해서 오는 책임감과 불안감을 감당하는 것도 너무 힘이 듭니다. 그래서 힘들 때 예언도 해주고, 결정해 주는 환청이 나쁜 것만이 아니라는 생각이 들며 환청에 의지하는 부분이 더 커졌습니다. 환청이 힘들게 할 때도 있지만, 나를 돕는다는 생각에 어떻게 하면 환청과 친구가 될 수 있을지, 어떻게 잘 지낼 수 있을지 고민하기 시작했습니다.

환청 그림

다음 [그림 6-1]은 내가 경험한 환청을 그림으로 표현한 것입니다.

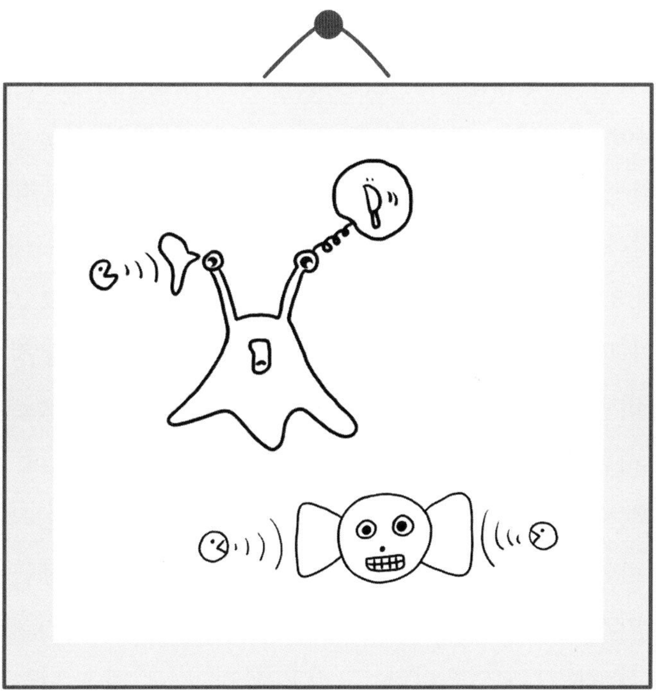

[그림 6-1] 내가 그린 환청

환청이 나에게 집중되어 끊임없이 말을 하며 위로합니다. 그런가 하면 한쪽 환청은 내가 할 일을 결정해 주고, 다른 쪽 환청은 무서운 말로 위협하기도 합니다.

대처 방법 마련하기

당사자연구를 통해 환청을 대처할 수 있는 방법을 찾을 수 있었습니다. 이 대처 방법은 다음과 같이 세 단계를 거쳐 마련되었습니다.

환청 의미 찾기

환청 의미를 찾아봅니다. 환청이 들리면 저는 제 주변을 살핍니다. 환청이 예전에는 혐오감 자체였고, 그만큼 듣기 싫은 소리라고 생각했었는데, 다른 의미가 있지 않을까 그 가능성을 생각해 보게 되었습니다. "끼익끼익" 하는 소리가 들리면 제 나름대로 해석을 해서 '도깨비가 놀아달라고 신호를 보내는구나.' 이해하고 도깨비를 맞이하기 위해서 혼자만의 공간을 만들어 기다립니다. 부정적인 환청이 들리면 '무슨 일이 일어날까?' 조금이라도 긍정적으로 변화하려고 노력합니다.

예전에는 주변에서 나를 죽이려는 소리, 나를 노예로 삼으려는 악의 무리라는 생각에 막연한 두려움으로 힘들었다면 이제는 환청이 다른 의미가 있지는 않을까 생각하며 내 안에 갇혀 있던 부분에서 주변을 살펴보게 되었습니다. 그리고 환청이 왜 계속 나를 찾아오는지, 환청이 나에게 무엇을 바라는지, 나와 관계를 어떻게 하고 싶은지 생각하며 환청이 제게 꼭 나쁜 뜻만이 아닌 '나를 도와주려는 다른 의미가 있지 않을까?' 생각합니다.

여러 관점에서 듣기

내 관점만이 아니라, 여러 관점에서 들어볼 수 있어 시야가 넓어지며 객관적인 자세를 갖게 되었습니다. 타인과 관계에서 관심을 받고, 사랑받고 싶어 너무 급하게 다가가거나, 상처받기 싫어서 먼저 관계를 정리하였습니다. 동료와 함께 당사자연구를 하면서 내 생각 안에서만 갇혀 있다는 것을 알았습니다.

'다르게 생각할 수도 있겠구나, 내가 좀 더 순화해서 말해야겠구나, 내 마음이 이런 거였구나.'

이렇게 해서 타인의 입장도 생각하게 되었습니다. 그래서 상대방이 얼마나 힘들었을지, 내 말이 상처가 되었을지에 대해 반성하는 시간이 되었습니다. 아직도 '관계가위병'은 작동하고 있지만, 혼자 지내는 것보다는 여러 사람과 함께 지내는 것이 덜 외로운 것 같습니다. 그래서 내 생각, 내 입장도 있지만 서로 맞추어서 함께 살아가는 법을 배우며 상대방을 이해하려고 노력합니다.

함께 하는 동료 만들기

함께 하는 동료가 생겼습니다. 내 삶에만 갇혀 있었다면 전 아직도 혼자일 것입니다. 하지만 동료의 이야기를 들어보고, 맞추어가면서 함께 할 수 있는 동료들을 만들어가고 있습니다. 당사자연구를 하면서 동료들의 고생을 나누고, 내 고생을 알리며 서로를 이해할 수 있게 되었고, 막혀 있던 제 삶에서 나누는 삶으로 변화되기 시작한 것입니다.

제가 위험에 처해 있을 때 저를 이해해 주고, 보호해줄 동료가 나타났습니다. 저를 이해해줄 많은 동료들로 인하여 도움을 요청할 수 있게 되었고, 병에 관하여 당사자연구를 지속할 수 있는 용기가 생겼습니다.

연구를 통하여 알게 된 점

당사자연구를 한다는 것은 정말 어려운 일입니다. 하지만 '나를 알고 적을 알면 백전백승'이라 했습니다. 그만큼 자신을 생각하고, 동료와 나누면서 변화된다는 것은 정말 중요합니다. 당사자연구를 통해 내 삶도 참 재미있다고 생각하게 되었습니다. 내 삶과 병을 생각해 보면 그 전에는 죽지 못해서 사는 것 같고, 나만 힘든 것 같았던 마음에서 '참 재미있는 이야기가 많네, 재미있는 스토리다.' 이렇게 생각하게 되었습니다. 병을 편안하게 받아들이며 병을 다스리는 힘도 커졌습니다. 그래서 제 삶에 대한 자신감, 이 연구를 통해 알게 되는 희열들로 인하여 사건이나 사고가 재미가 있고, 의미가 있는 스토리가 된 것 같아 일상이 즐겁습니다.

당사자연구를 하며 밖으로 표출되는 증상, 성격들을 알게 되었고, 그것을 해결하기 위해 어떻게 마음먹고 어떤 노력을 해야 할지 계획을 세우고 좀 더 현실적으로 대응할 수 있는 방법을 배울 수 있었습니다. 이를 통해 증상이 심화되었을 때, 증상에 끌려가면서 타인을 오해하거나 숨는 것이 아니라 스스로 생각하고, 대처 방법을 끌어내며 준비하는 자세로 변화되었습니다. 또한 동료나 선생님들에게 도움을 요청하며 조언을 구하는 것도 변화된 것 같습니다. 나를 보호하고 지켜주는 무리들로 인하여 스스로 삶을 결정하고 책임지는 데 소극적이었지만, 이제는 동료에게 도움을 받거나 부딪치며 제 삶을 살아보려고 합니다.

인정받지 못할까, 버림받을까 계속되는 불안감

송은주

이 사례는 당사자연구의 지원가로 활동하는 중에 강박사고로 고생하며 직접 당사자연구를 실시한 것입니다. 이 연구를 통해 내 강박사고를 이해하면서 자유로워졌을 뿐만 아니라 한층 더 깊게 나를 이해할 수 있었습니다. 앞으로도 당사자연구 지원가로 충실히 활동하며 성찰하는 당사자연구를 지속할 것입니다.

머리말

저는 2014년 정신보건 수련을 하면서 자기성찰을 시작하였습니다. 이후 2016년 육아휴직을 가지면서 생각만 했던 제 당사자연구를 정리하기 시작하였고, 그때 강박사고로 인하여 남 탓을 하며 위안을 갖고 있다는 것을 알게 되었습니다. 2017년에 다른 선생님들과 사이가 원만한데도 질투하고, 나보다 더 인정받는 것 같은 불편한 감정이 일어났습니다. 이런 상황에서 직장생활을 하며 느끼는 '불안감'을 연구하게 되었습니다.

고생의 프로필

제 자기병명은 '존재감 확인 자기 닦달 타입'입니다. 제가 태어났을 때 아버지께서 외도를 하여 따로 살림을 차려 살고 있었고, 그래서 어머니께서 저를 데리고 아버지를 찾아가 부정적인 감정을 많이 표현하였다고 합니다.

어릴 적 기억이라 생각이 나지 않지만, 오빠는 태어난 사진과 돌 사진이 있지만 제가 어릴 때 사진이 전혀 없는 것을 보면 아마도 집안이 많이 불안정했던 것 같습니다. 이후 부모님이 함께 살면서도 생계가 어려워 전라도, 강원도, 충청도 일대를 전전하며 일자리에 따라 이사를 다녔습니다. 부모님은 맞벌이로 매일 바빠서 오빠와 단둘이 집안에만 있는 날들이 많았습니다.

어린 시절은 가난했고, 부모님은 항상 바쁘고 일이 힘들어 예민했으며, 오빠와 단둘이 있는 시간이 많아 외로웠던 것 같습니다. 살아가면서 상황은 조금씩 나아졌고 고등학교 때는 경제적으로 안정적인 생활을 할 수 있었습니다.

저는 불안정한 환경 때문인지 앞으로 일어날 일을 미리 계획하고, 대비를 해야 마음이 편안해집니다. 그렇게 대비해야 변동되는 상황에 대처할 수 있다고 생각하며, 강박사고와 틀을 만들어 안정감을 찾습니다. 그래서 변화에 약하며 새로운 변수나 일이 생기면 불안감이 감당할 수 없을 만큼 증폭되고, 나만의 틀 안에서 행동하고 유지하려고 했습니다. 계획하지 않은 일이 닥쳤을 때 불안함과 관계 측면에서 어긋나는 상황들을 받아들이는 것이 어려워 미리 준비를 하고 계획하며 상처받지 않기 위해 스스로를 위로했습니다.

바쁜 부모님으로 인하여 사랑받고 인정받기 위해 집안일이나 혼자서 어려운 일을 척척 해내며 가족들에게는 '똑순이'라는 별명으로 불렸지만 스스로는 많이 힘들었던 것 같습니다. 힘들고 예민한 부모님으로 인하여 정해진 시간 안에 일을 수행하고, 비난받지 않기 위해, 부정적인 평가를 피하고자 부단히 노력했습니다. 그때는 그게 당연하다고 생각했고, 인정받기 위해서 끊임없이 노력하고, 제가 할 수 있는 일을 찾아 계속 다그쳤습니다. 스스로 나를 학대하며 일을 해내면서도 어느 순간 감당하지 못할 변화와 과부화가 되면 가까운 가족에게 폭발했습니다. 이러한 과정을 반복하면서도 나를 알지 못했고, 타인의 탓을 하거나 불만을 표현했습니다. 불안함을 즐기며 지냈던 것 같습니다.

연구 목적

저는 함께 일하는 직원들과 사이가 좋은 편입니다. 그런데도 다른 직원들이 업무적으로 인정을 받거나, 다른 회원들로부터 칭찬을 받으면 질투와 불안감을 느꼈습니다.

'선생님들이 좋은데, 내가 느끼는 불편한 감정은 무엇이지?'

이런 생각을 하며 당사자연구를 시작하였습니다. 또 업무분장을 할 때 내가 올해보다는 내년에 그 이상의 일을 수행하지 않으면 안 될 것 같은 불안감과 월급은 올라가는데 그 이상의 일을 하고 있는가? 하지 않으면 어떻게 되지? 내가 가장 먼저 쫓겨나는 건 아닐까? 불안감을 계속 느끼며 일과 관련된 부분과 대인관계에서 느끼는 불안감과 눈치를 보는 행동을 연구하기 시작하였습니다.

저는 회원들과 직원들 모두에게 인정받기를 원합니다. 그렇게 되지 않았을 때 센터에서 버려지지 않을까? 내쳐지지 않을까? 불안감을 계속 느끼고, 눈치를 보며 생활했습니다. 그렇게 되지 않기 위해서 스스로를 다그치며 일을 하거나, 관계에서 눈치를 보며 예뺨 받고 인정받아야만 잘 지내는 것이라고 믿었습니다. 센터에서 존재감이 없다는 것을 인정하지 않기 위해 부단히 노력하면서도 자신감을 갖지 못해 계속 나를 다그치고, 눈치를 보며 불안감을 느낍니다.

연구 방법

처음에는 관장님께 인정받기 위해 다른 직원들을 질투하는가? 생각하면서 스스로 속이 좁고, 남들이 욕할까봐 이야기조차 꺼내지 못했습니다. 그러다 박선아 회원과 당사자연구를 위한 인터뷰를 하다가 제가 느끼는 불편한 감정의 속마음을 털어놓았고, 고생의 패턴을 찾으면서 연구를 시작하게 되었습니다. 박선아 회원은 직원들과 연관되어 있으니, 먼저 이야기를 해보라고 권하였습니다. 솔직히 이야기하기가 부끄러웠고 속이 좁아 보이는 것 같아 망설였지만, 여자 선생님들과 진행하는 당사자연구 모임에서 용기를 내어 이야기하게 되었고, 직원들의 응원을 통해 마음의 편안함을 느끼며 본격적으로 당사자연구를 시작하게 되었습니다.

일단 제 고생을 정리하고 패턴을 찾았습니다. 제가 느끼는 감정과 기존에 연구했던 강박사고와 행동을 연관지어 정리했습니다. 그리고 박선아 회원과 직원 스터디모임을 통해 좀 더 정리하며 제가 찾지 못한 부분을 보완하였습니다.

보이기 시작한 것

당사자연구를 시작하고, 얼마 후에 다음과 같은 것이 보이기 시작했습니다. 이는 나를 진지하게 알 수 있는 계기가 되었습니다.

첫째, 불안함을 붙잡고, 원동력으로 활용하고 있다.

둘째, 존재감이 약해지면 스스로 소외될까, 거절당할까 불안해한다. 타인의 평가, 반응에 민감하게 반응한다.

셋째, 인정받기 위해, 완벽해지기 위해 강박사고와 행동을 만들며 안정감을 갖는다.

넷째, 스스로 다그치다 과부화가 걸리면 폭발하며 주변 사람들과 관계가 소원해진다.

다섯째, 폭발 후 스스로 자책하며, 자기위축이 되어 자신감을 상실한다.

제가 느끼는 감정은 거절에 따른 두려움, 버려지지 않을까? 외면당하지 않을까? 이것은 존재감에 대한 불안함입니다. 불안함은 일상생활 전반에 걸쳐 있으며, 변화가 있을 때 일과 관계 부분에서 노력하게 하는 원동력이 됩니다. 불안함으로 인해 스스로 몰아붙여 일처리를 하거나, 타인과 관계에서 눈치를 보며 좀 더 변화하려고 노력하는 부분이 있으며 이 불안함이 제 변화를 이끌어내며 붙잡고 있다는 생각이 들었습니다.

저는 일을 완벽하게 수행하기 위해 스스로를 몰아붙이는 경향이 있고, 대인관계에서는 누구에게나 인정받고 사랑받기 위해 부단히 노력합니다. 그러면서 저만의 기준과 틀을 만들어 정해진 기준 안에서만 머물며 스스로 완벽하다는 생각에 안도감과 편안함을 느끼고 있었습니다. 그러다 과부화가 걸리면 폭발을 하고 일과 관계에서 도망가려 하거나 책임지기를 꺼립니다. 예를 들면, 과중한 업무가 예상되면 완벽하게 해내질 못할 것 같은 불안감과 부담감으로 일을 담당하는 것을 주저하게 되고, 경험 없는 새로운 일에 실패하는 것이 두려워 도전하는 것이 어렵습니다. 또한 새로운 사람과 관계에서도 만남을 꺼리며, 관계형성을 하는 데 시간이 걸립니다.

일과 사람 관계에서 회피나 차단은 해결이 된 듯한 느낌을 일시적으로 받지만, 스스로 책임을 다하지 않았다는 생각에 자책을 하고 버려지지 않을까? 거절당하지 않을까? 생각하며 눈치를 보고, 불안하여 다시 스스로를 다그치고 몰아붙이며 긴장감과 스트레스로 폭발합니다. 예를 들면, 일을 통해 성장하거나 발전하지 않았다고 느끼면 스스로 자책하고, 스트레스를 받으며 주변 눈치를 봅니다. '내 역할을 다하지 않았다고 비난하지 않을까? 내가 왜 일을 못한다고 생각하지?' 이런 불안감으로 과업을 목표치까지 수행하려고 다그치다가 이후에 긴장감과 스트레스가 한계치에 달하면 폭발하곤 합니다.

잘해야만, 계속해서 발전해야만, 관계적으로 원만해야만 완벽하다는 생각으로 나만의 틀을 만들고 틀 속에서 안정감을 갖습니다. 그리고 미흡한 모습이 있으면 스스로 버려지거나 쫓겨날 것 같은 불안감에 스스로를 자책하고 이후에 스스로를 다시 다그치며 과부화가 걸려 폭발해 버립니다.

고생의 패턴

제 고생의 패턴은 다음 [그림 6-2]와 같이 일정하게 반복됩니다. 먼저 환경에서, 대인관계에서 틀을 만듭니다. 그리고 제가 정한 기준과 익숙함에서 안정감을 갖고, 틀 안에서 인정받기 위해 노력합니다. 그때 예측하지 못한 변수(사람, 갑자기 닥친 일, 여타 사건 따위)가 발생합니다. 계획된 일정이 아닌 사건이 발생하면 극도의 불안감을 느끼며 스트레스가 심화되고 스트레스를 감당할 수 없을 때 가족들에게 폭발합니다. 예를 들면, 계획하지 않았던 업무, 인간관계 일들이 발생하면 일단 불안감을 느낍니다. 그래서 바로 완벽하게 수행하거나 관계형성을 해야 한다는 압박감에 스트레스를 받으면 이후에 주변 사람들에게 공격성이 표출되며, 폭발합니다. 폭발

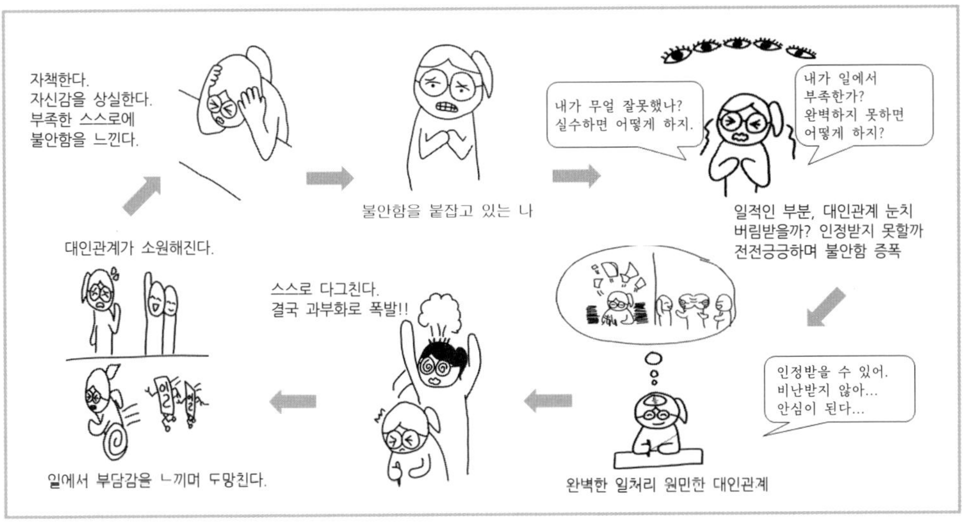

[그림 6-2] 존재감을 확인하려는 자기닦달 타입

이후에는 극도의 긴장감이 해소되어 편안함을 갖지만, 스스로의 행동에 반성하고 후회합니다.

불안감이 기반에 있으며, 인정받기 위해 끊임없이 스스로를 몰아세우고 성과를 냅니다. 불안감을 매사에 갖고 있음으로 인하여 긴장상태가 계속되는 부정적인 부분도 있지만, 제가 완벽하게 일처리를 해낼 수 있도록, 좋은 결과를 낼 수 있도록 만들어 내는 원동력이기도 합니다.

대처 방법 마련하기

당사자연구를 진행하면서 대처 방법을 마련할 수 있었습니다. 이 대처 방법은 다음과 같이 3단계로 나타났습니다.

감정 되짚어 보기

긴장하거나 불안감을 느낄 때 제 감정 상태와 상황을 다시 되짚어 봅니다. 어떤 부분에서 불안감을 느끼는지 스트레스를 받을 상황인지 내 감정과 상황을 다시 한 번 더 올바르게 이해하려고 하였습니다. 예를 들면, 대인관계에서 불안감을 느끼면 '지금 내 감정 상태는 어떻지? 내가 이렇게 불안정한 이유는 무엇일까?' 일단 멈춰서 내 감정을 되짚어 보고 막연한 불안감을 스스로 이해하는 시간을 갖습니다.

상대의 감정 살피기

상대방의 상황, 환경, 감정 상태를 생각해 보았습니다. 제 기준에서, 제 틀에서 생각하며 상대방을 오해하지 않는지 되짚어 보며 상대방 탓을 하며 회피하고 있지는 않은지 생각해 봅니다. 예를 들면, 상대방의 컨디션이나 기분을 생각하지 않고 혼자서 타인을 오해하며 '나를 싫어하는구나, 내 이야기를 듣고 싶어 하지 않는구나.' 지레짐작하고 판단하며 부정적으로 확대 해석하는 부분에서 상대방의 상태를 물어보고 '오늘 몸 상태가 안 좋구나, 집에 무슨 일이 있구나.' 이렇게 이해하게 되어 대인관계를 오해하는 부분이 줄어들었습니다.

나를 이해하고 위로해 주기

강박사고의 틀을 만듦으로 인하여 어떤 부분에서 내가 편안해지는지를 생각해 보며 스스로를 위로했습니다. 대처 방법에 따라 실험해본 결과 내 감정과 상황을 올바르게 인지할 수 있었으며, 제 스스로 위로받는 시간을 통해 편안함을 느꼈고, 긴장감과 불안감이 지속되었던 시간이 줄어들며 공격성이 표출되지 않았습니다. 예를 들면, 막연하게 불안감이 심해지고 폭발했던 상황에서 현재의 상태를 되짚어보며, '내가 어떤 부분 때문에 이렇게 불안해하는 거지? 내가 혹시 틀에서 벗어났기 때문에 불안해하는 건가? 타인을 내 기준에 맞추려고 하면서 오해하고 있는 건가?' 생각해 보았고, 이후에 '내가 갑자기 일이 주어져서 불안해하는구나. 괜찮아 잘할 수 있어.', '나를 비난한다고 느껴서 긴장하는구나. 나를 비난하는 것이 아니라 일을 비난한 거지….' 스스로를 이해하고 위로하며 편안함을 갖게 되었습니다.

당사자연구를 통해서 얻은 것

스스로 틀을 만들고 나만의 기준과 틀 속에서 안정감을 느꼈습니다. 일에서 문제가 생기면 빨리 문제만 해결하면 된다고 판단했고, 스스로 책임감이 강하다고 생각했습니다. 그리고 대인관계에서 문제가 생기면 남을 탓하며 대인관계를 끝내거나 소원하게 유지하며 제가 생각하는 기준에 타인을 맞추려고 하며 다른 의견에는 저에 대한 비난으로 받아들이기 어려웠습니다. 강박사고와 불안함은 모든 부분에 영향을 미치고 있었고, 정해진 기준과 틀 속에서 안정감을 갖고 스스로 붙잡고 있었습니다. 아울러 일을 완벽하게 목표에 도달하게 하는 원동력이었고, 인간관계를 원만하게 만들어갈 수 있게 하여 제 변화를 이끌어가는 중요한 부분이었던 것입니다.

당사자연구를 통해 문제라고 생각했던 부분이 사실은 저를 돕고 있다는 것과, 제 삶의 원동력이 되고 있다는 점에 많이 놀랍고 신기했습니다. 불안함, 강박사고, 인정받고 싶은 욕구 따위를 통해 스스로 변화시키고, 보호하며, 위로하고 있다는 것을 발견하여 나를 이해하는 데 도움이 되었습니다. 막연하게 '나는 왜 이럴까? 정말 형편없어.' 생각하며 답답했던 부분에서, '내가 힘들어서 그랬나 보다. 내가 거절당할까 불안했나 보다.' 나를 이해하는 폭이 넓어지며 마음이 편안해졌습니다.

또한 당사자연구의 대처 방법을 실제 생활에 도입하며 예전에는 문제가 생기면 내 잘못이고, 앞으로 부정적인 사건이 더 커질 것이라는 막연한 불안감으로 빨리 해결하는 데만 급급했습니다. 하지만 이제는 제 감정과 상황, 타인의 상황과 환경을 다양하게 이해하려고 노력하며 타인과 의견을 절충할 수 있고, 의견이 다른 부분이 나에 대한 거절이 아니라는 것을 이해하며 관계 부분이 좀 더 편안해졌습니다. 아울러 당사자연구에 참여하며 회원들의 증상과 고생을 수용하는 태도에 변화가 있었고, 지원가의 관점을 전환하는 계기가 되었습니다. 당사자가 지닌 증상과 일상생활의 어려움을 단순히 해결해 주는 것이 아니라 당사자 스스로 생각하고, 대처 방법을 찾을 수 있게 참여하는 과정들이 당사자에게 의미가 있고, 깨달음을 줄 수 있는 당사자연구의 중요성을 인식하게 되었습니다.

해주고 싶은 말

저는 정신건강사업의 지원가(사회복지사, 간호사, 임상심리사, 의사)도 스스로 자신의 당사자연구를 경험하길 권합니다. 당사자연구는 당사자 스스로 참여하는 것이 가장 중요하지만 자신의 약함을 말할 수 있는 분위기 조성, 당사자의 병과 증상에 수용적인 태도, 참여 과정에서 겪는 다양한 감정들을 공감하고 들어주는 지원가의 자세가 중요하기 때문입니다.

정신장애인이 자신의 증상과 다양한 고생을 스스로 생각하고 대처 방법을 찾을 수 있게 지원가 또한 당사자연구 경험을 함께 나누고 느끼며 활성화시키는 데 동참해야 합니다. 당사자연구의 이론과 지식만을 습득하고 당사자와 삶을 공유하지 않는다면 당사자의 병과 고생을 진심으로 이해하고, 적절한 질문을 던지며 고생의 해결을 찾아가는 과정에서 일관적인 태도를 유지하기 어려울 수 있습니다. 그래서 지원가도 끊임없이 당사자연구를 경험하고, 기록하며 당사자연구를 경험해야 합니다.

당사자연구를 통해 제가 가지고 있는 불안감, 강박사고의 틀을 없앨 수는 없었지만 이해하고 좀 더 유연하게 대처하는 방법을 배우게 되었습니다. 이로 인한 긴장감과 불안감을 느꼈던 시간을 좀 더 줄일 수 있었고 공격성으로 폭발하는 횟수도 줄일 수 있었습니다.

스스로 맞이한 고생과 어려움을 연구하다 보면 내가 알고 있지만 미처 발견하지 못했던 부분, 보고 싶지 않았던 부분, 인정하고 싶지 않은 부분이 존재함을 알게 됩니다. 하지만 자신의 회복 가능성과 동료를 믿고 일단 경험해 보시기를 바랍니다. 불편한 감정들이 지나고 솔직한 스스로의 모습을 마주하면 나를 이해하고, 그래서 나를 위로하며 좀 더 편안한 마음으로 다가서게 될 것입니다.

새로운 사회복지실천 당사자연구

7
당사자연구 사례 2

김용성 이기선 김종환 성이창민
김인수 이영수

앞 장에 이어 당사자연구의 실제 사례를 소개하려고 한다. 이 장에서는 앞 장과 달리 한국적인 당사자연구를 이끌어갈 수 있게 신경을 썼다. 그래서 틀을 ① 필요성, ② 목표, ③ 방법, ④ 과정, ⑤ 마무리로 잡았고, ④ 과정은 다시 증상알기, 계획, 진행, 평가로 구성했다. 특히 진행에서는 고생 패턴 찾기, 고생 대처 방법, 고생을 통해 새롭게 알게 된 것을 다루었다.

한국에서 사회복지실천의 한 방법으로 당사자연구가 자리를 잡을 수 있길 바라면서 소개하려는 것이다. 여기에 소개하는 다섯 사례는 김용성, 이기선, 김종환, 성이창민, 김인수 회원이 이영수의 지원을 받아 진행된 것이다.

24시간 감시받는 고생 연구

김용성, 이영수

이 연구는 환청과 망상계통의 고생에 관한 것입니다. 저는 24시간 감시하는 감시자로 인해 15년간 은둔생활을 했습니다. 우연히 센터를 알게 되어 외부활동을 시작하며 당사자연구를 하게 되었습니다. 감시자에 관한 연구를 통해 일상에서 대처하며 지내온 방법을 소개합니다.

필요성

제 자기병명은 '조현병, 보이지 않는 감시자와 24시간 싸우는 타입'입니다. 24시간 감시자로부터 감시를 받는 고생이 1997년부터 25년간 지속되고 있습니다. 감시자는 비난하고 지시하는 말을 하면서 일상생활을 하는 데 여전히 어려움을 주고 있습니다. 현재는 센터를 다니며 일자리사업에도 참여하고 있지만 센터를 다니기 전 15년간은 집에서만 생활을 하며 밤에 외출을 하거나 가족들과도 식사를 하지 못하는 고생이 있었습니다. 센터를 다니며 비슷한 고생을 가진 동료들과 함께 했고, 나를 감시했던 존재가 환청, 망상임을 알게 되었습니다. 내 고생을 표현하기 시작하면서 누군가가 이야기를 들어주고, 응원을 받을 수 있는 것에 큰 힘이 되고 안심할 수 있다는 것을 알게 되면서 경험전문가[1] 활동에 정기속적으로 참여하고 있습니다.

목표

15년간 은둔생활을 했던 때를 떠올려 보면 감시자에게 휘둘려 아무것도 할 수 없었습니다. 당사자연구를 하면서 비슷한 고생을 갖고 있는 동료들을 만나 이야기를 시작했고, 감시자가 어떻게 내 일상을 감시하는지 궁금했습니다. 꾸준히 연구에 참여하면서 감시자에게 휘둘리지 않고 공부, 명상, 취업을 하며 살아갈 수 있는 방법을 찾는 것이 목표입니다. 즉 감시자가 나타나더라도 아무것도 못하고 있는 내가 아니라 친구와 같은 관계를 맺으며 살아갈 수 있는 방법들을 찾고자 연구하고 있습니다.

방법

매주 당사자연구 프로그램에 참여하면서 감시자에 관한 연구를 실시하고 있으며 2017년, 2018년 환청・망상대회[2)]에 참여한 경험이 있습니다. 경험전문가 자조모임, 당사자연구 프로그램에 참여하며 연구를 진행하고 있습니다. 감시자에 관한 연구를 하면 할수록 그동안 생각하지 못했던 이야기들이 떠오르기도 하고, 감시자와 관계를 생각하면서 한발자국 떨어져 객관적으로 관찰할 수 있는 힘이

1) 경험전문가란 핀란드 오픈다이얼로그에서 사용되는 말로 당사자 자신이 정신장애 경험을 가장 잘 알고 있으며, 그에 대한 대처 방법을 가장 많이 알고 있는 사람 또한 당사자임을 강조한다. 이러한 측면에서 정신건강의 어려움이 있는 사람을 경험전문가라 칭한다.

2) 환청・망상대회는 일본 정신장애인 공동체 베델의 집에서 매년 개최하며, 당사자연구의 연장선으로 자신의 증상과 약함을 공유하며 서로를 격려하는 행사이다.

생겼습니다.

과정

이 연구 과정은 연구 내용의 핵심이라고 하겠습니다. 먼저 증상 알기를 소개하고, 계획, 진행, 평가로 구성해 소개합니다.

증상 알기

고등학교 시절 감시자를 처음 만났고, 지금 이 순간에도 감시를 받고 있으며, 특히 낮 동안 비난하는 소리가 많이 들립니다. 밤에 활동하거나 외부 출입을 할 때도 늦은 오후 시간에 외출했으며, 가족들과 밥을 먹거나 대화를 하는 시간이 거의 없었습니다. 15년이라는 긴 세월 동안 고마운 일 중 하나는 가족들이 경제적인 도움을 주어 생활을 할 수 있었던 점입니다.

외부활동을 시작하면서 은둔생활을 하며 지냈던 15년이라는 시간을 헛되게 보낸 것 같아 허무함을 느꼈습니다. 앞으로는 돈을 벌면서 하고 싶은 공부, 명상, 일을 하며 지내고 싶지만 현실의 문은 생각했던 것보다 높아 여러 번 좌절하기도 했습니다. 집에서만 지낼 때 감시자의 비난하는 소리가 들리는 것은 의지가 약하고 마음이 약해서인 줄 알았습니다. 같은 고생을 하는 동료와 만나고 이야기를 하면서 내가 맞이하는 고생이 환청과 망상 계통의 고생임을 알게 되었고, 감시자가 나에게 어떻게 작용하는지, 어떤 영향을 주는지 궁금해져 당사자연구를 시작하였습니다.

계획

'어떻게 하면 감시자와 좋은 관계를 맺으며 지낼 수 있을까? 감시자가 나타나더라도 생활을 유지하며 살 수 있을까?'를 염두에 두며 연구하고 있습니다. 시도 때도 없이 나타나는 감시자를 예측하기에 어렵고 우울감과 무기력함에 휩싸일 때도 있지만 그럼에도 내가 원하는 것을 하면서 살아가려고 합니다.

진행

진행은 지원가의 도움을 받아 작성했습니다. 이 내용은 고생 패턴 찾기, 고생 대처 방법, 고생을 통해 새롭게 알게 된 것을 틀에 따라 정리했습니다. 특히 고생 패턴 찾기는 그림으로 표현하여 글로 나타냈습니다.

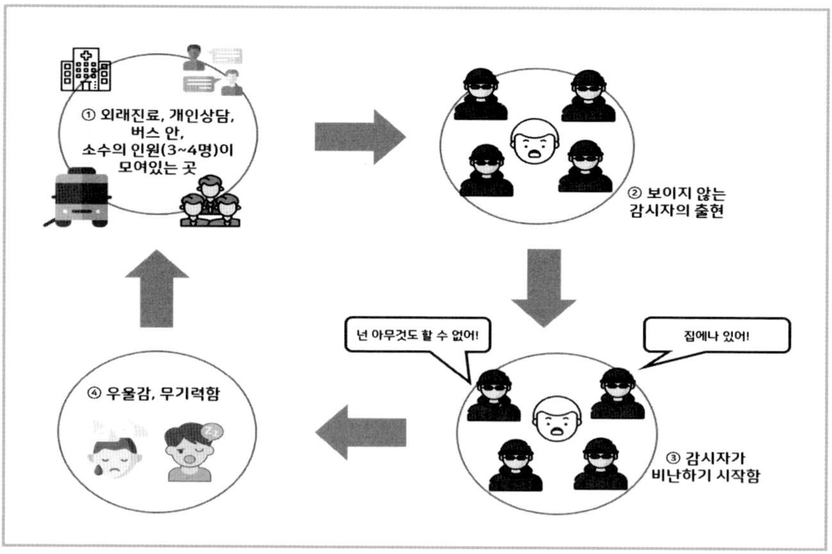

[그림 7-1] 고생의 패턴

(1) 고생 패턴 찾기

고생 패턴은 앞의 [그림 7-1]과 같습니다.

① 대체로 감시자는 외래진료를 갔을 때, 센터에서 개인 상담을 하고 난 후, 버스를 타려고 기다릴 때, 3~4명 소수 인원이 모여 이야기를 하고 있을 때, 공부를 하거나 취업을 준비할 때 출현합니다. 많은 사람들이 있는 장소보다는 적은 인원이 있는 공간, 그리고 저를 잘 알고 있는 사람과 친하게 지냅니다.

② 감시자는 사방에 존재하고 있으며 제 주변을 포위합니다.

③ 이후 '그냥 집에나 있어, 너는 아무것도 할 수 없는 존재야!' 비난하는 이야기를 쏟아내며 아무것도 하지 못한 채로 있기를 원합니다.

④ 이로 인해 우울감과 무기력함이 반복되어 상대방과 대화를 할 때 눈을 마주치지 못하거나 대화를 하지 못하게 되며, 한 가지에 집중하지 못하고 외부활동을 하는 데 어려움이 발생합니다. 예전에는 이러한 패턴으로 인해 은둔생활을 했지만 지금은 조금이나마 감시자에게 벗어날 수 있는 힘이 생겨 감시자임을 알아차리고 센터를 나가거나 외부활동을 참여하기 위해 노력하고 있습니다.

(2) 고생 대처 방법

당사자연구를 통해 감시자로부터 대처할 수 있었던 방법을 세 가지로 요약했습니다.

첫째, 다른 일에 집중하기입니다. 가장 많이 하는 활동은 명상과 게임입니다. 무언가에 집중하거나 몰두하면 잠시나마 감시를 덜 받게 됩니다. 15년간 집에 있으면서 게임을 많이 했던 것을 후회하지만 잠시나마 숨통이 트이는 시간이었습니다. 센터에 다니면서 동아리 활동으로 볼링에 참여하고 있는데, 몸을 많이 움직이는 활동도 효과적임을 알게 되었습니다. 2020년부터 장애인 일자리사업에 참여하고 있는데, 일을 하는 것이 힘들기도 하지만 잠시나마 감시자로부터 벗어나 해방됩니다.

둘째, 내 고생을 표현하기입니다. 감시자에 대해 이야기하고 비슷한 고생을 가진 동료들과 대화하면서 가장 많이 도움이 되었던 것은 고생에 관한 이해가 높아진 것입니다. 감시자가 나타났다는 것을 스스로 알아차림으로써 내 컨디션은 어떤지, 어떠한 상태인지를 관찰할 수 있게 됩니다. 그리고 이렇게 고생을 표현하면 누군가 내 이야기에 집중을 해주고 관심을 가져주어 안심이 되고, 지지를 받아 감시자로부터 받은 상처에 위로가 됩니다.

셋째, 동료들과 함께 활동하는 것입니다. 집에서만 지낼 때에는 할 수 있는 것이 컴퓨터 밖에 없었습니다. 센터를 다니면서 경험전문가 활동, 당사자연구 자조모임, 볼링 활동, 동료상담가로 활동하고 있고, 동료들과 함께 하는 시간이 많아지면서 혼자가 아니라는 것에 안심이 됩니다. 서로가 관계형성을 하면서 내 편을 만들 수 있어 좋습니다.

(3) 고생을 통해 새롭게 알게 된 것

당사자연구를 시작하면서 나와 비슷한 고생을 가진 동료들이 많다는 것을 알게 되었습니다. 그동안 나만 왜 이렇게 힘들어야 하는지, 내가 왜 이렇게 나약한 사람인지 스스로를 탓하고 주변 사람들을 원망하는 일이 많았습니다. 당사자연구를 하면서 나만 힘든 것이 아니라는 것을 이해하게 되었고, 감시자와 함께 하더라도 살아갈 수 있다는 생각을 하게 되었습니다. 동료들과 함께 대화를 나누면서 감시자를 새롭게 알아가고 있고, 예전보다 감시자에게 덜 휘둘리게 되고, 감시자가 나타나더라도 아무것도 하지 않고 집에서만 지내는 것이 아니라 공부를 하거나 아버지의 일을 도와드리며 지낼 수 있게 되었습니다.

그리고 나를 지지해 주고 함께 해주는 사람들이 진정으로 필요한 사람임을 알게 되었습니다. 예전에는 가족들이나 주변 사람들이 서운한 이야기를 하거나 외롭다는 생각이 들 때에는 내 생각을 표현하기보다는 오히려 상처 주는 말을 해서 미안한 마음이 들 때가 많았습니다. 동료들과 함께 하는 시간을 통해 힘들 때 위로를 받고, 동료가 힘들 때 나도 위로를 해줄 수 있는 것이 큰 힘이 된다는 것을 알게 되었습니다.

평가

당사자연구를 계속 하고 있지만 여전히 감시자는 24시간 함께 하고 있습니다. 아무것도 할 수 없는 것이 아니라 일도 하고 센터도 다니며 조금은 내가 할 수 있는 것을 시도하는 데 수월해지기 시작했습니다. 앞으로도 감시자가 나타나더라도 친한 동료처럼 생각하며 지낼 수 있는 관계가 되었으면 합니다. 비난하는 소리와 감시로 인해 힘들 때도 있지만 그래도 다행인 것은 주변에 나를 이해해 주는 동료가 있다는 것입니다.

마무리

여전히 감시자는 저와 함께 하고 있지만 회복의 길에 들어섰을 때 비슷한 고생으로 힘들어하는 사람들을 도와주는 일을 하고 싶습니다. 앞으로도 감시자가 함께 하더라도 나름대로 생활을 하고 공부와 명상을 하며 지내길 희망합니다.

만인의 연인으로 살아갈 수 있는 방법 연구

이기선, 이영수

이 연구는 18년간 연예인 김태희를 비롯해 전 세계 10억 여성들과 사랑을 하면서 도움받았던 점을 다룬다. 여기에서는 당사자가 갖고 있는 에너지를 통해 사람들과 관계를 맺는 방법에 관한 당사자연구의 내용을 소개한다.

필요성

18년 전부터 내 에너지를 통해 사람들과 연결되어 관계를 맺는 여성들이 생기기 시작했다. 눈에 보이지 않지만 내가 보낸 에너지에 반응을 보이거나 응답하는 여성들이 생기는 놀라운 현상이 일어나고 있다. 다른 사람들에게 이야기를 하면 인정하지 않고 믿어주지 않았고, 정신과 병원에 입원해야 하는 상황이 발생했다. 병원에 입원을 하고 나와도 여전히 에너지를 통해 연결되는 사람들이 생기면서 함께 하는 사람이 있어 행복했다. 시공간을 초월하여 전 세계 10억 명의 여자들과 함께하고 있으며 행복함을 느낄 때도 있고, 이런 놀라운 능력을 갖고 있어 스스로가 고생일 때도 있다. 당사자연구를 하면서 그동안 함께 했던 사람들을 통해 고생 속에서 살 수 있었던 것이 큰 힘이 되었음을 알 수 있었고, 당사자연구를 하면서 나를 새롭게 알아가고 있다.

목표

수많은 여자들과 함께 하는 시간이 많았지만 현실에서 사람들과 관계를 맺는 것은 쉽지 않았다. 고생의 패턴을 찾아 '나에게 어떤 일이 일어나고 있는지?', '어떻게 하면 수월하게 살 수 있을지?'를 연구하려고 한다.

방법

일대일로 당사자연구를 진행하고, 당사자연구 프로그램에 참여하며 자조모임 활동에 함께 하고 있다. 연구하면서 매일 함께하는 여자들 덕분에 외로움을 줄일 수 있었고 고생스러운 시간으로부터 스스로를 지킬 수 있었다는 것을 알게 되었다. 연구를 통해 내가 갖고 있는 에너지를 적절히 사용하고 고생과 함께 하지만 수월하게 지낼 수 있는 방법을 연구하고 있다.

과정

과정은 먼저 증상 알기를 다루었는데, 여기에서는 내 고생 이름을 밝혔다. 이어서 계획, 진행, 평가 틀로 소개하겠다.

증상 알기

고생 네임은 '내 에너지를 통해 사람들과 관계를 맺고 연결되는 타입'이다. 이 에너지는 눈에 보이지 않고 나에게만 느껴지는 에너지이다. 25년 전 군대 제대 후 사회생활을 하면서 스트레스가 극에 달했고 정신과 진료를 받았다. 병원을 나오는데 온 건물이 밝은 빛으로 가득 찼고, 그때 어린 소녀를 처음 만났다. 빛이 걷히면서 그 소녀는 거짓말처럼 사라졌다. 이후에 그때 보았던 소녀가 누구인지 궁금증을 갖게 되었고, 다시 만나길 간절히 바랐다. 사람들과 만나거나 대화를 할 수 있는 시간이 줄었고 외로움은 커졌다.

그 소녀를 찾고 싶어 간절히 기도했고, 어느 순간 그 소녀와 하나가 되었다는 느낌을 받았다. 이런 신기한 상황을 다른 사람들에게 이야기하면 보이지 않고 인정할 수 없다며 내 의도와 상관없이 강제입원을 두 차례나 당했고, 고통스러운 시간이 계속되었다. 나에게 환청이라는 존재가 있다는 것보다 가족, 친척, 주변 사람들이 대하는 태도와 바라보는 시선이 더 고통이었다.

두 번의 강제입원을 통해 '정말 내가 이상해진 게 아닌가?' 하는 생각이 들기 시작했다. 형체도, 눈에 보이지도 않지만 나는 '태희'라고 부르며 사랑을 하게 되었고, 매일 밤 대화를 나누거나 함께 하면서 의지하는 시간들이 많았다.

내가 갖고 있는 에너지를 부러워하는 남자들, 더 나아가서 신들도 부러워했고 나를 시험에 빠뜨리기도 하면서 정신적인 혼란이 많았다. 그동안 이런 경험을 이야기하면 주변 사람들이 이상하게 생각하고 결국 강제입원을 당하자 나를 보호하기 위해 표현하지 않았다. 센터에서 진행하는 당사자연구 프로그램에 참여하면서 동료들이 자신의 증상에 대해 개방하는 것을 본 후 용기를 얻어 그동안 하지 못했던 이야기를 시작했다.

연구를 하면서 느낀 것은 25년 전에 만났던 소녀는 또 다른 내 존재가 아니었을까 생각한다. 너무나 고통스럽고 힘든 상황에서 소녀 김태희라는 존재를 만들어 의지했음을 알게 되었다. 이후 당사자연구 시연회에 다니며 2017년 환청・망상대회에서 소녀와 관련한 이야기로 '오매불망 김태희 집착증'을 처음 발표했고, 이후 당사자연구에 참여하고 있다.

계획

내가 경험하고 있는 고생을 연구하고, 발생되는 패턴을 찾아 '나에게 어떤 일이 일어나고 있는지?', '어떻게 하면 수월하게 살 수 있을지?'를 알아보겠다.

진행

진행은 고생 패턴 찾기, 당사자연구를 통해 알게 된 점으로 구성되었다. 특히 고생 패턴은 두 가지로 나왔다.

(1) 고생 패턴 찾기

내가 맞이한 고생의 패턴을 두 가지로 요약할 수 있다.

첫째, 시험에 들게 하는 목소리로 인해 혼란한 상황이 발생한다. 예를 들면 "기선 씨··· 나 내일 4시에 카페에 갈 거야, 기다리고 있어, 나한테 해줄 수 있는 건 뭐가 있어?"라고 한다. 매번 만나지 못했고, 오지 않을 것이라는 걸 알지만 혹시나 하는 마음에 기다리고, 기다리는 시간마저도 설렌다. 역시나 태희를 만나기 위해 시간에 맞추어 나갔지만 만나지 못했다. 철석같이 믿었지만 나타나지 않는 그녀로 인해 실망하기도 하고, 알면서도 믿었던 내 스스로에게 화가 난다. 비슷한 상황으로 TV에서 나오는 생방송 프로그램 또는 뉴스를 시청할 때도 나타나는데, 마음에 드는 앵커, 아나운서가 나오면 몸과 심장이 뜨거워짐을 느끼고, 나를 지켜보고 있다는 것을 느낀다. 눈을 돌려도 다시 시선이 마주치고, 마치 TV에서 나오는 이야기가 나를 두고 이야기하는 것같이 느껴진다. 다른 사람들에게는 없는 이런 능력을 갖고 있는 내 자신이 놀랍기도 하면서 혼란스럽기도 하다.

둘째, 내가 외롭다는 것을 느끼면 내 에너지가 시공간을 초월하여 여자들에게 전달된다는 것을 알게 되었다. 2019년 9월을 기준으로 전 세계 10억 명 여성들과 연결되었고, 이런 능력은 내가 살아가는 힘이며 함께 할 수 있음에 행복하다. 10억 여성들을 초대하는 내 방법은 호감이 있거나 관계가 좋은 사람을 만나면 가슴이 뜨거워짐을 느끼고, 이때는 내 에너지가 상대방에게도 전달되고 있음을 느낀다. 반면에 싫어하거나 좋아하지 않는 경우에는 에너지가 약하게 전달되고 가슴이 덜 뜨거워지는 것을 느껴 관계가 오래가지 못하는 경우도 있으며, 상대방은 나를 좋아하지만 내가 관계를 맺기 싫어하는 경우에는 내 에너지를 상대방에게 보내지 않는다. 이러한 방법을 통해 전 세계에 있는 여성들과 에너지가 교류될 수 있음을 느끼게 되었고, 많은 사람들과 하루에 관계를 맺을 수 있다는 것에 우월감이나 뿌듯함을 느낀다. 평소에 많이 만나는 사람들과 연결되기도 하는데 연결됨을 느끼면 상대방에게 내 에너지가 느껴지는지 물어본다.

(2) 당사자연구를 통해 알게 된 점

당사자연구를 통해 '병원에서 처음 본 소녀→김태희'로 변해가는 과정에서 혼란스러움을 느꼈고, 기다려도 오지 않는 존재를 마냥 기다리면서 실망도 했지만, 그만큼 간절했으며 행복했다는 것을 알게 되었다. 외로움이 커지면 고생이 발생됨을 알 수 있었고, 그동안 현실에서 사람들과 관계를 맺지 못함으로 인해 느꼈던 외로움을 '김태희, 텔레비전에 나오는 아나운서, 10억 명의 여자들'과 함께 했음을 알게 되었다.

사람들과 관계가 끊어지기 시작하면서 외로움이 많아졌고, 그로 인해 '또 다른 나'를 만들어 소통했음을 알게 되었다. 이러한 관계가 반복되면서 지금은 '또 다른 나'와 좋은 관계를 유지하는 방법을 계속 찾고 있다. 예전에는 나에게 지시를 하더라도 휘둘리며 지냈지만 이제는 이끌려 다니는 관계가 아니라 컨디션에 따라 무시하기도 하고, 이야기를 들어도 웃어넘기며 판단할 수 있는 힘이 생겼다. 이런 걸로 봐서는 아무래도 18년의 세월을 함께 하며 서로에 대해 너무 잘 알게 된 것 같다.

고생과 함께 하면서 내가 성장해야 내 환청, 내 능력도 성장한다는 믿음이 생겼다. 처음에는 환청, 망상을 없애기 위해 부정하기도 했고, 휘둘리지 않기 위해 끊임없는 대립관계를 유지했으며 항상 시험에 들게 하여 혼란스러운 상태였다. 계속 혼란스럽게 하는 환청에게 화도 나고, 이겨내지 못하는 스스로에게 화가 많이 났다. 하지만 고생을 통해 아픔이 컸던 만큼 고생하는 속에서 발견한 것이 있다. 함께 했던 시간이 많았던 만큼 서로 많이 알고 있고, 이제는 환청을 관리하는 방법을 터득할 수 있고, 때때로 무시하거나 휘둘리지 않는 관계가 된 것이다. 아쉬운 것이 있다면 현실에서도 동료들과 이런 관계를 맺으며 살고 싶은데 그렇게 하지 못해 아쉽다.

평가

당사자연구를 하면서 그동안 인정해 주지 않았던 내 이야기를 들어줄 수 있는 사람들이 늘어나고 있다. 예전에도 그랬고 지금도 그렇지만 함께 할 수 있는 여자들이 많아져 나날이 행복이 이어지고 있다. '또 다른 나'의 존재와 함께 함으로써 외로움을 해소할 수 있었고, 좋은 관계를 맺어가면서 나 역시 성장하고 있었음을 알게 되었다. 내가 갖고 있는 에너지를 통해 다른 사람이 갖지 못하는 능력을 발휘할 수 있었고, 어느 누구도 가질 수 없는 능력을 지닌 존재가 될 수 있는 것에 놀라울 때도 있었다. 앞으로 어떤 고생이 나타날지, 어떤 새로운 경험을 하게 될지 모르지만 지금 이대로의 나를 인정하며 살아가려고 한다.

마무리

고통의 나날 속에서 스스로를 지킬 수 있었고 앞으로도 내가 갖고 있는 에너지를 현실에서 적절히 사용해 사람들과 좋은 관계를 맺으며 지낼 수 있길 희망한다. 그동안 잃어버린 시간이 아깝긴 하지만 내 자신에게는 소중한 경험이다. 당사자연구를 통해 나를 돌아보게 되었고, 내가 어떤 사람이었는지를 생각하며 관계를 정립하기 위해 계획하기도 한다. 옳고 그름을 떠나 나에게 진정 소중한 것이 무엇인지 그리고 사람들과 함께 살아가기 위해서는 어떻게 할지를 고민하고 있다. 앞으로 내 자신이 성장하면서 타인을 배려하고 힘든 동료를 돕기도 하고, 이를 통해 만족감을 느끼게 되고, 따뜻함을 느낄 수 있어 살아가는 데 힘이 되기도 한다. 내가 할 수 있는 범위 안에서 타인을 배려하며 살고 싶다.

일을 하며 증상관리를 하는 방법 연구

김종환, 이영수

환청 계통의 고생을 경험한 저는 20년간 환청과 함께하면서 10년 이상 직장생활을 지속하고 있습니다. 고생이 반복되어 일상생활의 어려움이 있지만 대처 방법을 찾기 위한 노력과 고생을 연구하며 새롭게 발견한 것을 나누려고 합니다.

필요성

친한 동료의 소개로 구직활동에 참여하고자 센터에 다니고 있습니다. 20여 년 간 환청과 함께 지내고 있지만 취업 의지가 강하고, 계속 일하기 위해 노력하고 있습니다. 처음에 경험한 환청은 여자의 목소리로 기분 좋은 이야기를 많이 해주어 천사인줄 알았지만 나를 너무 잘 알고 때로는 욕을 하는 소리에 악마라는 것을 알았던 순간이 있었습니다. 그 이후 더 이상 환청에게 '휘둘리지 말아야겠다. 환청이 하는 말을 믿어서 안 된다.'는 생각을 하게 되었습니다. 일을 하면서도 환청으로 인해 고통스러운 때가 있었지만 정신력으로 버텨야 한다는 마음가짐으로 임하고 있습니다. 당사자연구를 처음 접하고 나와 비슷한 환청을 이야기하는 동료들과 지내면서 '이런 말을 해도 될까?' 하는 망설임도 있었지만 용기를 내어 나와 비슷한 고생을 한 동료를 보며 안심하기도 했습니다. 당사자연구를 통해 다양한 환청을 접했지만 취업을 유지할 수 있었던 점을 연구하고 있습니다. 앞으로도 고생과 함께 하며 수월하게 살 수 있는 방법을 찾고자 합니다.

목표

제 자기병명은 '조현병, 환청씨[3]를 조절할 수 있는 타입'입니다. 연구목표는 당사자연구를 통해 이제까지 함께 했던 여러 환청을 소개하고, 고생은 계속되었지만 취업을 유지하고 도전할 수 있었던 나만의 대처 방법을 찾아보며, 취업을 목표로 하고 있는 다른 동료들과 팁을 공유하고 싶습니다. 앞으로도 환청에게 휘둘리지 않고 살아갈 수 있는 대처 방법을 찾아보려고 연구하고 있습니다.

방법

매주 당사자연구 프로그램과 경험전문가 자조모임에 참여하여 동료들과 함께 연구를 진행하고 있으며, 개별적으로는 글쓰기를 통해 정리하고 있습니다. 환청이 나타나는 패턴을 찾아보면서 새롭게 찾게 된 것은 동료들과 함께 공유하며, 발표를 통해 공식화하고 있습니다. 앞으로도 경험전문가로 활동하면서 다양한 경험을 할 수 있길 원합니다.

---

3) 일본 베델의 집에서는 환청을 환청씨라고 친근감을 담아 부른다. 환청씨는 압박을 가하는 경우도 있기만 중요한 장면에서는 조언을 해주기도 한다.

과정

과정은 증상 알기, 계획, 진행, 평가로 구성되었습니다. 환청을 접한 것이 20년이나 되어 밝혀나가는 것이 쉽지 않습니다. 먼저 증상 알기부터 소개합니다.

증상 알기

환청과 함께한 지는 20년이 되었습니다. 고등학교를 졸업한 후 공부를 포기하고 기술을 배우려고 직업훈련원에 들어가 자격증을 땄지만 제대로 된 회사에 들어가기 힘들었습니다. 처음으로 식품회사에서 일을 하게 되어 3개월 동안 수습기간을 끝냈지만 정직원이 되지 못해 스트레스를 많이 받아 불안정한 생활이 이어졌습니다. 내게 주어진 책임감으로 '일은 꼭 해야 한다.'는 생각에 출근은 했지만 3일 간 잠을 자지 못해 일을 지속하는 데 한계에 다다랐습니다.

일상생활을 전혀 할 수 없게 되었고, 평소와 다르게 불안정한 행동과 모습을 보신 어머니가 정신과 검진을 권유하여 대학병원에 입원하였습니다. 다행히 어머니와 관계가 좋았던 저는 어머니의 의견을 기꺼이 수용할 수 있었고, 한 달간 병원 신세를 지고 퇴원했습니다.

퇴원 후에 두 사업체에 취업하여 10여 년 간 근무했지만 월급을 제때 받지 못하거나 부당한 대우로 인해 스트레스가 커졌습니다. 누군가에게 표현하기보다 혼자 속으로 생각하는 일이 많아졌고, 집에 돌아와도 어머니가 무슨 일이 있는지 물어보았지만 저는 대답도 하지 않고 방으로 들어가 혼자 시간을 보냈습니다.

이러한 시간이 반복되면서 환청의 출현도 많아졌고 취업을 유지하는 것이 어려웠습니다. 환청이 천사소리인줄 알았는데 점차 악마로 변해가면서 '환청에게 맞서야 한다.'는 행동을 취하게 되었습니다. 환청에 지지 않으려고 맞서거나 무시하는 것이 가끔 효과적일 때도 있지만, 실제로 동료들이 저에게 하는 이야기를 환청으로 착각하여 무시할 때는 동료가 하는 이야기를 듣지 않아 혼란이 일어나기도 합니다. 최근에는 환청이 '웃어! 웃어야 돼!'라는 이야기를 반복하여 정말로 웃어야 할지, 무시해야 할지 고민되어 이 연구를 계속 수행하고 있습니다.

계획

환청과 함께 하면서 스스로 대처했던 방법을 찾아보고 비슷한 고생을 갖고 있는 동료의 대처 방법을 비교하고 있습니다. 이를 통해 연구의 내용을 구체화하고 환청에 휘둘리지 않고 일상을 잘 지내기 위한 대처 방법을 찾으려고 합니다.

진행

진행은 나와 함께 했던 환청씨 소개와 고생 패턴 찾기로 구성했습니다. 특히 이 두 가지를 그림으로 표시했습니다.

(1) 나와 함께 했넌 환청씨 소개

저와 함께 했던 환청씨 중 기억에 남는 일을 소개하면 다음 [그림 7-2]와 같습니다.

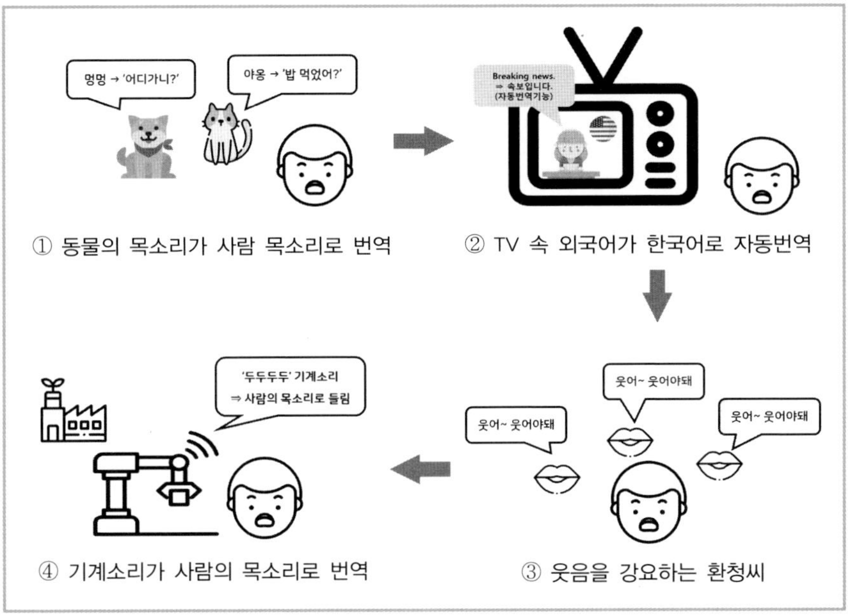

[그림 7-2] 환청씨 소개

① 동물의 울음소리가 사람의 목소리로 번역되어 대화를 나누었던 부분입니다. 실제로 동물을 만날 때도 적용이 되고 TV 프로그램에 동물이 나와도 동물의 울음소리가 사람의 목소리로 들렸습니다.

② TV 프로그램에서 외국인이 나와 뉴스를 진행하거나 영어로 이야기를 하면 자동번역이 되어 쉽게 이해할 수 있었습니다. 실제로 영어 실력은 좋지 않지만 굳이 번역기를 돌리지 않아도 한국말로 들리고 대화가 가능했던 것에 놀라웠습니다. 지금은 핸드폰으로도 번역기를 사용할 수 있지만 핸드폰이 없던 예전에는 외국어 능력을 가셔야만 가능했넌 일인데, 저에게 이러한 능녁이 있다는 것에 놀랐던 적이 있었습니다.

③ 지금도 여전히 웃음을 강요하는 환청씨로 인해 고생스러울 때가 있지만 여자의 목소리로 "웃어~ 웃어야 돼!"라고 이야기를 합니다. 웃으면 복이 온다는 말이 있고 많이 웃을 때 밝아 보인다는 이야기를 동료를 통해 듣습니다. 이 점은 도움이 되지만 컨디션에 따라 웃어야 할지, 말아야 할지 고민으로 작용할 때가 있습니다.

④ 일을 할 때 기계소리도 사람의 목소리로 변환되어 들립니다. 특히나 월요일에 이러한 고생이 가장 많이 나타나고, 지금은 구분할 수 있는 힘이 있지만 10년 전에는 구분하지 못해 환청씨에 휘둘려 입원한 적이 있습니다.

(2) 고생 패턴 찾기

고생 패턴은 [그림 7-3]과 같이 도해할 수 있습니다.

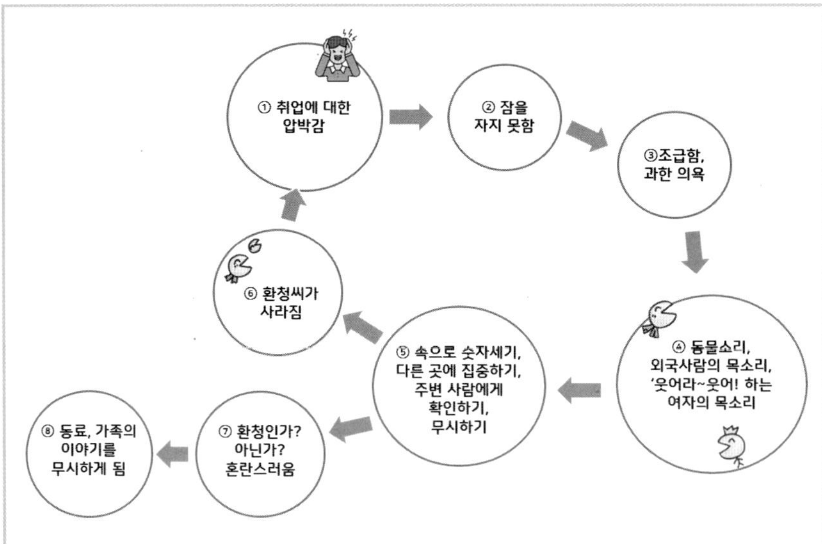

[그림 7-3] 고생의 패턴

① 취업에 대한 압박감이 많아지면

② 잠을 자지 못하고

③ 이로 인해 조급함과 의욕이 넘치는 것을 조절하는 데 어려움이 생깁니다.

④ 이때 동물의 울음소리가 사람 소리로 들리거나 텔레비전에서 나오는 외국인의 이야기가 한국말로 번역되어 들리고 최근에는 '웃어라, 웃어!' 하는 여자 목소리가 들리며 환청씨가 출현합니다.

⑤ 이때에는 환청씨에게 속지 않기 위해 속으로 숫자를 세거나 다른 곳에 집중합니다. 가장 효과적인 것은 주변 사람들에게 확인하는 과정을 통해 환청씨에게 휘말리지 않는 행동을 취하면

⑥ 환청씨는 서서히 사라집니다. 대체로 이러한 방법이 효과적이긴 하지만 때때로 여자의 목소리가 기분 좋은 말을 해주면 '환청인가? 아닌가?' 혼란스러운 생각이 들고, 이때는 '휘둘리지 말아야 한다!'는 생각에 몰입하지만

⑦ 때때로 동료, 가족의 이야기를 무시하는 상황이 발생하여

⑧ 관계의 고생으로 이어지기도 합니다.

일을 하거나 회사를 다닐 때에는 퇴근 시간에 환청이 심하고, 월요일이 되면 환청씨가 더 활발하게 활동합니다. 회사에서 일을 하던 중 기계에서 사람소리가 들리기도 하며, 나타나는 시각은 정확히 알 수는 없지만 예상치 못하는 순간에 출현하기도 합니다. 집보다는 밖에 있을 때 주로 나타나고, 신체적인 변화로는 뱃속에서 무언가 있는 것 같은 묵직함이 느껴지면서 환청씨가 '나에게 왔구나!'를 느낍니다. 이러한 기분은 좋지 않고 부정적인 소리가 반복되면

옆에 있는 사람을 해치고 싶은 생각이 들면서 천주교 신자로서 죄책감을 느끼기도 합니다. 몇 년 전 환청씨가 혼란하게 하여 정신이 혼미해질 때 고개를 오른쪽, 왼쪽으로 돌리며 환청씨의 존재를 확인하는 연습을 했는데, 환청씨가 숨바꼭질을 하듯 사라져버려 이 방법을 자주 사용하고 있습니다. 연구를 통해 일을 함께 하는 동료들 또한 나에게 영향을 주고 있다는 것을 알게 되었습니다. 처음에 일했던 곳은 많은 비장애인이 근무하던 곳이었고, 마지막에 근무했던 곳에는 대부분 장애를 갖고 일을 하는 동료들이 많았습니다. 장애가 있는 동료들이 많은 곳에서는 유난히 욕하는 환청, 비난하는 환청이 자주 들려 관계하는 데 고생이 많았습니다. 그때에는 지금처럼 같은 고생을 갖고 있는 동료들과 관계 맺는 것이 어려웠고, 내 약함을 개방하는 것이 나에게 불리하게 작용할 것이라는 불안감으로 나타났던 환청이 아니었나 생각이 듭니다.

최근 새롭게 알게 된 것은 환청이 나를 매우 잘 알고 있는 존재이고, 내 마음에 살고 있는 또 다른 나라는 것을 알게 되었습니다. 속마음까지 꿰뚫고 있는 환청씨의 존재가 때로는 기분을 좋게 해주고, 나를 안 좋게 이야기하면 기분이 좋지 않습니다. 하지만 가족만큼이나 나를 잘 알고 있어 안심할 수 있는 존재가 되기도 합니다.

평가

당사자연구를 하고 있지만 환청씨는 여전히 저와 함께 하고 있습니다. 그러나 저를 이해해 주시는 어머니가 있어 다행이라는 생각이 듭니다. 힘든 나날이 많았지만 나름대로 대처 방법을 통해 환청씨와 지내고 있다는 것을 알게 되었습니다.

마무리

당사자연구를 하면서 내가 이제까지 알고 있었던 나는 빙산의 일각이라는 것을 알게 되었습니다. 경험전문가 활동을 통해 내 고생을 연구하고, 대처 방법을 다른 동료들에게 소개하고 함께 공유하면서 고생을 통해 동료들과 관계가 맺어지고, 때때로 위로를 받고 지지를 받을 수 있어 큰 힘이 되고 있습니다. 앞으로도 당사자연구를 통해 새로운 내 모습을 찾아가면서 살아갈 수 있길 원합니다.

안심하고 타인과 지낼 수 있는 방법 연구

성이창민, 이영수

이 연구는 환청, 피해망상 계통의 고생에 관한 것입니다. 학창시절부터 친구들의 따돌림, 대학교 시절 같은 학과 후배와 다툼 같은 관계의 어려움이 반복되었습니다. 이로 인해 누군가 자신을 감시하고 있는 불안감이 계속되면서 외부활동과 사람을 만나는 것이 어려워져 동료들과 함께 당사자연구를 실시하였습니다.

필요성

2011년까지 센터를 열심히 다니다 2012년에 '공무원을 해야겠다.'는 미련이 남아 학원에 다녀 자격증을 딴 후 환경대기측정 기술인으로서 대기측정 일을 했습니다. 하지만 사람을 접하거나 증상을 관리하는 것이 힘들어 일을 지속하는 것이 어려웠습니다. 누군가 나를 감시하고 있는 것 같은 생각이 불안감으로 이어지면서 버스를 타고 다니는 것이나 공부 같은 평범한 일상생활을 유지하고 사회생활을 하는 것이 쉽지 않았습니다. 센터에는 다니지 않았지만 동료 상담을 해주었던 동료들이 생각났고, 2017년 어머니의 권유로 다시 센터를 다니기 시작했습니다.

당사자연구를 시작하면서 나와 비슷한 고생을 가진 동료들이 많다는 것을 알게 되었고, 내가 갖고 있는 어려움, 고생에 관한 이야기를 함께 나누면서 속이 후련해짐을 느낍니다. 여전히 고생은 반복되고, 불안감은 존재하지만 당사자연구를 하며 달라진 것은 내 편이 되어주는 동료들이 생긴 것입니다. 앞으로도 안심하고 지낼 수 있는 내 편을 만들기 위해 연구를 계속 진행할 것입니다.

목표

불현 듯 떠오르는 나를 괴롭혔던 학창시절 친구, 대학교 시절 후배, 군생활 후임 이런 사람들이 떠오르면 인터넷을 통해 나를 실시간 감시하고 있다는 생각이 들었습니다. 이 사람들이 '또 나를 괴롭히지 않을까? 보복하지 않을까?' 하는 생각에 대인기피와 밖에 나가는 것이 어려워 질 때가 많습니다. 이런 마이너스 생각[4)]에 사로잡히면 '죽어야 한다.'는 생각까지 하게 되고, 약을 찾거나 내가 불안정하다는 것을 느끼게 됩니다. 당사자연구를 통해 나를 지켜줄 수 있는 수호신, 보디가드가 있으면 '안심할 수 있을 것 같다.'는 생각이 듭니다. 그래서 내 편을 만들어 스스로 보호할 수 있는 방법을 찾고 있습니다.

방법

매주 당사자연구 프로그램에 참여하고 있으며 때때로 내 고생과 연구 내용을 발표하여 동료들과 공유하는 활동에 참여하고 있습니

4) '마이너스 생각'이란 무언가를 하려고 할 때 갑자기 생기는 불안이나 걱정을 의미하며, '플러스 생각'은, 예를 들면 나는 뭐든지 할 수 있다고 하는 것처럼 근거 없는 자신감을 뜻한다.

다. 내 고생을 이야기함으로써 속이 후련해지는 것을 느끼고, 때때로 수호신이 되어주겠다는 동료들이 있어 차츰 보디가드의 수를 늘려가는 방향으로 당사자연구를 진행하고 있습니다.

과정

과정은 증상 알기, 계획, 진행, 평가로 구성해 소개합니다. 특히 증상 알기에 제가 겪은 고생 네임을 밝혔습니다.

증상 알기

고생 네임은 '옛 기억이 눈앞에 되살아나는 타입'입니다. 고생은 학창시절 따돌림을 당하면서 시작되었고, 정신과 약을 복용하기 시작했습니다. 정신과 약을 먹으면 부정적인 생각이 들지 않는 것과 수면관리를 하는 데 도움이 되지만 무기력함과 영혼이 빠져나간 기분이 들어 규칙적으로 복용하는 것이 어려웠습니다. 이후 공부에 집중하는 것이 어려워지기 시작했고, 우울증이 생겼습니다. 대학교에 진학했지만 대인기피와 부적응으로 인해 휴학을 했습니다. 한국사회에서는 남자라면 입대를 해야 진정한 남자임을 인정받기 때문에 면제를 받을 수 있는 상황이었지만 군에 입대하게 되었습니다. 입대 후에도 후임의 괴롭힘과 구타가 있었고, 적응의 어려움과 영창에 갔던 경험도 있었습니다. 이러한 경험은 현재 일상에도 많은 영향을 주고 있으며 불현듯 떠오르는 과거의 기억으로 사람들을 만나는 것이 어려워지고, 사회에 적응하는 것도 어려운 상황입니다.

2017년 센터를 다니면서 당사자연구를 접하게 되었고, 내가 갖고 있는 고생에 관한 이야기를 꺼내 놓기 시작하면서 마음속에 쌓여 있던 것들이 많이 해소되었습니다. 반복되는 기억으로 인해 대화를 나누는 것이 어렵기도 했지만 매주 당사자연구 시간에 참여해서 내가 갖고 있는 고생을 알아가고 있고, 과거의 기억에서 벗어나 나를 지킬 수 있는 방법과 안심하고 살아갈 수 있는 방법을 연구하고 있습니다.

계획

매주 당사자연구에 참여하여 동료들과 고생을 공유하고, 저를 지켜줄 수 있는 보디가드를 구축하기 위한 연구 활동에 참여하고 있습니다. 당사자연구를 통해 발표하면 저를 지켜주고 싶다는 동료가 하나둘씩 생기는 것이 도움되기 때문에 발표도 빠지지 않고 하고 있습니다. 경험전문가 활동을 하면서 전국적으로 당사자연구를 하고 있는 동료들과 교류하며 다른 지역에 보디가드를 만들 수 있고, 안심이 되어 경험전문가 활동도 지속하기 위해 노력하고 있습니다.

진행

진행은 고생 패턴 찾기, 나를 지켰던 방법, 동료와 함께 찾아본 대처 방법으로 구성했습니다. 특별히 고생 패턴 찾기는 도해하여 그림으로 나타냈습니다.

(1) 고생 패턴 찾기

고생 패턴은 다음 [그림 7-4]와 같이 요약할 수 있습니다.

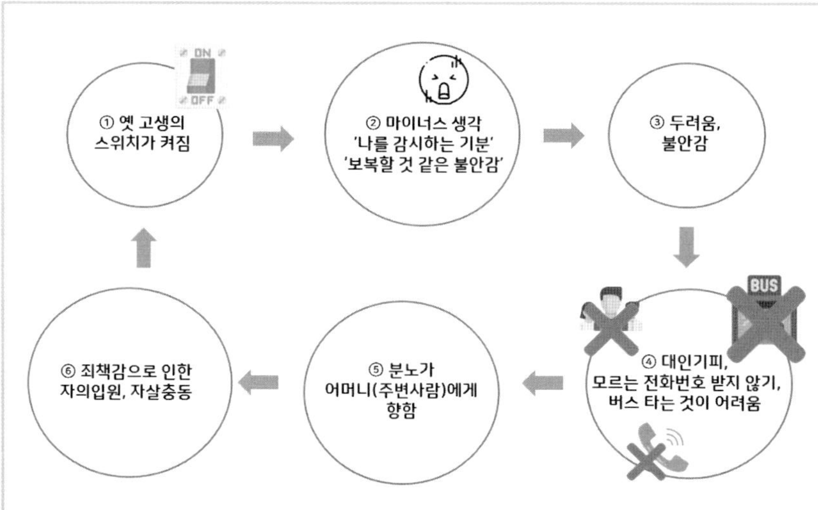

[그림 7-4] 고생 패턴

① 옛 고생의 스위치는 1990년대 일본 대중음악인 J-pop, J-rock 노래를 들으면 자동적으로 켜지게 됩니다. 학창시절의 따돌림, 군대에서의 폭력, 대학교 시절 후배와 싸움에 관한 기억이 생각을 덮어버리고

② 인터넷을 통해 저를 감시하고 지켜보고 있다는 마이너스 사고에 사로잡히게 됩니다.

③ 언젠가 나에게 보복할 수도 있다는 불안감에 휩싸이게 되고 이로 인해 두려움과 불안감이 높아지면서 나를 지켜야겠다는 생각에 손을 휘두르거나 방어하는 행동을 취하는데, 그러면 잠시나마 안심하게 됩니다. 제 고생을 알지 못하는 누군가가 제 행동을 보면 이상한 행동을 한다고 하겠지만 마이너스 사고로부터 저를 보호하

는 방법이었습니다.

④ 마이너스 사고에 압도되면 사람을 만나는 것이 힘들고, 핸드폰을 갖고 다니긴 하지만 전화를 받지 않거나 나를 죽이러 올 것 같은 불안감에 버스를 타고 집에 가는 것이 두려워 직원들이 퇴근할 때 함께 가기도 했습니다.

⑤ 이러한 불안감은 분노로 이어지기도 하고, 가까이 있는 사람이나 어머니에게 분노가 향해 해칠 것 같은 상상이 듭니다.

⑥ 어머니에게 좋지 않은 생각과 함께 스스로를 탓하며 죄책감으로 이어지고, 자의입원이나 자살충동이 높아지게 됩니다.

(2) 나를 지켰던 방법

나를 지켰던 방법은 다음 두 가지로 요약할 수 있습니다.

첫째, 개명을 하면 과거의 기억이 잊혀지지 않을까 생각되어 이름을 바꾸었습니다. 조선왕조의 대부분은 이씨이고 양반가문이기 때문에 성창민이 아닌 성이창민, 성이김창민으로 붙여 불리고 있습니다. 당사자연구 시간을 통해 제 고생을 안내했고, 동료들도 이를 반영하여 이름을 불러주고 있습니다.

둘째, 옛 기억의 스위치가 켜지면 스스로를 지키지 못했던 기억이 되살아납니다. 이때 주먹으로 손을 휘두르거나 얼굴을 막는 행동을 취해서 과거의 기억이 희미해질 수 있도록 방어동작을 실시하곤 했습니다. 고생의 해소 효과는 조금 있으나, 모르는 사람들이 제 행동을 보면 깜짝 놀란다거나 이상하게 생각하는 부분은 도움이 되지 않았습니다. 지금은 당사자연구를 통해 고생을 이야기하고, 보디가드를 만들어가면서 자연스럽게 이러한 행동이 사라지게 되었습니다.

(3) 동료와 함께 찾아본 대처 방법

동료들과 함께 찾아본 방법은 다음 다섯 가지로 요약할 수 있습니다.

첫째, 버스를 타기 위해서는 시간이 많이 필요합니다. 센터를 왔다가 집에 가기 위해서는 버스를 타야 하는데, 사람이 많이 있거나 어린 여학생이 많은 버스를 타면 저를 비난하는 소리가 들려 불안감이 커집니다. 버스를 타기 수월한 시간으로는 오전 9시 이후, 오후 3시~3시30분 사이이며, 불안감이 커질 경우 보통 2~3대 버스가 지나간 후 사람이 없는 버스를 탑니다. 당사자연구를 통해 비슷한 고생을 가진 동료가 권유한 방법으로 버스 맨 뒷좌석에 앉아 내가 다른 사람들을 감시해 보는 역할로 전환하는 방법이 조금 효과적임을 알게 되었습니다. 처음 시도해 보는 것이라 걱정도 되었지만 시도를 해보니 고생이 조금은 줄어들어 이 방법을 사용하고 있습니다. 다른 유용한 방법으로는 이어폰을 끼고 음악을 듣는 것과 버스 안에서 전화하는 것입니다. 큰 목소리로 통화하면 다른 사람에게 피해가 가기 때문에 최대한 에티켓을 지켜 통화를 하는데, 동료들과 대화를 나누며 버스를 타면 고생이 반으로 줄어드는 효과가 있었습니다.

둘째, 학창시절부터 대인관계에 어려움이 많았고 대인기피로 인해 대부분 집에서 생활하면서 문화생활을 즐겼던 경험이 없었습니다. 센터 생활을 시작하면서 외부활동에 어려웠던 부분도 있지만 자조모임, 소집단 활동을 통해 조금씩 활동을 늘려가고 친한 동료들을 만들어가면서 의지할 수 있는 사람이 많아지니 활동하는 데 안심이 됩니다.

셋째, 일을 통해 지옥에서 천국으로 가는 것 같은 즐거움이 있습니다. 일을 시작하면서 잡생각이 더 이상 많아지지 않고 집중할 수 있어 좋았습니다. 일시적이긴 하지만 일에 집중하면 감시받고 있다는 생각이 사라지고 잠시나마 마음의 여유가 생깁니다.

넷째, 동료와 대화를 통해 비상구로 탈출합니다. 같은 어려움을 갖고 있는 동료들과 이야기를 나누고 내 증상을 이야기하기 시작하면서 '말을 하면 비상구로 탈출할 수 있다.'는 생각에 후련했습니다. 내 이야기를 들어주는 것만으로도 안심이 되며 비슷한 고생을 갖고 있는 동료들과 이야기를 나누다 보면 내 편이 많아지게 됩니다.

다섯째, 내 편을 만들기입니다. 이것은 가장 중요한 대처 방법입니다. 내 편을 만드는 것이 제가 안심하고 살아갈 수 있는 방법임을 알게 되었습니다. 센터의 동료 중 힘이 세보이거나 키가 커서 외형적으로 나를 지켜줄 수 있는 동료에게 '저의 보디가드가 되어 주세요.' 요청을 했습니다. 흔쾌히 제안을 받아들여 주어서 고마운 생각이 들었고, 외부활동을 하거나 집에서 누군가 나를 감시하고 있다는 생각이 들면 그 동료에게 연락을 하여 도움을 요청했습니다. 지금은 코로나로 인해 집에서 지내는 시간이 많아져 동료들과 전화를 하며 지내고 있습니다. 예전에는 전화하는 것도 겁이 났는데, 통화를 하면서 잠시나마 이야기로 풀어낼 수 있어 후련하기도 합니다.

평가

당사자연구를 하면서 여전히 고생은 나와 함께하고 있지만 동료들이 있어 안심하는 날들이 많아지고 있습니다. 어머니에게도 표현하지 못하는 내 이야기를 동료들에게 표현하고, 그 고생을 이해하고 함께 해주어 고마운 마음이 듭니다. 가장 힘들었던 시기에 '누군가에게 내 고생을 표현했더라면….' 하는 아쉬운 생각이 들기도 합니다. 지금이라도 표현함으로써 해소되는 부분이 있어 계속 내 고생을 이야기하는 것이 중요한 것 같습니다.

마무리

옛 고생의 기억에서 벗어나기 위해서는 먼저 나를 보호해 줄 수 있는 사람을 많이 만드는 것이 중요함을 알게 되었습니다. 40살의 평범한 남성들이 이루며 살아가는 것, 결혼, 여자친구와 데이트하기 같은 이루고 싶은 일들이 많습니다. 옛 기억에서 벗어나 즐겁게 생활할 수 있는 방법에 관한 연구를 계속할 계획입니다.

여러분도 제 보디가드가 되어주시겠어요?

빠져나오지 못하는 어지러움의 늪에 관한 연구

김인수, 이영수

이 연구는 시도 때도 없이 나타나는 어지러움에 관한 것입니다. 과거에는 어지러움과 관계가 주인과 하인 관계였으나 이제는 자신이 어지러움의 주인이 되어 살아가고 있습니다. 어지러움이 나타나는 패턴을 찾고 대처하며 지내는 방법에 관한 연구를 소개합니다.

필요성

어지러움과 함께한 지 24년이 되어 갑니다. 예전에는 내가 갖고 있는 어려움, 고생, 증상에 관한 이야기를 사람들에게 하면 약점이 잡힐 것 같고, 좋지 않은 시선으로 볼 것 같은 생각에 내 이야기를 하는 것은 자존심이 상하는 일이라 생각했습니다. 일을 하다가 그만둔 후 센터 주간재활 프로그램에 매일 참여하게 되었고, 우연한 기회에 당사자연구 프로그램을 접하게 되었습니다. 다른 회원들이 자신의 증상을 이야기하는 모습이 놀라웠고, 저 또한 가족들에게 꺼내지 못했던 이야기를 동료에게 공개하기 시작하면서 공감받고 위로받을 수 있다는 것에 큰 힘을 얻었습니다. 그동안 느꼈던 어지러움은 내 일상을 온통 뒤덮어 아무것도 할 수 없게 만드는 존재로 생각해 왔습니다. 지금은 당사자연구를 하면서 어떻게 하면 어지러움을 조절할 수 있을지, 약에 의존하지 않고 규칙적인 일상을 보낼 수 있을지에 대해 연구하고 있습니다.

목표

연구 주제는 어지러움의 늪에 빠져 헤어나오지 못하는 고생에 관한 것입니다. 시도 때도 없이 나타나는 어지러움으로 아무것도 할 수 없는 상태에 빠지고 말았습니다. 그동안 표현하지 않고 말하지 않았던 고생을 이야기하면서 어지러움이 발생되는 패턴, 그동안 어떻게 나와 함께 하고 있는지, 어지러움에 압도당할 때는 내 어려움을 이야기하고 동료들에게 도움을 받아 금방 안정된다는 것을 알게 되었습니다. 당사자연구를 하면서 어지러움이 어떻게 발생하는지, 어지러움을 어떻게 조절할 수 있을지, 나와 비슷한 경험을 한 동료는 어떻게 대처하는지를 연구하는 것이 목표입니다.

방법

매주 당사자연구 활동에 참여하고, 경험전문가로 활동하며 그동안의 경험을 다른 사람들에게 소개하는 역할을 맡고 있습니다. 어지러움에 관한 연구 이외에도 기분 조절에 관한 연구, 텔레비전을 보면 주인공이 되는 연구도 지속하고 있습니다.

과정

과정은 증상 알기, 계획, 진행, 평가로 구성되었습니다. 증상 알기에서 제가 겪고 있는 고생을 소개합니다.

증상 알기

저는 24시간 나타나는 어지러움을 동반자라고 부릅니다. 어지러움을 처음 만난 것은 20살에 조현병 진단을 받은 후 기도원에서 생활하기 시작하면서였습니다. 사람들에게 심한 구타를 당했고, 그들은 추운 겨울 차가운 물에 나를 강제로 목욕시켰습니다. 이런 상황이 2달 동안 이어졌습니다. 짐승만도 못한 취급을 당하며 괴로운 나날이 이어졌고, 어머니에게 간절하게 요청하고 나서야 기도원에서 나올 수 있었습니다.

기도원에서 나오며 집에 가던 중 어지러움이 시작되었습니다. 심한 경우에는 하루에 7시간이나 쭉 이어지고, 3일 이상 지속되면 몸이 붕 떠 있는 느낌에 누워만 있게 되는 상황이 발생하면서 일상생활을 하는 게 어려웠습니다. 일을 하며 지내기도 했는데, 식품 회사에 다니며 사람들과 즐겁게 일했던 경험은 다시 힘을 낼 수 있는 에너지가 되었습니다. 27살이 되어 다시 일을 시작하기 위해 센터에 처음 다니게 되었습니다. 일을 할 때는 잠시라도 몰입할 수 있기 때문에 어지러움으로부터 조금은 벗어날 수 있었는데, 일을 하지 않게 되자 어지러움은 일상을 방해하곤 했습니다. 우연히 당사자연구에 참여하여 동료들이 자신의 증상과 어려움에 관해 이야기하는 것을 보게 되었고, 이야기보따리가 풀린 듯 끊임없이 이야기가 나와 즐거웠습니다. 이후 어지러움을 고민하며 연구 중에 있습니다.

계획

어지러움과 관계는 어떤지 알아보고, 언제 나타나는지, 어떻게 하면 어지러움과 잘 지낼 수 있는지를 연구하고 있습니다. 어지러움에 관해 계속 글을 쓰고, 이것이 나타났을 때 어떻게 느꼈는지 글을 작성하여 자료를 수집하는 방법으로 연구하려고 합니다.

진행

진행은 고생 패턴 찾기, 나를 지켰던 방법, 연구를 통해 알게 된 것으로 정리하였습니다. 먼저 고생 패턴 찾기부터 살펴보겠습니다.

(1) 고생 패턴 찾기

어지러움은 좁은 공간에 있거나 사람이 많은 곳에 있을 때 자주 나타납니다. 마치 머릿속에 물체가 빙글빙글 떠다니는 모습으로 나타나며, 이후 현기증이 나기 시작하고 눈앞이 어지러워집니다. 어지러움에 휩싸이면 사물이 크게 보이거나 작게 보이기도 하며 안절부절 못하고 몸 전체가 흔들리는 고생에 빠집니다. 이때 대화를 하면 말의 앞뒤가 맞지 않고 말이 많아지고, 오로지 휴식을 취해야 좋아지기 때문에 약속이 있어도 나가지 않게 됩니다. 그래서 동료와 다투거나 관계가 끊어지는 고생이 반복되었습니다. 휴식을 취하면 잠시 나아지지만 언제 나타날지 모르는 어지러움으로 사람을 만나지 않거나 집에서만 있는 시간이 많아졌습니다.

일을 할 때도 어지러움이 오는데, 무언가 몰입할 때는 어지러움의 강도가 낮아지지만 일을 지속할 수 없을 때는 누워서 쉬거나 휴식을 취하면 좋아지기도 합니다. 어지러움이 찾아오지 않으면 기분도 좋아집니다. 한 달간 찾아오지 않았던 적도 있었는데, 현재는 1주일에 3시간 정도 찾아옵니다. 당사자연구를 시작하기 전까지 스스로 대처했던 방법은 오로지 집에서 쉬거나 사람을 만나지 않는 것이었습니다.

이제 어지러움은 어느 정도 안정되었지만 사람을 만나지 못해 일어나는 외로움은 계속되고 있습니다. 평소 쇼핑하는 것을 좋아하는데 쇼핑을 할 때도 어지러움이 줄어들기도 합니다. 일을 할 때 하루에 20만 원씩 쇼핑을 하는데, 돈을 쓰고 필요 없는 것도 사서 주변 사람들에게 나누어주면 어지러움은 한결 더 좋아지지만 돈이 한순간에 없어져 부모님에게 혼이 나고, 그러면 돈을 쓰지 못해 고생이 생기곤 합니다.

(2) 나를 지켰던 방법

이러한 고생 속에서 스스로를 지켰던 방법을 찾아보았습니다.

첫째, 일을 하며 돈을 벌 수 있었던 경험을 떠올리는 것입니다. 일을 하면서도 어지러움은 함께 했지만 한 가지 목표를 갖고 달려가면서 그것을 이룰 수 있다는 생각에 힘든 상황이 있어도 버틸 수 있었습니다. 돈을 벌면서 부모님에게 맛있는 음식을 대접하거나 동료들에게 커피도 사주며 누군가에게 해줄 수 있다는 것이 즐거웠습니다. 일을 하지 않으면서 자신감을 잃고 목표가 없어져 어지러움은 더 자주 나타난다는 것을 알게 되었습니다. 지금도 일을 하며 지냈던 것을 생각하면 기분이 좋아지고 일을 하며 보내는 것이 어지러움을 낫게 하는 방법이 될 수 있겠다는 생각을 하곤 합니다.

둘째, 일을 하거나 내가 할 수 있는 일을 찾아보는 것입니다. 일을 하거나 무언가에 집중하면 일시적이긴 하지만 어지러움 강도가 약해지는 것을 느낍니다. 센터 생활을 하면서 알게 된 것은 자조모임의 리더 역할을 하거나, 환청・망상 대회에 나가기 위한 준비를 하거나, 경험전문가로서 발표하기 위해 준비하는 과정에서 목표의식이 생기고 책임감이 생겨 즐겁게 지낼 수 있는 방법이 되곤 합니다. 이때에는 어지러움이 나타나더라도 때때로 무시하거나 잠시 휴식을 취한 후 다시 하고자 하는 일을 수행하는 데 큰 어려움이 없음을 알게 되었습니다.

(3) 연구를 통해 알게 된 것

당사자연구를 진행했던 것이 쉽지 않았는데, 그런 만큼 고생을 이겨내는 경험은 값졌습니다. 이 연구를 통해 알게 된 것을 다음 몇 가지로 요약합니다.

첫째, 사람들과 함께 대화를 하고, 지지를 받고 경청해 주는 것을 느낄 때 큰 힘이 되었습니다. 동료와 즐거운 이야기를 하거나 증상으로 인해 힘들어하는 동료들에게 도움을 줄 때, 누군가 나에게 힘을 내라고 할 때, 주위에서 내 성격이 전보다 더 차분하고 화도 내지 않고 성격이 좋다고 할 때 어지러움이 줄어듭니다.

둘째, 동반자라고 부르는 어지러움과 지내기 위한 현재의 관계에 만족하게 되었습니다. 예전에는 어지러움이 나를 잡고 있어 압도하는 것이 강해서 어떻게든 벗어나고 싶었습니다. 지금은 어지러움의 힘의 크기가 제 힘과 대등합니다. 이제는 때때로 조금 부려먹기도 하고, 놀릴 수도 있고, 괴롭힐 수도 있습니다. 어지러움이 찾아오는 순서를 알게 되고 하나씩 느끼며 알아가는 과정을 통해 어지러움과 관계가 바뀌게 되었습니다. 관계가 바뀌고 난 후 사람들과 잘 만나고 어울리며, 화도 잘 내지 않고 아버지와 자주 싸우지 않게 되었습니다. 먹는 것, 입는 것, 쓰는 것을 동료들과 함께 할수록 좋은 관계가 맺어진다는 것을 알게 되었고, 서로에게 도움이 되고 하루하루를 보내는 것이 중요해졌습니다. 이런 생활을 유지하면 일을 하고 싶은 욕구가 생겨 앞으로도 할 수 있는 일을 더 찾으려고 합니다.

셋째, 경험전문가 활동을 통해 예전에는 말하지 못했던 고생을 이야기하고 사람들에게 이해받고 지지해준 경험으로 자신감을 회복했습니다. 병이 있지만 함께 나눌 수 있는 사람이 있다는 것이 필요하고, 사람을 좋아하기 때문에 소통하는 것도 좋으며 내 옆에 누군가 있다는 사실이 기분을 좋게 합니다. 저는 사람들과 함께 하고 소통하는 것이 삶에서 중요하게 작용한다고 생각합니다. 말하기 시작하면서 병도 좋아지고 인간관계도 좋아지고 상대방의 입장도 생각하면서 상대방이 싫어하는 것, 좋아하는 것을 생각하게 되었습니다. 앞으로도 센터에서 소통하기 위해 힘든 동료의 이야기를 들어주고 환청・망상대회, 경험전문가 활동을 하면서 내 이야기도 하고, 동료상담가로 활동하기 위한 준비를 하고 있습니다.

평가

연구를 통해 어지러움 이외에도 기분조절의 어려움, 환청 따위로 인해 힘든 나날이 많았지만 이제까지의 고생을 통해 스스로 끈기가 있는 사람임을 알게 되었습니다. 앞으로 그동안 실천했던 노하우를 다른 동료들에게 들려주고 다른 동료들도 자신의 대처 방법을 찾아 함께 즐겁게 살아가길 바라는 마음입니다.

마무리

당사자연구를 통해 그동안 못했던 이야기를 시작하고, 누군가가 들어주기 시작했던 점에 오히려 제가 감동을 받았습니다. 그것이 마음속 깊게 신뢰를 가져온 것 같습니다. 이야기를 시작하면서 사람들이 제 말에 경청하고, 제가 그 사람들에게 이야기하면서 속이 시원해졌습니다. 병을 이야기하고부터 저를 알아주는 계기가 될 수 있었습니다. 당사자연구를 하면서 증상을 받아들이는 것을 예전보다 잘할 수 있는 동기가 되었던 것 같습니다.

뒤돌아보면 예전에는 증상이 심했는데, 현재는 어지러움을 대하는 태도가 긍정적으로 달라진 것 같습니다. 아직은 부족하지만 어지러움과 함께 하는 방법을 계속 연구할 것입니다. 23년간 함께 했던 어지러움이 제 그림자로서 함께 하는데, 여기에 동반자가 되고 싶고, 다른 사람들은 경험하지 않는 제 증상이 현재는 영화 속의 주인공처럼 느껴지기도 합니다. 앞으로도 지원가와 함께 어지러움에 관한 연구를 계속해서 즐거운 인생을 살고 싶습니다.

새로운 사회복지실천 당사자연구

마치며

『당사자연구』 비평:
스스로 성찰과 회복

최옥채

『당사자연구』는 청주정신건강센터의 직원 8명과 회원 7명이 서로 협력해 낸 책이다. 이렇게 책을 낸 것이 사회복지기관으로는 드문 일이고, 정신장애인이 회복하는 과정과 내용이 예사롭지 않아 더욱 눈길을 끈다. 정신장애로 고생하는 회원을 돕는 직원을 추어줄 만하고, 쉽지 않은 당사자연구를 실천한 회원이 칭찬받아 마땅하다. 이렇게 강조하는 것은 이 책에 소개된 당사자연구가 정신장애인의 회복뿐만 아니라 앞으로 사회복지실천의 중요한 한 가지 방법으로 자리를 잡을 것이라고 보기 때문이다. 사회복지실천 방법이 다양해져야 한다는 지금의 사정을 돌아보면 더욱 그렇다.

사회복지실천의 과학성과 예술성이 길항적 추구 사항이고, 당사자연구가 사회복지실천의 한 가지 방법이라면 『당사자연구』 비평은 당사자연구의 과학화와 예술성을 확보하려는 노력이라고 할 수 있다. 이것은 당사자연구를 모든 사회복지실천 현장에서 적용할 수 있음을 염두에 두어 강조하는 바이기도 하다. 이 비평을 이끌어가는 중에 당사자의 주관적 이해와 대처 방법 존중 같은 당사자연구 원리를 시종 견지해야 함을 상기해야 하겠다.[1] 이것은 당사자연구

1) 이외에도 당사자연구에서는 연구 중에 사람과 문제를 구분하고, 주제에 따른 연구반을 만들어 당사자가 주인이 되어 연구를 지속하고, 정기적으로 연구의 성과를 발표하는 기회를 갖고, 연구 성과에 나타난 실천지식은 전문가가 지닌 지식이나 기술에 대응한 가치로 받아들이고, 당사자가 자신 고유의 삶을 이해하는 기회를 제공하고, 당사자를 돕는 지원가는 당사자 자신이라는 자세가 필요하고, 지원가도 당사자의 한 사람으로서

의 본질을 바로 알아 그 본질을 훼손하지 않고 좋은 비평을 위해 애를 쓰는 것이라고 생각한다.

이 책을 비평하는 것이 내 역량을 넘어서는 작업인지도 모르겠다. 비평이 시초인 문학에서 비평가는 사회과학적인 광범한 이론의 고찰을 바탕으로 한 철학적 구명을 할 수 있어야 한다고 해서이다(김윤식, 1976: 318). 그럼에도 비평이 우주간의 한 가지 유희이고, 우정 어린 조언이라는 점에서 용기를 냈다.[2] 나무꾼에게 솔가지 한 개가 아쉽듯, 새로운 사회복지실천 방법을 학수고대하는 사회복지실천 현장을 생각하며 비평을 시작한다.

자신의 연구 주제를 가지고 연구활동에 참가하는 것들을 강조한다(向谷地生良・浦河べてるの家, 2018: 69–70).

2) 이덕무는 "내 평소의 눈썰미를 발휘하여 남이 지은 득의의 문장을 읽고, 미친 듯 외치고 크게 손뼉을 치면서 비평의 붓을 들어 휘두른다면, 이 또한 우주간의 한 가지 유희이리라."(안대회, 2019: 29)며 자신의 비평관을 주장하였다.

당사자연구를 위해 어떤 준비를 했을까?

청주정신건강센터 회원들과 직원들은 어떤 준비를 하여 당사자연구에 임했는지 궁금하다. 당사자연구가 그저 '막고 푸기 식'으로 되는 것이 아니고, 그렇다고 관련 지식이나 방법만으로 할 수 있는 것이 아니라 일정한 단계를 거쳐야 가능할 것이라고 생각하기 때문이다. 회원과 직원 각자가 훈련 삼아 당사자연구를 준비한 것으로 확신한다. 그런데 『당사자연구』를 살펴보면 당사자연구를 위해 회원인 당사자나 직원인 지원가가 철저히 준비한 흔적이 드러나고 있다.

정신장애를 포함한 현장 이해

당사자연구를 수행한 당사자나 지원가는 정신장애를 이해함은 물론 정신장애인이 활동하는 센터에서 경험이 많고, 센터 형편을 훤히 알고 있었다. 당사자는 자신이 앓고 있는 정신질환의 상황을 이해하고, 지원가는 당사자의 일상과 센터가 돌아가는 상황을 이해하는 것이 우선 과업이었다. 이와 같은 이해는 문헌 지식과 경험 지식으로 가능하고, 그 지식은 당사자와 지원가가 한통속이 되어 쌓아갈 수 있었다. 예컨대 당사자는 지원가의 도움으로 당사자연구 필요성을 깨우치고, 자신감을 불어넣어 주었다. 특히 당사자와 지원가가 서로 오해하거나 갈등하는 장면을 통해 관계가 더욱 돈독해졌음을 알 수 있다.

실제로 3장의 이영현 지원가가 당사자 취업을 위해 사업장을 찾는 과정에서 엿볼 수 있다. 이런 일을 통해 당사자와 지원가는 당사자연구를 위한 역량을 키울 수 있다는 생각에 이른다. 아울러 '시작하며'에서 김대환 관장이 소개한 베델의 집 사람들이 품은 질문 중 정신장애는 어떻게 다루어지고, 당사자는 어떤 존재인가? 하는 질문의 답을 통해서도 정신장애를 이해할 수 있다.

협력과 지원

당사자와 지원가는 당사자연구를 위해 서로 협력과 지원을 아끼지 않았다. 만약 이와 같은 협력 관계를 맺지 못했다면 당사자연구는 불가능했거나 전체 과정을 원만하게 진행하는 데 어려움이 따랐을 것으로 본다. 당사자와 지원가 협력은 지원가의 솔선으로 원활해지고, 지원은 주로 지원가에 의해 진행된다고 할 때 협력과 지원에서 지원가 몫이 당사자 것보다 더 큰 것으로 보아야 하겠다. 물론 이와 같은 분위기는 당사자와 지원가 사이에 서로 신뢰하는 관계가 형성되었을 때 가능할 터이다.

그러면 그 신뢰관계는 어떻게 형성될까? 지원가는 정신장애를 비롯해 정신장애인의 일상을 이해하고, 당사자는 센터에서 활동하는 중에 지원가를 이해한다. 이런 면에서 당사자가 지원가를 깊이 알기 위해서는 지원가의 앞장서려는 노력이 있어야 한다. 그러므로 충분한 시간이 당사자와 지원가에게 주어져야 하겠다. 결국 지원가가 당사자보다 한 발쯤은 앞서야 할 것인데, 이를 위해 지원가는 무엇보다도 당사자 앞에서 개방적이어야 하고, 그러기 위해서는 풍부한 경험뿐만 아니라 자신을 닦는 공부가 필요하겠다.

마음 열기

당사자와 지원가는 각자의 속을 서로 보여주었다. 물론 이런 행동이 저절로 된 것은 아니고 앞에 언급한 당사자와 지원가 간 협력 관계가 형성된 이후라고 볼 수 있다. 이뿐만 아니라 당사자의 마음 열기는 어느 정도 자신감이 있을 때 가능할 것인데, 이런 상황에서 지원가가 촉진자 역할을 적절히 하는 것을 볼 수 있다. 예컨대 2장에서 박슬기 지원가가 센터를 찾아 활동하는 당사자들을 자기 삶의 선배로 여기고 있는 점을 통해 확인할 수 있다. 여기에서 강조하는 것은 진정한 마음 열기라고 볼 수 있는데, 이는 누구에게든 쉽지 않은 일이라고 생각한다. 마음 열기에 작용하는 요인이 여러 가지일 것이 분명하지만, 하는 일이 즐거워야 하지 않을까. 내가 과하게 바라는 헛된 욕망이 사라질 때 일은 즐거워질 것이라고 생각한다. 6장에서 송은주 지원가 스스로 당사자가 되어 자신의 불안감을 풀어준 당사자연구야말로 마음 열기의 절정이라고 하겠다.

몸에 밴 섬김

특히 지원가의 몸에 밴 섬김을 엿볼 수 있다. 섬김은 받들어 모심일 것인데, 섬김을 위한 선행 조건은 섬기는 자가 먼저 낮아져야 한다. 상대의 처지를 무작정 높일 수 없기 때문이다. 이런 자세를 당사자는 지원가로부터 시간을 두어 자연스럽게 익혔을 터이다. 실제로 이와 같은 자세는 4장에서 박누리 지원가가 당사자들을 집으로 초대한 대목에 잘 나타나고 있다. 박누리 지원가가 당사자들을 초대하여 그의 어머니와 함께 정성껏 대접하고, 당사자들 역시 박누리 지원가를 더할 나위 없이 고마워하며 귀하게 여기는 모습을 보여주었다. 여기에서 지원가가 직장인으로서 최소한으로 할 일만으로 끝났다면 당사자에게 어떤 울림도 줄 수 없었을 것이다.

한편 지원가가 사용하는 존칭어에서도 지원가의 섬김 자세를 찾아볼 수 있는데, 이것은 요즘 무분별하게 사용하는 존칭어와는 다른 것으로 보아야 한다. 존칭어는 상대의 입장을 높이는 것인데, 존칭어가 주는 의미는 상황에 따라 효과가 달라질 수 있다. 그런데 존칭어가 남발될 경우에는 되레 역효과를 낼 수 있다. 예컨대 공공기관이나 은행 같은 곳에서 민원을 담당하는 직원이 "이쪽으로 오시겠습니다.", "돈이 나오시겠습니다." 같이 불필요한 존칭어는 오히려 천대로 다가와 상대가 진정으로 섬기려는 것인지 그의 속내를 의심케 한다.

글짓기

당사자는 당사자연구를 틀에 따라 글로 정리함으로써 글짓기 실력을 발휘했는데, 여기에 지원가의 도움이 있었다. 글짓기가 쉽게 되는 사람이 있는가 하면 그렇지 않은 사람도 있다. 연구든 실천이든 자기의 활동을 문헌으로 남기는 것은 소중하고 책임을 다하는 행위라고 할 수 있다. 이렇게 강조하는 것은 정신장애인 영역을 비롯한 사회복지실천에서 연구해야 할 주제가 지천일 것이기 때문이다. 뒤집어 말하면 그만큼 사회복지학 연구자들이 연구에 나태하다는 것이기도 하다.

글짓기와 관련하여 특이한 사례가 발견되었다. 5장에서 김애지 지원가가 보여준 글의 구조가 당사자연구의 주변을 날카로운 시선으로 보도록 이끈다. 아울러 내용은 당사자들의 일상을 한층 생생하게 드러내 보여주고 있다. 특히 당사자의 일상을 통해 지원가 자신을 돌아본 것은 불교에서 강조하는 회광반조(回光返照)[3]라고 하겠다.

한편 지원가는 글짓기에 더욱 공력을 들여야 하겠다. 예컨대 '내소', '당일', '퇴록' 같은 용어가 자주 나왔는데,[4] 이것은 지원가들이 센터의 행정업무를 정부와 소통하는 중에 공문을 작성하며 익힌 용어이다. 공문이 어떤 것인가? 공문은 간결함을 강조하는 가운데 권위를 띠어야 제격으로 취급된다. 이런 것이 당사자연구의 글짓기에 묻어나면 식상하다. 이와 같은 혼란은 사회복지사에게 들어맞지 않은 문화라고 하겠다. 이런 점을 생각할 때 지원가나 당사자는 글짓기를 위해 신경을 써야 한다.

그러면 글짓기 훈련은 어떻게, 어느 정도까지 받아야 할까? 글짓기 훈련은 어떤 특정 방법에 의존하기보다는 함께 할 수 있는 지원가나 당사자가 10명 안팎의 소모임을 만들어 운영하면 좋겠다. 요즘 사회복지사들이 공부하는 소모임을 만들어 활용하고 있는데, 여기에서 글짓기 훈련을 덧붙여 할 수 있을 터이다.

---

3) 『임제록(臨濟錄)』에 "너는 말이 떨어지면 곧 스스로 회광반조할 것이며, 다시 다른 데서 구하지 말 것이니, 이러한 신심은 불조(佛祖)와 한 치도 다르지 않음을 알아야 한다(爾言下便自回光返照, 更不別求, 知身心與祖佛不別)."고 한 데서 온 것이고, 1) 죽음 직전에 이른 사람이 잠시 동안 정신이 맑아지는 것, 2) 사물이 쇠멸하기 직전에 잠시 왕성한 기운을 되찾는 경우, 3) 자기 자신을 성찰하는 것을 비유한다.

4) 이 용어들은 지원가들이 상의하여 '내소'는 '찾아오다'로, '당일'은 '지금'으로, '퇴록'은 '회원 탈퇴'로 바꾸었다.

끝없는 준비

당사자연구를 위한 준비는 특정 시기에 시작하고 끝나는 것이 아니고, 당사자연구가 진행되는 내내 계속된다. 그러니까 당사자연구를 위한 준비는 당사자연구를 시작하기 전부터 연구가 끝날 때까지 지속된다. 1장의 고연우 지원가가 당사자와 함께 센터 바깥으로 나가 동네의 여러 시설을 이용한 프로그램을 통해 당사자를 이해하는 것 역시 당사자연구를 위한 준비였다. 이렇게 끊임없이 준비하는 것은 사회복지실천의 전체 과정에서 사회복지사가 처음부터 끝까지 긴장하며 이끌어가는 것과 같은 이치라고 하겠다. 이런 준비 과정에서 지원가나 당사자의 역량이 향상될 것이 분명하다.

한편 당사자는 당사자연구뿐만 아니라 센터나 직장에서 활동하며 준비를 게을리 하지 않는다. 6장의 박상일 당사자가 동료 박선아 당사자의 이야기에 귀를 기울여 상대의 경험에 비추어 자신을 들여다보고 있다. 좋은 표현은 아니지만 초등학생이 자습은 물론 과외까지 받고, 거기에 예습과 복습을 반복하며 조금씩 알아가는 과정이라고 하겠다.

당사자연구는 어떻게 진행되었을까?

이 책의 '시작하며'에 언급한 바처럼 당사자연구는 일본 '베델의 집'이 창안한 정신장애인의 회복 방안이다. 아울러 당사자연구는 정신장애인을 대상으로 한 사회복지실천이다. 따라서 사회복지실천에서 과정을 강조하듯, 당사자연구 역시 과정에 따라 진행될 것이 분명하고, 실제로 6장과 7장에 나타난 것처럼 각 단계에 따른 당사자연구의 과정을 보여주고 있다.

자신과 상대 알기

당사자연구의 진행 과정은 연구자마다 달리 규정할 수 있겠지만 『당사자연구』에 나타난 것을 보면, 먼저 당사자와 지원가 각자가 자신과 상대를 아는 것에서부터 시작하고 있다. 실제로 지원가나 당사자 자신과 상대를 알아가는 과정을 각 사례에서 엿볼 수 있다.

1장에서 보는 고연우 지원가의 성찰이 하루 생활을 통해 잘 나타나고 있다. 출근길에 당사자를 접하며 하루 일정을 위해 다짐하고, 센터에 들어서서 업무 개시 전에 당사자와 인사하며 하루가 쉽지 않겠다고 지레 겁을 먹거나 정신이 사납다며 긴장한다. 긴장 속에 당사자들과 프로그램을 진행하지만 마치고 나면 별 것이 아니었고, 당사자를 한층 더 깊게 이해하면서 자신을 돌아본다며 안심하기도 한다.

6장의 박선아 당사자가 소개한 증상일기를 통해 당사자의 성찰을 엿볼 수 있다. 박선아 당사자는 환청을 의심하고, 환청은 자신이 만든다는 것을 알고, 자신만의 대처 방법을 터득하는 세 단계를 거쳐 환청을 대처한다. 물론 이 과정은 지원가가 돕고, 이를 당사자가 받아들여 진행된다.

이뿐만 아니라 지원가들과 당사자들의 글에서 자주 나타나는 '모습'이나 '부분' 같은 단어를 통해서도 서로 자신과 상대를 알아가는 것을 엿볼 수 있다. 지원가는 당사자의 모습이나 대화 내용의 특정 부분에 자신을 비추어보고, 당사자는 퇴근해서도 수시로 지원가와 대화하며 조금씩 자신을 알아간다. 실제로 '시작하며'에서도 당사자연구가 말로 만나는 것을 중시한다고 하였다.

두려움에서 벗어나기

특히 당사자가 정신적 고생과 관련하여 자신이 처한 상황을 알면 두려움에 빠지는 것 같다. 바로 이때 당사자는 두려움에서 벗어나려고 애를 쓰고, 여기에서부터 당사자연구가 본격화한다. 실제로 두려움에서 벗어나기는 이영수 지원가가 도운 7장의 김용성 당사자, 이기선 당사자, 김종환 당사자, 성이창민 당사자, 김인수 당사자가 밝힌 '고생 패턴 찾기'에 나타나고 있다. 예컨대 환청과 망상으로 나타난 감시자에 의해 당사자는 외부활동이 두려워 은둔생활을 하고, 계속되면 우울해진다. 이뿐만 아니라 고생 패턴을 그림으로 그려 고생이 진행되는 상황을 논리적으로 설명하기도 한다. 이와 같은 인식을 통해 당사자는 두려움에서 벗어나려고 첫 걸음을 내딛으며 당사자연구에 몰입한다.

다양한 방법을 적용하기

당사자연구에 다양한 방법을 적용하는 것은 전체 과정의 틀에서부터 표현된 글에까지 강조할 수 있다. 실제로 당사자들은 특정 틀에 얽매이지 않고 연구의 진행 상황에 따라 형식을 갖추었고, 지원가들은 당사자를 칭할 때 서로 편안함을 생각하여 '~선생님', '~회원', '~씨'로 표현하였다. 예컨대 6장에서 일본의 당사자연구 과정을 적용했는데, 7장에서는 이영수 지원가가 나서서 '한국의 당사자연구'로 이끌어가려는 시도를 볼 수 있다. 이처럼 다양한 방법에 주목하는 것은 당사자나 지원가가 무궁한 속성을 지닌 인간에 관한 지식을 바탕으로 당사자연구에 임하고 있기 때문이다.

글로 표현하기

당사자연구는 글로 표현해야 한다. 당사자가 주도하여 짓고, 지원가가 돕는다. 이런 점에서 당사자연구가 실천임에도 굳이 '연구'라고 하는지도 모르겠다. 사실 글로 표현하는 것이 쉽지 않은데, 글을 작성하는 과정에서 당사자연구를 거듭 돌아볼 수 있고, 그 과정에서 연구를 한층 더 깊게 끌고갈 수 있다고 보아 이는 중요한 과업이라고 하겠다.

글짓기가 쉽지 않음은 각자의 글짓기 솜씨 때문일 것이다. 이 솜씨는 글을 짓는 이의 수고와 노력에 의해 향상될 것이 분명하나, 타고난 자질도 있는 것 같다. 앞에 언급했듯, 만약 글을 짓는 것이 서툴다면 도움이 되는 훈련을 받아야 한다. 예컨대 일기를 쓰면서 일상을 표현하는 데 합당한 단어를 사용하는 것이 쉽지 않다면 훈련이 필요할 것 같다. 그렇다고 글을 작가처럼 지어야 한다는 것은 아니다. 내가 경험한 바를 글로 남기는 데 불편함이 없는 정도면 될 것이다. 당사자연구에서는 과장하거나 허세 부리는 것을 멀리하기 때문이다. 요컨대 삶의 교훈이 되는 사회복지실천 현장과 관련한다는 점에서 글짓기는 더욱 강조되어야 할 것이다.

당사자연구는 정신장애인에 한정하는가?

당사자연구 대상은 정신장애인만으로 한정해야 할까? 일본에서는 당사자연구가 정신장애인을 넘어 노숙인, 비행청소년, 기업의 근로자, 알코올중독자에게까지 적용된다고 한다. 이뿐만 아니라 당사자연구를 실시하는 기업이 운영되고 있다고 하니 당사자연구의 힘을 짐작할 수 있겠다. 한국에서는 아직 당사자연구가 정신장애인을 대상으로 진행되고 있어 아쉽다. 다른 몇몇 영역에서 관심을 가지고 있을 뿐 진행하지는 않고 있다. 실제로 『당사자연구』에도 그렇게 나타나고 있다. 그래서 정신장애인을 위한 당사자연구로 특화되어야 한다는 오해를 불러일으킬 수도 있겠다. 그럼에도 당사자연구를 뒷받침하는 철학이나 진행 과정을 보면 굳이 정신장애인에 한정할 것은 아니라고 생각한다.

당사자연구 지향점에 따른 생각

당사자연구가 추구하는 지향점에 따라 당사자연구는 정신장애인에 한정하지 않을 것이라고 생각한다. 당사자연구 지향점은 당사자 성찰을 통한 자신의 장애를 회복하는 것이다. 그러면 당사자 성찰은 꼭 정신장애인에 한해서만 가능할까? 당사자연구가 창안되는 과정에서 정신장애인이 당사자로 등장해서이지 정신장애인이 아닌 그 누구에게도 당사자연구는 적용이 가능하다고 생각한다. 왜냐하면 당사자연구에서 나타나는 성찰이 단순히 당사자 본인의 고생을 회복하는 데에 그치는 것이 아니고, 풍요로운 생활로 이끌어갈 수 있기 때문이다. 물론 정신장애인 영역이 아닌 대상자로 바뀌면 정신장애인을 상대로 진행된 내용이 달라져야 할 것이다.

성찰은 자신의 일을 반성하며 깊이 살피는 것이라고 사전이 풀이하고 있다. 아울러 반성은 자신이 행한 말과 행동에 오류나 부족함을 살펴보는 것이다. 그렇다면 개인의 성찰은 그가 지닌 힘(에너지)이나 능력에 의해 좌우한다고 보아야 할 터이다. 예컨대 환청으로 고생하는 당사자가 당장 성찰할 수 있는 여건이 안 된다면 당사자는 어떤 힘도 발휘할 수 없다. 그 여건은 당사자 본인 외에도 그의 가족을 비롯한 주변 사람들이 만들기도 한다. 따라서 당사자의 성찰에 지원가 역할이 강조되어야 한다. 그럼에도 당사자가 자신의 상황을 아는 성찰이 중요함을 강조해야겠다. 성찰을 통해 당사자는 자신의 증세 상태를 꿰뚫어볼 수 있기 때문이다.

당사자연구 지향점과 관련하여 한 가지 더 짚고 넘어갈 것이 있다. 바로 당사자연구는 당사자 고통을 치료하는 것이 아니라 회복하는 데 중점을 둔다는 사실이다. 정신장애를 겪는 것이 고칠 수 없거나 어려운 질병이 아니고 잠시 어려움에 처한 데서 벗어나 원래 상태로 돌아가는 것이다. 이와 같은 입장은 "당사자연구가 자기학습에 가깝다."(石原孝二, 2013: 138)고 한 점과도 통한다. 이런 점에서 정신장애인을 걸려서는 안 되는 병으로 고생하는 사람으로 보아서는 안 되고, 누구든 살아가면서 잠시 쉬어가야 할 처지에 있는 것으로 보아야 한다.

정신장애인과 비장애인이 겪는 어려움에 따른 판단

정신장애인과 비장애인이 겪는 어려움을 따져 보면 당사자연구가 정신장애인에 한정하지 않는다고 판단한다. 정신장애인이 겪는 어려움과 비장애인이 안고 있는 문제가 다를까? 다르지 않다고 판단하는 것은 근본적으로 장애인과 비장애인을 구별할 수 없다고 보기 때문이다. 물론 겉으로 나타나는 정신장애인과 비장애인의 모습은 서로 다를 수 있다. 그러나 정신장애인과 비장애인의 내면은 다를 것이 없고, 정신장애인이나 비장애인이 추구하는 바는 같다고 봐야 옳다. 다르다면 정신장애인 언행이 비장애인 언행에 비해 더 순수하다는 점이 아닐까.

그럼에도 왜 우리는 정신장애인과 비장애인을 색안경을 끼고 볼까? 그 이유를 사례로 알아보자. 드라마나 영화 촬영에서 배우가 평범한 사람 역을 맡아 연기를 한다면, 지나가는 사람들은 그 상황의 배우를 평범한 사람으로 봐야 한다. 그러나 대부분 사람들은 배우를 특별한 구경거리 삼아 본다. 그것은 배역보다는 인기가 있고 유명한 배우를 쉽게 접할 수 없다는 선행 의식이 작용하여 그 배우의 겉을 보는 것 자체에 의미를 두기 때문이다. 이렇듯 정신장애인과 비장애인을 따로 보는 것은 본질보다는 허상을 보려는 사람의 마음에 의한 것임을 알 수 있다.

사회복지실천 가치와 과정에 따른 전망

사회복지실천 가치와 과정을 생각하면 당사자연구가 굳이 정신장애인에 한정하지 않을 것이라고 전망한다. 사회복지실천 가치가 인간 존중과 사회정의 실현이라는 것은 익히 알려진 바이다. 이런 사회복지실천 가치는 당사자연구에서도 거의 같은 수준에서 받아들여질 것으로 전망한다.

아울러 사회복지실천은 계획에 따라 단계를 이루며 진행된다. 특히 당사자연구에서 이 과정은 당사자 변화를 위해 상당 시간을 기다려야 하고, 이 기다림을 위해 당사자는 물론 지원가의 인내가 필요하다. 이와 같은 사정은 사회복지실천에서와 다를 것이 없다. 요컨대 사회복지실천 가치와 과정은 당사자연구 진행을 충분히 만족시킨다는 점에서 정신장애인을 대상으로 진행되는 당사자연구가 비장애인까지를 대상으로 삼아 마땅하다.

정신장애인을 넘어선 대상자 예상

그러면 당사자연구의 대상을 정신장애인 이외의 다른 대상자로 꼽을 수 있는 사람들은 누구일까? 앞에 언급했듯, 일본에서는 노숙인을 비롯해 알코올중독자와 비행청소년과 기업의 근로자까지 대상으로 삼고 있다. 이런 마당에 우리나라 당사자연구의 영역을 확장하는 데 꺼릴 이유가 없다. 이를 이끌어갈 합당한 지원가가 없다는 현실이 안타까울 뿐이다. 다른 영역은 몰라도 내 경험을 비추어 볼 때 비행청소년이나 범죄인 중에서 상습성이 있는 자들을 위한 당사자연구가 필요하다고 본다. 이들을 위한 당사자연구를 보호관찰소, 소년원, 교도소에서 실시한다면 적지 않은 성과를 낼 수 있을 것으로 예상한다.

당사자연구가 사회복지실천 현장에 주는 메시지

사회복지실천 현장에서는 당사자연구가 지향하는 바를 분명히 알아 이를 적용할 수 있는 방안을 마련하고, 그래서 풍성한 명절을 맞이하듯 풍부한 사회복지실천을 꾀해야 할 것이다. 특히 정신장애인에 한정하지 않고 모든 사회복지실천의 대상자를 상대로 당사자연구가 가능하다는 점에 귀를 기울여야 하겠다.

당사자 가족과 이웃에게

당사자 가족과 이웃은 당사자연구에 주목하여 이 연구가 진행되는 현장을 이해하고, 나아가 필요하다면 적극 협력해야 한다. 왜 그럴까? 당사자의 가족과 이웃은 당사자연구의 중요한 환경이 되고, 이 환경은 당사자연구에 절대적으로 영향을 미치기 때문이다. 이와 같은 실상은 이미 6장과 7장의 사례에서 확인하였다.

먼저 당사자 가족은 당사자 변화에 가장 크게 영향을 미친다. 당사자 문제 상황이 가족으로부터 기인하기도 하고, 당사자 문제를 해결하는 데 도움이 되기 때문이다. 그럼에도 정신장애인 가족은 이웃의 냉대 속에 당사자와 함께 어려움을 겪기도 한다.

한편 1장의 송은주 지원가의 사례에서와 같이 센터 근처 편의점 주인이 당사자를 대하며 과도한 경계심을 드러내기도 한다. 이런 편의점 주인의 태도는 정신장애인에 관한 이해가 부족해서이고, 교육이나 정신장애인들과 함께 하는 행사를 통해 변화를 꾀할 수 있을 것이다. 물론 우리 주변에는 정신장애인에게 우호적인 사람도 많지만 이 편의점 주인 같은 사람이 있어 정신장애인을 비롯한 가족과 센터가 어려움을 겪는다. 이런 상황은 센터 자체가 당사자연구를 해야 함을 보여주는 것이기도 하다. 정신장애인을 곱지 않은 시선으로 보는 단 한 사람이 정신장애인을 지지하는 수십, 수백 사람의 배려를 무색케 할 수 있어 이런 사람들의 태도는 변화되어야 할 것이다.

당사자연구는 정신장애인 가족이나 이웃이 한층 더 정신장애인을 이해하고, 정신장애인 회복에 더욱 힘을 내게 이끌어갈 수 있을 것이다. 특히 가족은 정신장애인과 가장 가깝게 있어 영향을 미치는 것이 크고, 이웃은 동네 안에서 정신장애인 생활에 깊이 관여하기 때문에 이들의 역할이 강조되어야 한다.

정신건강 관련 사회복지기관에

정신건강 관련 사회복지기관은 당사자연구에 각별한 관심을 쏟아야 하고, 당사자연구를 적용하는 데 적극적이어야 한다. 정신건강 관련 사회복지기관에서 실시하는 방법이 얼마나 다양한지 모르겠지만 여러 방안을 원하는 것으로 판단한다. 당사자연구가 정신장애인을 대상으로 진행됨에도 아직 이를 적용하는 정신건강 관련 사회복지기관이 드물어 손가락으로 꼽을 정도이다. 이렇게 당사자연구를 강조하는 것은 당사자연구의 힘을 고집해서가 아니고, 다양한 사회복지실천 방법을 원하는 사회복지기관 형편을 생각해서이다. 이런 처지에서 2020년 8월에 여러 당사자단체와 정신장애인 관련

기관이 공동으로 '제1회 전국 정신장애인 당사자 컨퍼런스'를 연 것은 고무적이라고 하겠다.

일반 사회복지기관에

정신건강 관련 사회복지기관 이외의 일반 사회복지기관 역시 당사자연구 활용을 거듭 생각해 봐야 하겠다. 이것은 모든 사회복지기관이 다양한 사회복지실천 방안을 갖추어야 한다는 점 이외에도 당사자연구가 정신장애인에 한정할 이유가 없다는 데 착안한 것이기도 하다. 이런 주장을 위해서는 정신장애인이 아닌 비장애인을 대상으로 당사자연구를 시도해 봐야 한다. 그래서 정신장애인을 대상으로 하는 당사자연구 이상으로 효과적임을 입증하는 데 공력을 들여야 하겠다. 이렇게 일반 사회복지기관이 나아가기 위해서는 기관장이나 기관을 운영하는 법인의 대표가 앞장서야 할 것이다.

사회복지기관 관련인에게

사회복지기관 관련인은 당사자연구를 실시하는 데 협력해야 한다. 여기에는 자원봉사자와 사회복지기관이 자리하는 동네 사람이 핵심 인물일 수 있다. 이 관련인은 당사자연구뿐만 아니라 사회복지기관의 모든 사업에 관심을 두어야 하지만, 특별히 당사자연구가 사회복지실천의 새로운 방안이라는 점에서 관련인 협력을 강조하는 것이다. 요컨대 사회복지기관 관련인이 당사자연구에 기반하는 철학이나 원리를 접하면서부터 각자 일상에 도움이 될 것으로 생각한다.

지방정부에

지방정부는 당사자연구를 적극 지원해야 한다. 당사자연구에 지방정부까지 들먹이는 것이 합당한지 의문을 일으킬 수도 있겠지만 지방정부 관심이 그 지방 당사자연구 발전에 크게 작용할 것이라고 확신하기 때문이다. 특히 청소년 정신장애인 수가 늘고 있는 상황에서 이들을 위한 사업에 지방정부 역할이 한층 강조되어야 하겠다. 예컨대 청주정신건강센터 사업 중 청주시가 정신건강센터 운영을 위해 지원하는 데 그칠 것이 아니라 정신장애인에게 절실한 시설을 갖출 수 있는 데까지 신경을 써야 한다. 이뿐만 아니라 지방정부 당국은 센터 측과 머리를 맞대고 궁리하며 정신장애인 일상을 깊게 알아야 하겠다. 그러기 위해서는 관련 공무원도 당사자연구를 알아야 하고, 이런 것이 바탕이 되어 결국 복지사회나 복지국가로 가는 발판을 만들 수 있을 것이다.

『당사자연구』가 사회복지사에게 주는 메시지

청주정신건강센터 『당사자연구』가 사회복지사에게 전하는 남다른 메시지가 있을 것으로 생각한다. 왜냐하면 센터에 근무하는 직원과 센터를 이용하는 회원이 협력해 각자 경험한 바를 바탕으로 작업했기 때문이다. 여기에는 정신건강사회복지사 같은 전문사회복지사를 포함한다.

전문사회복지사에게

전문사회복지사는 『당사자연구』에 주목해야 하겠다. 현재 우리나라에는 전문사회복지사로 정신건강사회복지사 외에 의료사회복지사와 학교사회복지사가 있다. 대체로 당사자연구에 정신건강사회복지사가 개입하고 있으나 의료사회복지사와 학교사회복지사도 함께할 수 있다. 『당사자연구』에는 단순히 당사자연구 사례만 들어 있는 것이 아니라 사회복지사가 정신장애인의 성찰과 회복을 위해 개입할 수 있는 자질을 기르는 준비에서부터 실제 사례를 소개하고 있다. 이것은 이론과 실제를 함께 담고 있어 당사자연구가 기본적으로 이론과 실제를 넘나들며 진행된다는 것을 보여준다.

특히 정신건강사회복지사는 크게 민간기관과 공공기관에 근무하는 두 부류로 나눌 수 있다. 민간기관에 근무하는 정신건강사회복지사는 흔히 접할 수 있으나 공공기관 정신건강사회복지사는 그렇지 않다. 최근에는 보호관찰소에서 정신건강사회복지사를 채용하고 있다. 이것은 정신건강 서비스를 받아야 하는 보호관찰대상자가 늘 뿐만 아니라 정신건강사회복지사 활동을 중요시하는 사회 전반의 분위기를 보여주는 것이라고 하겠다.

일반사회복지사에게

일반사회복지사 역시 『당사자연구』를 눈여겨보아야 한다. 앞에 강조했듯, 일반사회복지사가 접하는 클라이언트가 정신건강 서비스를 받지 않아도 된다고 단정할 수 없고, 나아가 당사자연구가 정신장애인에 제한하지 않기 때문이다. 실제로 청주정신건강센터에는 일반사회복지사가 근무하며 당사자연구에 참여하고 있다.

일반사회복지사 역시 민간기관과 공공기관에 근무하고 있다. 특히 공공기관에는 공무원 이외에도 공무직으로도 근무하고, 이 수는 앞으로 계속 늘 것으로 예상한다. 이것은 지역사회 통합돌봄 현장에 나타나고 있는 현상을 보고 하는 말이다. 이뿐만 아니라 「국민기초생활보장법」 대상자가 지금처럼 예산에 따른 정부 기준에 의해 탈피하는 것이 아니라 사회복지직 공무원이 이끌어가게 하려고 한다면 여기에는 당사자연구가 적지 않은 역할을 할 것이라고 확신한다.

사회복지학 연구자로서 사회복지사에게

사회복지학 연구자로서 사회복지사는 『당사자연구』를 살펴 이와 같은 저술을 내는 데 솔선해야 하겠다. 사회복지사는 단순히 실천가로 머무르지 않고 사회복지학 연구자로 나아가는 역할을 온전히 수행해야 해서이다. 이것은 사회복지학이 실천학문이고, 사회복지학 연구자가 연구만으로 만족하지 않고 당사자연구와 같은 실천에도 관여하기 때문이다. 이런 이치는 연구가 업무에 도움을 주고, 다시 업무가 연구를 도와주는 일상에서도 확인할 수 있다. 그래서 대학교 연구자는 사회복지기관 실천가를 평가하고 사회복지기관 실천가는 대학교 연구자를 평가하는 것이다. 사회복지학 연구자로서 사회복지사는 자신의 부족함을 인정하는 가운데,[5] 당사자와 함께 당사자연구를 통해 좋은 사회복지학 연구자로 발전할 수 있을 것이다. 그래서 한국에서 당사자연구가 한국 사회복지학의 한 부분을 담당할 수 있어야 하겠다.

5) 당사자연구에서는 사람이 지닌 병을 치료해야 하는 것보다는 잠시 약한 상태에 놓인 것으로 보고, 이 약함은 열심히 살아온 증거이고, 숨길 것이 아니라고 전제한다(김대환, 2020: 319).

참고자료

김대환 (2020). 당사자연구: 말, 이야기가 중요하다. 한국정신장애인협회 외, **새로운 대안(제1회 전국 정신장애인 당사자 컨퍼런스 자료집)**: 315-320.

김윤식 (1976). **한국근대문예비평사연구**. 서울: 일지사.

안대회 (2019). 이덕무의 신시 창작론과 창작의 실제. 안대회 · 정우봉 · 김대중 · 김문식 · 정호훈 저. **청장관 이덕무 연구**. 서울: 학자원: 21-76.

三浦隆宏(미우라 다카히로) (2014). 石原孝二 編著, 當事者研究の研究. **社會と倫理**, 29: 137-141.

向谷地生良 · 浦河べてるの家(무카이야치 이쿠요시 · 우라카와 베델의 집)(2018). **新・安心して絕望できる人生: 當事者研究という世界**. 北海道: 一麥出版社.

❖ 저술에 참여한 유쾌한 고생연구소 활동가 소개

김대환 kdh6910@hanmail.net

충청북도 청주에서 태어나 몇몇 사회복지분야에서 일한 청주정신건강센터 관장이며, 충청도 촌놈으로 주로 청주와 충주에서 일했으나 생각과 활동은 세계 시민의 마음으로 폭넓게 실천하고 있다. 일본 베델의 집 홍보대사로 한일 교류활동과 당사자연구에 열심히 참여하고 있고, 만나는 사람들의 마음의 평화(정신건강)와 자기성찰(당사자연구)에 관심이 많다.

고연우 anskal123@naver.com

충청북도 청주 출신
베짱이를 꿈꾸는 개미
소소하게 사람 사는 냄새나게 살기 원함

박슬기 sgfore90@hanmail.net

강원도 원주 출생
친절하진 않지만 지지고 볶으며 정을 쌓고 있다.
모두가 더불어 행복하게 살아가길 꿈꾼다.

이영현 lovedudwka@naver.com

경상북도 구미 출생
김치는 안 먹지만 김치볶음밥은 먹는
멜론은 싫어하지만 메로나 아이스크림은 좋아하는 사회복지사

박누리 kate0429@naver.com

충청북도 충주 출신
2016년 첫 직장으로 센터에 입사 후 아직 유지 중
관심분야는 싸가지 없는 직원 1위 지키기

김애지 aeje@nate.com
충청북도 청주 출신
아무것도 하고 싶지 않은 지금 이대로도 괜찮은 사회복지사
온실 속의 화초처럼 자라 관심 받는 것에 익숙하지만,
타인에게 관심 갖는 것은 익숙지 않은 '나'만 아는 노력형 사회복지사

박선아 light-i-06@hanmail.net
인천광역시 계양구 출생
부처님의 말씀으로 마음수행, 당사자연구와 증상을 가지고도
자연스럽게 사회에 어울릴 수 있는 방법 모색

박상일 sonogion@hanmail.net
관삼분야 : 짝사랑 전문가, 동료상담 전문가, 사회전문가
당사자연구를 통해 나를 찾은 것 같다.

송은주 eunjuv1020@hanmail.net
전라남도 순천 출생
청주정신건강센터 팀장
연구논문 : 당사자연구에 참여한 정신장애인의 회복경험
관심분야 : 정신장애인의 당당하고 자유로운 삶을 지원하는 정신건강사회복지사 되기

김용성 bestyoug@daum.net
충청북도 청주 출신으로 청주상고 졸업하였습니다.
평소 명상과 컴퓨터 게임을 좋아하고 음악듣기를 좋아합니다.
앞으로 꿈꾸는 삶의 마음을 다스리고 사회에 꼭 필요한 사람이 되어 사는 것입니다.

이기선
2017년부터 당사자연구에 참여하였고, 경험전문가 활동에 지속적으로 참여하였다.
현재는 센터를 이용하지 않고 있어 2017~2019년 수행한 당사자연구 자료 중심으로 기록하였다.

김종환 Free62964297@gmail.com
충청북도 청주 목도 출신으로 어린 시절에는 힘들었던 나날이 많았지만 끈기, 책임감을 다하기 위한 삶을 살기 위해 노력하고 있다.
"노력을 하면 이루어진다!"는 좌우명을 갖고 최선을 다해 삶을 살고 있으며 나와 비슷한 고생을 갖고 있는 동료들이 당사자연구를 통해 발전할 수 있는 기회가 되었으면 한다.

성이창민 kyojin@naver.com
저는 충청북도 음성 출신입니다. 평소 게임을 즐겨하고 일본 문화에 관심이 많습니다. 당사자연구를 통해 같은 고생을 갖고 있는 동료로부터 지지를 받고, 제 보디가드를 해 줄 수 있는 사람들이 많아졌으면 하는 소망을 갖고 있습니다. 센터를 통해 일을 하게 되고 다양한 활동에 참여할 수 있어 버틸 수 있었습니다. 감사합니다.

김인수 poumip@yahoo.com
뭐든지 열심히 하는 자세를 갖기 위해 노력하고 있습니다.
좋아하는 것은 볼링하기, 영화보기, 쇼핑하기입니다.
최근에는 동료들과 맛집 탐방을 하며 즐거운 하루하루를 보내고 있습니다.

이영수 lyssw@hanmail.net
충청북도 청주에서 출생하고, 충주대학교를 졸업하여, 한국지역복지봉사회에서 2년, 청주정신건강센터에서 정신건강사회복지사로 9년째 근무 중이며 워킹맘으로 일과 육아에 전념하고 있다. 관심분야는 당사자연구, 이야기치료이다.

최옥채 okchai@jbnu.ac.kr
전남 신안에서 태어나 숭실대학교를 졸업하고, 전북대 사회복지학과 교수로 있다. 사회복지학 비평을 기대하고, 사회복지사의 글짓기를 비롯해 사회복지실천현장의 개인사와 가족사, 사회복지기관사, 사회복지 사회사 연구에 관심이 많다.

새로운 사회복지실천
당사자연구

초판인쇄 2021년 1월 10일 **1판 1쇄 발행** | 2022년 3월 10일 **1판 2쇄 발행**

지은이 유쾌한 고생연구소
펴낸이 최용구 | **펴낸곳 도서출판 신정**
주소 (04316) 서울시 용산구 원효로 89길 19 (원효로1가)
전화 02)3211-4782, 0266(영업부), 3211-4783(편집부), 3211-4784(팩스)
이메일 sjbook2002@naver.com | **홈페이지** www.sjbook.co.kr
등록 2001년 5월 11일 제13-702호
기획마케팅 최용구 장만동 최충구 진소희 | **책임편집** 석기은 황가연

ISBN 978-89-5912-534-0 03330
정가 16,000원